Apache Tomcat 7

Guide d'administration du serveur Java EE 6 sous Windows et Linux

ISBN : 978-2-7460-6239-9
ISSN : 1627-8224
Imprimé en France

Editions ENI

ZAC du Moulin Neuf
Rue Benjamin Franklin
44800 St HERBLAIN
Tél. 02.51.80.15.15
Fax 02.51.80.15.16

e-mail : editions@ediENI.com
http://www.editions-eni.com

Auteur : Etienne LANGLET
Collection **Ressources Informatiques** dirigée par Joëlle MUSSET

À qui s'adresse ce livre

Cet ouvrage s'adresse à toute personne étant amenée à mettre en œuvre un serveur Apache Tomcat 7, que ce soit pour des besoins de test, de développement, ou des besoins de production dans un environnement d'entreprise.

Ce livre est aussi un moyen pour les utilisateurs déjà familiers de Tomcat 7 ou des versions précédentes, d'approfondir leurs connaissances sur le sujet en trouvant ici une information précise permettant une mise en application immédiate.

Les deux premiers chapitres permettent de faire quelques rappels essentiels sur les **technologies Internet et Java/Java EE**, massivement utilisées par Tomcat.

Les chapitres suivants se concentrent sur les aspects fondamentaux de l'administration d'un serveur d'application tels que **l'installation**, en tenant compte des contraintes d'entreprise, **la gestion des applications** ou encore **la configuration** de Tomcat 7.

Enfin les derniers chapitres présentent les points un peu plus avancés que sont **la sécurité**, **la supervision du serveur** et **l'optimisation des performances**, pour conclure sur l'utilisation de Tomcat 7 lors des phases de développement d'applications.

La mise en œuvre des concepts abordés dans ce livre peut se faire aussi bien sur les systèmes Microsoft Windows que sur les systèmes Linux, puisque l'installation et la configuration de Tomcat sont abordées sur les deux systèmes. De plus, les logiciels supplémentaires utilisés conjointement avec Tomcat sont tous des logiciels Open Source qu'il sera très facile de se procurer, et pour lesquels il existe énormément de ressources sur Internet.

Les pré-requis

Le serveur Apache Tomcat 7 utilise massivement les technologies de l'Internet, il est donc important d'avoir des connaissances sur le sujet, bien que le premier chapitre du livre fasse les rappels nécessaires pour pouvoir aborder la suite de l'ouvrage sereinement.

Les lecteurs ayant une expérience du développement d'applications Web avec les technologies Java pourront retrouver certains concepts qui leur sont familiers au cours de la lecture de ce livre.

Avant-propos

Préambule

Chapitre 1

La plate-forme Java EE

Chapitre 2

Le serveur Apache Tomcat 7 : installation et configuration

Chapitre 3

Administration du serveur — Chapitre 4

Déploiement et gestion des applications

Chapitre 5

La sécurité du serveur et des applications

Chapitre 6

Analyse et supervision — Chapitre 7

Clustering avec Tomcat 7 Chapitre 8

Utiliser Tomcat pour le développement

Chapitre 9

Annexe A : Installation et configuration de MySQL 5

Annexe B : Installation et configuration d'OpenLDAP

Chapitre 1 : Préambule

A. Rappel sur les architectures Internet/Intranet/Extranet

Plus qu'un simple moyen pour diffuser l'information, l'Internet permet aujourd'hui de rendre accessible des applications complètes aux utilisateurs. L'utilisation des technologies Internet dans un réseau d'entreprise, l'**Intranet**, permettant aux employés d'avoir accès aux applications, ou bien dans un réseau d'entreprise partiellement ouvert à destination de partenaires, l'**Extranet**.

Les architectures Internet, Intranet, et Extranet ont en commun d'utiliser des technologies et protocoles de communications communs, mais avec une ouverture différente. Ainsi, l'Internet désignant le réseau des réseaux, les applications sont diffusées à un très vaste public, au contraire, l'Intranet qualifiant un réseau privé d'entreprise, ces technologies et protocoles sont utilisés pour servir les employés. Entre les deux, l'Extranet, est une ouverture d'un Intranet d'entreprise à destination de partenaires bien définis.

Parmi les technologies communes utilisées, on trouve le langage **HTML** (*HyperText Markup Language*) utilisé pour concevoir les pages diffusant le contenu, et le protocole **HTTP** (*HyperText Transfer Protocol*), ou encore **HTTPS** dans sa version sécurisée, pour faire transiter l'information entre le client, qui est en général un navigateur Web, et un serveur Web ou autre serveur capable de communiquer sur HTTP.

1. Le protocole HTTP

L'échange d'informations sur Internet se fait principalement en utilisant le protocole **HTTP**, il permet la communication entre le navigateur Web de l'internaute et un serveur dans un format spécifique orienté requête/réponse.

Une requête HTTP est une demande de ressource (une page HTML par exemple), émise par le client via son navigateur, en cliquant sur un lien, ou bien en saisissant l'adresse d'un site Web. La réponse HTTP à cette demande contient la ressource demandée, ou bien une page d'erreur dans le cas où cette ressource n'existe pas, ou si son accès est protégé par exemple. Ces ressources sont accompagnées d'un code d'état HTTP, permettant de savoir si la demande a abouti correctement, ou bien, dans le cas contraire, les raisons de l'erreur.

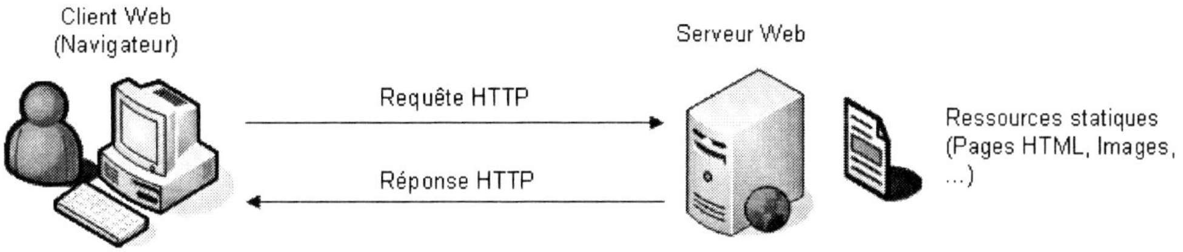

Exemple

*Informations transmises dans la requête HTTP lors de la connexion d'un navigateur à l'adresse **http://www.editions-eni.fr***

```
GET / HTTP/1.1
Host: www.editions-eni.fr
```

Données reçues par le navigateur :

```
HTTP/1.1 200 OK
Date: Fri, 5 Oct 2007 22:03:31 GMT
Server: Microsoft-IIS/6.0
Cache-Control: no-cache
Pragma: no-cache
Expires: -1
Content-Type: text/html; charset=utf-8
Content-Length: 81254
```

```
<!DOCTYPE html PUBLIC "-//W3C//DTD XHTML 1.0 Transitional//EN"
    "http://www.w3.org/TR/xhtml1/DTD/xhtml1-transitional.dtd">
<html>
    <head>
        <title>Editions ENI - Accueil</title>
../..
</html>
```

Il y a trois parties dans cette réponse fournie par le serveur Web. D'abord le code d'état HTTP retourné par ce serveur suite à la requête, 200 OK dans l'exemple ci-dessus, une section contenant ensuite les en-têtes HTTP, et enfin les données de la ressource demandée (en gras).

La première version pleinement exploitable du protocole HTTP fut la version 0.9, elle permettait un transfert de données simples. Puis par l'ajout de la notion d'en-tête, la version 1.0 peut ensuite permettre le transfert de données extrêmement variées.

La version actuelle, la 1.1, a apporté de nombreuses améliorations, notamment :

- les connexions permanentes,
- le support d'un mécanisme de cryptage des connexions (via SSL ou TLS),
- des mécanismes pour l'identification des utilisateurs d'un site,
- des méthodes de transfert d'informations supplémentaires,
- l'hébergement de multiples sites Web à la même adresse IP.

HTTP utilise la notion d'URL (*Uniform Resource Locator*) pour permettre la localisation d'une ressource sur un serveur Web. Les URL en HTTP ont la syntaxe suivante :

```
http://<adresse du serveur>:<port du serveur>/<chemin>/<ressource>
```

Dans cette URL, le port du serveur est facultatif s'il vaut 80, de plus le chemin et le nom de la ressource doivent être saisis en respectant la distinction majuscule/minuscule.

a. Les méthodes HTTP

Le protocole HTTP offre plusieurs possibilités pour gérer le transfert des informations entre le client et le serveur, appelées **méthodes HTTP**. Les méthodes HTTP les plus communément utilisées sont par exemple la méthode **GET** pour émettre une demande de ressource telle une page HTML, ou encore la méthode **PUT** pour transmettre des données à destination du serveur en utilisant un formulaire HTML.

Voici un résumé des différentes méthodes HTTP :

Méthode	Description
GET	Demande d'une ressource au serveur. C'est la méthode utilisée lorsqu'un utilisateur clique sur le lien d'une page Web, ou bien entre l'adresse d'un site Web dans son navigateur.
POST	Envoi de données vers le serveur, plus précisément, vers un programme hébergé par ce serveur, et qui sera capable de comprendre ces données pour les traiter.
HEAD	Comme pour GET, elle permet de demander une ressource, mais la ressource n'est pas envoyée dans la réponse, cette méthode est utilisée pour faire des vérifications d'existence d'une ressource, pour des tests...
PUT	Permet d'envoyer une ressource vers le serveur.

Méthode	Description
OPTIONS	Permet de connaître toutes les options de communication pour obtenir une ressource particulière.
DELETE	Suppression d'une ressource sur le serveur.
TRACE	Méthode de contrôle, elle demande au serveur de renvoyer la requête telle qu'elle a été reçue.

Toutes ces méthodes HTTP ne sont pas autorisées dans la configuration par défaut d'un serveur Web, et ce pour des raisons évidentes de sécurité, de plus, la navigation sur Internet ne requiert rarement plus que les méthodes **GET** et **POST**. Les méthodes **PUT** et **DELETE** sont quant à elles utilisées dans le cadre du développement d'applications.

b. Les codes d'état HTTP

Lorsqu'un serveur répond à une requête HTTP, il renvoie, en plus des ressources de type page HTML et images, un code d'état et des informations de contrôle. Ces codes d'état permettent de connaître l'issue de la conversation entre le client navigateur Web et le serveur.

Les codes de la plage **1xx** sont des informations communiquées au client concernant l'état d'une requête. Ils sont rarement utilisés.

Les codes de la plage **2xx** indiquent que la requête a été reçue, comprise et acceptée par le serveur.

Les codes de la plage **3xx** indiquent que la ressource existe mais à un emplacement différent de celui demandé.

Les codes de la plage **4xx** indiquent une erreur de la part du client. Par exemple, ci ce dernier demande une ressource qui n'existe pas sur le serveur, le code 404 lui sera renvoyé.

Enfin, les codes de la plage **5xx** indiquent une erreur de la part du serveur. Dans le cas où un programme tel qu'un CGI, par exemple, rencontre une erreur lors de son exécution.

Résumé des codes HTTP les plus courants :

Code	Message	Description
200	OK	La requête a été reçue et traitée correctement par le serveur, la réponse est envoyée dans la suite.
301	Moved	La ressource demandée a été déplacée. La nouvelle adresse de la ressource est transmise au client pour qu'il puisse faire une nouvelle demande.
304	Not Modified	La ressource demandée n'a pas été modifiée et peut donc être obtenue à partir du cache.
304	Bad Request	La syntaxe de la requête est incorrecte, ou cette requête ne peut pas être satisfaite.
401	Unauthorized	La ressource demandée nécessite une autorisation pour être obtenue, le client doit reformuler sa requête en incluant les autorisations nécessaires.
403	Forbidden	Le ressource demandée n'est pas autorisée pour ce client.
404	Not Found	La ressource ne peut pas être trouvée sur ce serveur.
500	Server Error	Le serveur a rencontré une erreur pendant le traitement de cette requête.
503	Service Unavailable	Le serveur ne peut pas répondre, c'est le cas par exemple quand il est trop sollicité.

c. Les en-têtes HTTP

Les en-têtes HTTP sont des informations de contrôle transmises lors de la communication entre un navigateur Web et un serveur Web. Ils servent, par exemple, à distinguer la langue préférée d'un navigateur Web pour que le serveur soit en mesure de servir la page dans la langue adéquate. Il convient de distinguer les en-têtes de requêtes HTTP des en-têtes de réponses HTTP.

Pendant ces échanges, il est courant que des serveurs ajoutent leurs propres en-têtes, c'est notamment le cas des serveurs proxy, mais les en-têtes sont suffisamment paramétrables pour qu'ils puissent être également modifiés par les développeurs d'applications Web.

En-têtes de requête :

En-tête HTTP	Description
Accept	Type de contenu accepté par le navigateur (par exemple *text/html*).
Accept-Encoding	Codage de données accepté par le navigateur.
Accept-Language	Langage attendu par le navigateur Web.
Content-Encoding	Type de codage des données dans le corps de la requête.
Content-Type	Type de contenu du corps de la requête (par exemple text/html).
Content-Length	Taille des données transmises.
Cookie	Utilisé par le navigateur pour envoyer, dans la requête, un cookie vers le serveur.
Date	Date de début de transfert des données, au format GMT.
Referrer	URL du lien à partir duquel la requête a été effectuée.
User-Agent	Chaîne donnant des informations sur le client, comme le nom et la version du navigateur, du système d'exploitation.

En-têtes de réponse :

En-tête HTTP	Description
Content-Encoding	Type de codage du corps de la réponse.
Content-Type	Type de contenu du corps de la réponse (par exemple text/html).
Content-Length	Taille des données transmises.
Date	Date de début de transfert des données au format GMT.
Expires	Date limite de validité des données.
Location	Redirection vers une nouvelle URL.
Server	Caractéristiques du serveur ayant envoyé la réponse.
Set-Cookie	Utilisé par le serveur, dans la réponse, pour envoyer un cookie sur le navigateur.

d. Gestion des sessions utilisateurs : les cookies HTTP

Le protocole HTTP est qualifié de protocole **sans état**, c'est-à-dire qu'il est absolument incapable de permettre le maintien d'une conversation entre un client et un serveur, de ce fait, chaque couple requête/réponse est totalement indépendant du précédent et du suivant.

Cette caractéristique est assez gênante puisqu'il n'est pas possible de conserver des informations pour un client lors de sa navigation.

Ainsi, un utilisateur naviguant sur un site de commerce électronique, pourrait choisir d'acheter un livre sur une page du site Web, puis en cliquant sur un lien, c'est-à-dire en formulant une nouvelle requête, décider d'acheter un disque sur cette nouvelle page. Le fonctionnement par défaut du protocole HTTP, ferait que à ce stade de la navigation, le serveur aurait déjà oublié le livre !

Le protocole HTTP utilise donc un mécanisme supplémentaire pour régler ce problème : il s'agit des **cookies HTTP**. Les cookies HTTP, ou plus simplement **cookies**, sont des informations sur la navigation d'un utilisateur, qu'un serveur Web peut ajouter dans la réponse qu'il fournit, toutes les requêtes suivantes de cet utilisateur vers ce serveur incluront les cookies que le navigateur à déjà reçu.

Illustration du fonctionnement des cookies :

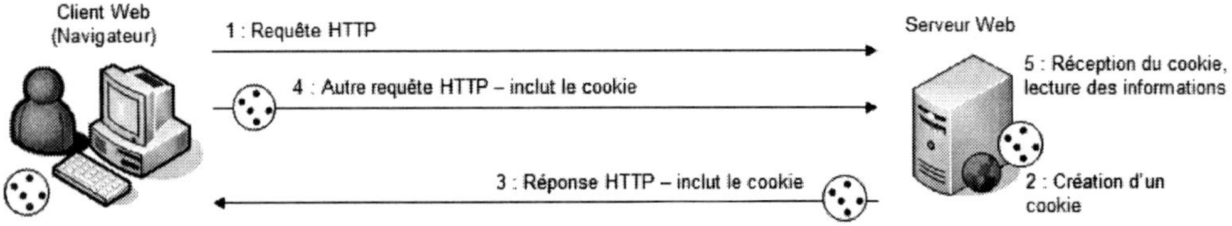

Les serveurs Web et autres serveurs d'applications tels Tomcat 7, utilisent massivement cette technologie pour conserver des informations sur la navigation d'un utilisateur sur un site ou une application.

2. Les serveurs Web

Sur Internet, le rôle d'un serveur Web est de rendre disponibles les différentes pages HTML qui composent un site, ainsi que les ressources qu'elles peuvent contenir comme par exemple des images, du son, de la vidéo.

Aujourd'hui les serveurs Web les plus utilisés sont :

- **Apache HTTP Server** de la fondation Apache,
- **Internet Information Server** de Microsoft,
- **Sun Java System Web Server** de Sun Microsystems.

Chacun de ces serveurs propose de nombreuses options de configuration et permettent d'héberger de multiples sites et applications. De plus, les considérations de sécurité étant d'actualité, ils proposent également des fonctionnalités de sécurité, notamment le support du protocole HTTP sécurisé : HTTPS.

3. Les technologies côté client

Les technologies côté client sont les technologies de développement d'application ou bien de sites Web utilisées pour concevoir l'interface utilisateur et prendre en charge les différents événements déclenchés par les utilisateurs.

Trois types d'applications clientes sont majoritairement utilisés :

- Les clients lourds,
- Les clients légers,
- Les clients riches.

Les clients lourds

Ce sont des clients proposant une interface graphique fenêtrée telle qu'une application de traitement de texte par exemple.

Les technologies utilisés sont variables et dépendent du langage de programmation dans lequel l'application a été programmée. Ce type d'application présente, en général, une interface riche en contrôle et composants visuelles offrant une ergonomie maximale à l'utilisateur.

En plus de la partie interface utilisateur, ces applications intègrent également une partie non négligeable de la logique de traitement, et peuvent s'intégrer à des ressources d'un système d'information, tel qu'un serveur de base de données, par exemple.

Les technologies utilisées sont, par exemple :

- Les bibliothèques de composants graphiques AWT et Swing en Java, MFC et ATL en langage C++ sous Windows.
- Les bibliothèques d'accès aux bases de données JDBC pour Java, ADO et ODBC pour les technologies Microsoft.

Les clients légers

Il s'agit majoritairement de navigateurs Web utilisant les technologies Internet pour proposer une interface graphique à l'utilisateur. Ces applications sont en principe développées en utilisant les langages de programmation compréhensibles par un navigateur Web, mais également d'autres technologies moyennant l'installation d'extensions.

Ces différentes ressources sont rendues disponibles au client par un serveur Web avec lequel elles communiquent grâce au protocole HTTP. Les technologies de développement de clients légers sont aujourd'hui très souvent utilisées conjointement avec des technologies côté serveur permettant une génération dynamique des interfaces utilisateurs.

Les clients légers tirent leur nom du fait qu'ils ne sont responsables que de la partie interface utilisateur, tous les traitements de l'application sont déportés sur un serveur spécifique : un serveur Web, ou un serveur d'application.

Ces applications utilisent les mêmes technologies que pour le développement des sites Internet :

- **HTML** : le langage de présentation des données.
- **JavaScript** : pour ajouter de l'interactivité et du dynamisme à l'interface.
- **CSS** : pour créer des styles de présentation réutilisables.

De plus, ces technologies nativement compréhensibles par un navigateur Web peuvent être enrichies par d'autres, qui nécessitent souvent des extensions sur le navigateur Web :

- **Applets Java** : programmes graphiques Java embarqués dans les pages HTML, cette technologie requiert un environnement d'exécution Java sur le poste client.
- **ActiveX** : technologie Microsoft semblable aux Applets, mais uniquement utilisable avec le navigateur Web Internet Explorer.

Les clients riches

Les clients riches sont un compromis entre les clients lourds et les clients légers. L'interface graphique de ce type d'application est développée en utilisant un langage de programmation spécifique qui leur confère une ergonomie aussi agréable que les clients lourds, quelques traitements basiques sont également intégrés à ces interfaces, mais la majorité des traitements se font sur un serveur d'application, comme pour les clients légers. Ce nouveau type d'application offre des perspectives intéressantes, comme par exemple la possibilité d'utiliser l'interface client en mode connecté ou déconnecté du serveur d'application, très pratique pour les utilisateurs nomades.

Ce type de développement d'application étant relativement récent, les technologies permettant de les développer sont assez peu nombreuses :

- La plate-forme **Microsoft .NET** propose des solutions pour ce type d'application,
- L'environnement **Eclipse RCP** (*Rich Client Platform*), est une plate-forme Open Source utilisant les technologies Java.

4. Les technologies côté serveur

Les technologies côté serveur permettent le développement des parties d'une application qui vont réaliser le plus gros des traitements pour cette application. Les composants logiciels ainsi développés, ont besoins d'être hébergés dans un environnement spécifique, permettant la connectivité avec les parties clientes de ces applications : c'est le serveur d'applications.

Ces technologies sont également utilisées pour développer des composants capables de générer dynamiquement les interfaces graphiques des applications. Par opposition aux ressources statiques, telles que les pages HTML, ces ressources sont dynamiques, puisque le contenu généré l'est dynamiquement, en fonction de l'utilisateur par exemple.

Aujourd'hui trois grandes technologies sortent du lot pour le développement côté serveur :

- La plate-forme **Microsoft .NET** qui permet le développement de ressources dynamiques avec la technologie **ASP.NET**, et les composants métier en **COM**, **DCOM**, ou plus récemment **.NET remoting**.
- La technologie **PHP**, une plate-forme Open Source en pleine évolution, notamment avec l'apport dans la dernière version de l'orienté objet.

- La plate-forme **Java EE**, basée sur le langage Java, qui propose les composants **Servlet** et **JSP** (*Java Server Pages*) en tant que ressources dynamiques, et la technologie **EJB** (*Enterprise JavaBeans*) et **JavaBean** pour les composants métier. Une présentation plus précise de ces composants est proposée dans le chapitre La plate-forme Java EE 6 de cet ouvrage, dans la mesure où certains d'entre eux sont utilisés avec Tomcat.

5. Les architectures n/tiers

Les architectures de développement ont énormément évolué avec le temps. La tendance actuelle du développement d'application met l'accent sur la séparation des traitements afin de mieux maîtriser la complexité grandissante de ces applications, et de permettre une évolution plus facile.

Les **architectures client/serveur** proposaient des applications intégrant la totalité de la logique métier et utilisant des serveurs de ressources et de données. La puissance du poste de travail de l'utilisateur était alors utilisée.

Les **architectures 3/tiers** ont ensuite proposé un modèle de structuration permettant une séparation de l'interface graphique utilisateur, de la logique de traitement de l'application, et des serveurs hébergeant les données et ressources utilisées par ces applications.

Les avantages de ce type d'architectures sont notables, notamment par rapport à l'ancien modèle client serveur :

- Les interfaces graphiques fonctionnant sur le poste client peuvent être allégées.
- Le gros des traitements est réalisé sur un serveur d'application, et non plus sur le poste client.
- La mise à jour d'un composant de traitement se fait sur le serveur et n'impose aucune mise à jour côté client.

Cependant, si la partie cliente est un client lourd, il faut installer cette application sur chacun des postes utilisateurs.

Exemple d'architecture 3/tiers :

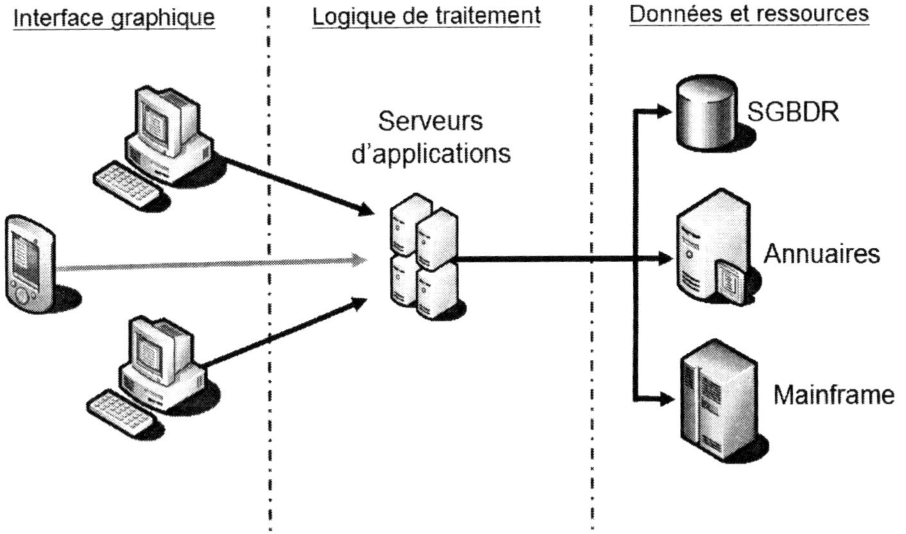

Les tendances du développement d'application se sont donc orientées vers un modèle encore plus souple, utilisant massivement les clients légers et donc les technologies de l'Internet : les **architectures n/tiers**.

Dans ces architectures, le bénéfice apporté par l'inclusion d'un serveur d'applications pour les traitements est conservé, des serveurs Web sont ajoutés pour prendre en charge les ressources Web statiques telles que les pages HTML et les images. Les serveurs d'application vont également héberger les ressources dynamiques.

Ce type d'architecture permet une utilisation des traitements hébergés sur le serveur d'application, aussi bien par les clients lourds que par les clients légers.

Exemple d'architecture n/tiers :

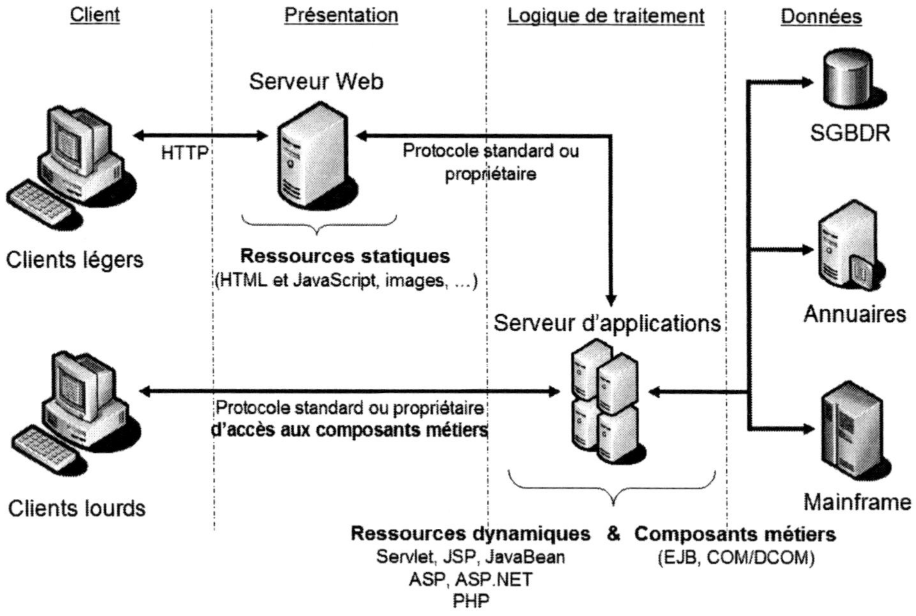

Les technologies Java EE abordées dans cet ouvrage et sur lesquelles reposent le serveur Tomcat préconisent l'utilisation de ce type d'architecture.

B. Jakarta Tomcat et Java

1. La fondation Apache

Développé dans les laboratoires du NCSA (*National Center for Supercomputer Applications*) par Rob McCool, le serveur Web httpd est l'un des tous premiers à voir le jour. Après le départ de Rob McCool du NCSA en 1994, le code source original du serveur httpd est repris par un groupe de développeurs qui en corrigent les bugs. La première version de ce nouveau serveur Web est rendue disponible en Avril 1995 sous le nom d'Apache. Aujourd'hui Apache est disponible pour un très grand nombre de systèmes d'exploitation et c'est le serveur Web le plus utilisé au monde.

En 1999, les développeurs à l'origine du serveur Apache fondent l'**Apache Software Foundation (ASF)**. L'ASF est une organisation à but non-lucratif créée dans l'objectif de promouvoir les logiciels libres, en aidant et sponsorisant de nombreux projets. La liste de ces projets est disponible à l'adresse **http://www.apache.org**.

2. Le projet Jakarta

Un des projets de la fondation Apache est le projet **Jakarta**. Ce projet fédère un ensemble de sous-projets liés aux technologies Java. **Jakarta** divise ces projets en trois catégories :

- Les serveurs d'applications.
- Les bibliothèques, outils et API de développement.
- Les frameworks.

Tomcat appartient à la première de ces catégories.

Parmi les autres sous-projets de Jakarta, on peut également citer :

- **JMeter** : outil de test et de mesure des performances des applications Web.
- **Log4j** : bibliothèque de gestion des fichiers journaux (Fichiers logs).
- **Jetspeed** : portail Internet/Intranet utilisant les technologies Java.
- **Struts** : probablement le framework de développement Web en Java le plus célèbre.
- **POI** : une API de programmation pour générer des documents Microsoft Excel en Java.
- **ANT** : un outil pour automatiser la construction des applications Java.
- **Axis** : une bibliothèque pour le développement de Web Services.
- **Geronimo** : une implémentation complète de serveur d'applications compatible JEE
- **Commons** : un ensemble de bibliothèques de programmation Java commune aux différents projets Jakarta.

3. Les évolutions de Tomcat

Le projet Jakarta Tomcat trouve ses origines au tout début de l'apparition des technologies Servlet et JSP (*JavaServer Pages*), dont les concepts fondamentaux sont présentés au chapitre La Plate-forme Java EE 6. Les Servlets et JSP sont des composants logiciels écrits en Java qui fonctionnent dans des serveurs Web spécifiques appelés Conteneur Web ou bien Moteur de Servlet. Le premier Conteneur Web, Java Web Server, a été créé par Sun Microsystems, l'inventeur de ces technologies. Parallèlement, la fondation Apache, a de son côté créé JServ, un autre Conteneur Web utilisé comme extension du serveur Web Apache.

En 1999, Sun Microsystems décide de donner le code du Java Web Server à la fondation Apache, ce dernier et le projet JServ vont fusionner pour donner naissance au serveur Tomcat. Aujourd'hui, Tomcat est, pour Sun Microsystems, l'implémentation de référence des technologies Servlet et JSP.

En tant qu'implémentation de référence de ces technologies, un des objectifs majeurs du serveur Tomcat est d'être complètement compatible avec les spécifications technologiques Servlet et JSP éditées par Sun.

La première version du serveur Tomcat est la version 3.x qui est l'implémentation de référence des technologies Servlet 2.2 et JSP 1.1. Cette version a été conçue à partir du code donné par Sun, et du moteur JServ.

En 2001, une refonte complète de la structure du serveur Tomcat donne naissance à la version 4.x. Avec un nouveau moteur de Servlet baptisé Catalina, cette version est l'implémentation de référence Servlet 2.3 et JSP 1.2.

La version 5 de Tomcat est l'implémentation de référence Servlet 2.4 et JSP 2.0. Cette version a apporté beaucoup de nouveautés par rapport à la précédente, notamment au niveau du support de **JMX** (*Java Management Extension*) pour le monitoring, ainsi que des optimisations diverses. La version particulière 5.5 intègre le support des nouveautés apparues avec la plate-forme Java 5.0.

Tomcat 6 est une mise à jour simple de la version précédente. En effet, peu d'évolutions sur les technologies Servlet et JSP (respectivement en version 2.5 et 2.1). Par contre, à partir de cette version, Tomcat n'est plus l'implémentation de référence de ces technologies, c'est maintenant le serveur Open Source **GlassFish**, développé par Sun Microsystems.

La dernière version majeure (la version 7), est quant à elle, une mise à jour un peu plus conséquente. En effet, la technologie Servlet 3.0 apporte beaucoup de nouveautés qui seront détaillées dans le chapitre La plate-forme Java EE 6.

4. La plate-forme Java

a. Historique

En 1991, la société Sun Microsystems démarre un projet d'informatique embarquée : le projet, baptisé **Star 7**, vise à permettre l'utilisation de terminaux mobiles avec un système d'exploitation. Ces terminaux étaient les ancêtres des actuelles PDA et PocketPC !

Les ingénieurs de Sun Microsystems sont habitués à utiliser le langage C++ pour le développement, et c'est donc tout naturellement vers ce langage qu'ils vont s'orienter pour le développement du logiciel des terminaux. Malheureusement, l'utilisation de ce langage se révèle inadaptée pour ce type de projet, notamment à cause de la gestion mémoire très contraignante.

Dans le but de mener à bien leur projet, les ingénieurs de Sun vont créer leur propre langage de programmation en se basant sur C++, et en lui retirant tous ses aspects qu'ils considèrent comme gênant. Ainsi est né le langage Java, qui s'appellera dans un premier temps **C++--** (un nom de laboratoire !), puis **OAK**, avant d'être baptisé de son nom actuel.

En 1995, la première version du kit de développement logiciel en Java : le **JDK** (*Java Development Kit*), est rendue disponible. Cette première version permet la réalisation d'applications graphiques, d'applications client/serveur, et d'applets, ces dernières étant des programmes, en général graphiques, embarqués dans les pages HTML des sites Internet, leur apportant des possibilités d'ergonomie et d'animation supplémentaires.

Une des principales caractéristiques du langage Java, est de permettre la réalisation d'applications portables entre les architectures matérielles et logicielles, et ceci sans recompilation du code source Java.

La compilation du code source Java ne donne pas, comme c'est le cas avec beaucoup d'autres langages, un exécutable natif, mais un format de fichier spécifique, appelé **byte-code**, et uniquement interprétable par une machine virtuelle Java. Quelle que soit la plate-forme sur laquelle le code source a été compilé, le **byte-code** généré est le même, il suffit simplement ensuite, d'avoir une machine virtuelle Java dans son architecture pour pouvoir lancer le programme.

Cycle de conception d'un programme Java :

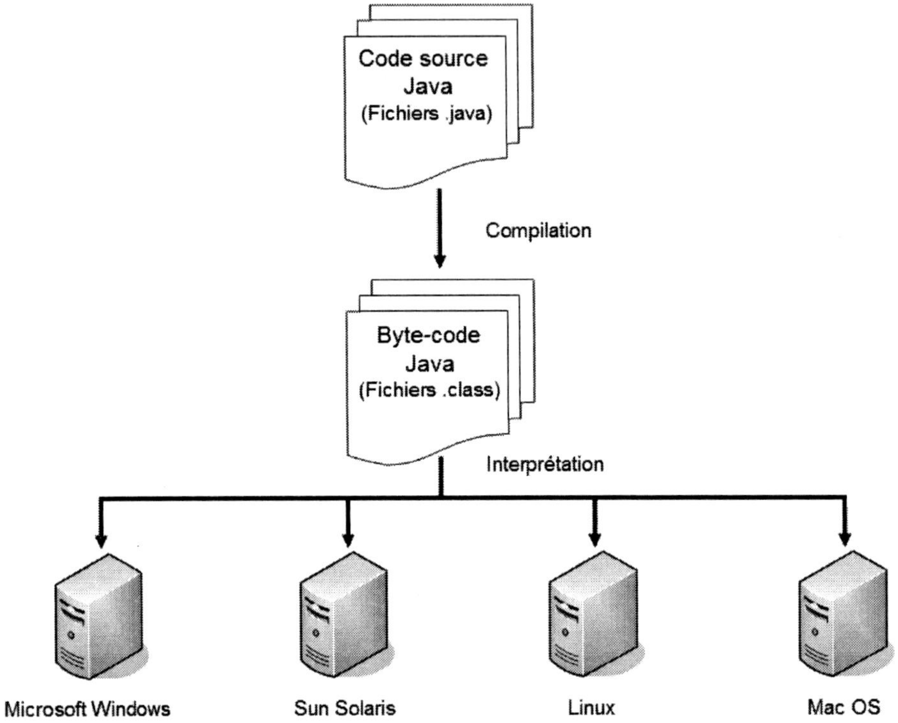

b. Java aujourd'hui

Aujourd'hui la plate-forme Java est une des plates-formes de développement logiciel les plus adoptées par les entreprises, au vu de sa robustesse, de sa sécurité très présente en natif, et de ses performances toujours plus intéressantes.

La plate-forme Java se décompose aujourd'hui en trois plates-formes distinctes selon le type d'application à développer.

La plate-forme **Java SE** (*Java Standard Edition*), offre une plate-forme de base pour le développement d'applications client/serveur, applications graphiques fenêtrées et applet. La plate-forme Java SE est disponible sous deux formes, d'abord le kit de développement, le JDK, nécessaire pour tout développement Java, et ensuite, le **JRE** (*Java Runtime Environment*), indispensable pour faire s'exécuter les applications Java.

Cette plate-forme constitue le noyau dur de Java, elle est constituée des éléments suivants :

- La **Machine Virtuelle Java (JVM : Java Virtual Machine)** : c'est l'environnement d'exécution des applications Java, elle constitue une passerelle entre les applications Java qui sont portables entre les architectures matérielles et logicielles, et les systèmes d'exploitation. Il existe des versions de machines virtuelles pour la majorité des architectures matérielles et logicielles. Cette machine virtuelle est notamment responsable de la gestion mémoire des applications de sorte que le programmeur n'ait pas à s'en occuper.
- La **bibliothèque de classe Java** : un ensemble de composants logiciels prêts à l'emploi. Ces composants permettent de couvrir les besoins de base du développement Java comme par exemple la gestion des chaînes de caractères, les fonctions mathématiques, les composants d'interfaces graphique, la communication réseau, etc.
- Les **outils de développement** (uniquement dans le JDK) : un compilateur de code source Java **(javac)**, un interpréteur **(java)**, un générateur de documentation **(javadoc)**.

Historiquement, la version 1.2 de cette plate-forme a marqué un tournant dans l'utilisation du langage, avec l'apport de nouvelles fonctionnalités, cette version, sortie en 1998, marque le début de **Java 2**.

La version 1.5, publiée en fin d'année 2004 a apporté énormément de nouvelles fonctionnalités, si bien qu'elle est également appelée Java 5.0, pour distinguer un peu plus cette nouvelle version.

La dernière version en date (sortie en décembre 2006) est la version 1.6 ou **Java 6.0** pour continuer la numérotation de version démarrée avec Java 5. Elle apporte quelques nouveautés concernant le développement des applications de bureau. C'est également à partir de cette version que le chiffre 2 disparaît de l'acronyme **J2SE** (*Java 2 Standard Edition*), utilisé jusque-là.

La plate-forme **Java EE** (*Java Enterprise Edition*) est une extension de la plate-forme Java SE. Elle permet le développement d'applications d'entreprise, c'est-à-dire des applications qui vont s'exécuter dans un contexte de **serveur d'applications**. Les applications Java EE peuvent être exploitées par des clients légers, comme les navigateurs Web, ou bien par des clients lourds, comme des applications graphiques fenêtrées.

La dernière version de cette plate-forme est la version 5, et celle qui est supportée par la version 6 du serveur Jakarta Tomcat. Ici également, le chiffre 2 disparaît de l'acronyme **J2EE** (*Java 2 Enterprise Edition*) utilisé depuis le début de l'existence de cette plate-forme.

Le chapitre La plate-forme Java EE 6 de cet ouvrage présente plus en détail les différents aspects de cette plate-forme.

La plate-forme **Java ME** (*Java Micro Edition*) permet le développement d'applications mobiles. Ces applications peuvent fonctionner sur des périphériques de type téléphones mobiles, Pocket PC, Palm Pilot, etc. Un très grand nombre de fabricants de téléphones mobiles ont déjà adopté cette technologie, et proposent une large gamme de produits compatibles Java ME.

c. Java et Tomcat

Le serveur Jakarta Tomcat est, depuis ses premières versions, développé en Java, cette plate-forme lui apportant tous ses avantages en termes de robustesse, de performance, et de sécurité. De plus, les applications hébergées par Tomcat sont elles-mêmes écrites en Java, l'intégration est donc complète.

Les différentes versions de Tomcat ont su s'adapter aux évolutions apportées au langage, et toutes les versions de ce serveur sont encore disponibles au téléchargement, c'est le cas notamment des anciennes versions 3.x qui sont les seules compatibles avec les versions de Java antérieurs à **Java 2**.

Aujourd'hui, la version 6 de Tomcat sait tirer profit des améliorations apportées à la plate-forme Java SE, notamment en terme de performance.

Chapitre 2 : La plate-forme Java EE

A. La plate-forme Java Enterprise Edition (Java EE)

La plate-forme Java offre de très nombreuses possibilités de développement d'applications. La plate-forme Java EE est probablement la plus riche des plates-formes Java, en offrant un environnement standard de développement et d'exécution d'applications d'entreprise multitiers.

La complexité des architectures informatiques d'entreprise étant grandissante, les plates-formes de développement de systèmes informatiques ont dû prendre en compte cette complexité pour l'intégrer.

La plate-forme Java EE fait partie de celles qui ont le mieux réussi cette intégration, en offrant des possibilités d'interconnexion entre les systèmes et les applications, auparavant inexistantes.

En tirant parti des avantages de Java, tels que l'indépendance de la plate-forme, ou bien son orientation objet qui lui confère une très grande réutilisabilité, Java EE simplifie la conception de systèmes d'entreprise, en fournissant :

- Une infrastructure d'exécution pour héberger les applications.
- Des modèles de composants pour développer les applications, livrés sous forme de bibliothèques de programmation.
- Une plate-forme de service intégrée par les infrastructures d'exécution, et utilisée par les composants.

Un autre avantage non négligeable de Java EE, est que cette plate-forme est un standard, ce qui signifie que, bien que les produits estampillés compatibles Java EE soient relativement nombreux, ils respectent tous les standards de cette plate-forme, et pourront donc être utilisés pour héberger les applications qui, elles aussi, ont été développées en respectant ces standards.

Cet ouvrage ne traite pas du développement d'applications Java EE, mais il est nécessaire de présenter les fondements de cette plate-forme dans la mesure où Tomcat 7 repose entièrement sur elle, et que les applications hébergées par ce serveur sont développées avec les bibliothèques Java EE.

1. Le Java Community Process (JCP)

Le fait que la plate-forme Java soit une plate-forme standard a contribué à son adoption par de très nombreux éditeurs de logiciels. En plus de l'adoption de ces standards, certains d'entre eux participent également à l'élaboration de ces technologies. Ces éditeurs associés à Sun Microsystems font partie du **JCP : Le Java Community Process**.

Le **Java Community Process** regroupe des entreprises du monde informatique aussi prestigieuses que **Sun**, **IBM**, **Oracle**, **Borland**, **BEA**, **Nokia**, **Sony**, mais également des acteurs du logiciel libre comme la **fondation Apache** ou le consortium **ObjectWeb**. Son objectif est de définir les spécifications des nouvelles technologies autour de Java, ces nouveautés peuvent concerner toutes les plates-formes Java.

Les demandes de modification ou de création de nouvelles spécifications sont appelées **JSR** (*Java Specification Request*), et sont numérotées avant d'être baptisées. Ainsi, la nouvelle API **JavaServer Faces** s'est d'abord appelée **JSR 127**.

Le processus d'établissement d'une JSR se déroule de la façon suivante :

- D'abord, pendant l'initialisation du projet, sont définis les membres participant à cette nouvelle spécification, une description et une justification du projet, ainsi qu'un planning prévisionnel.
- Ensuite, un groupe d'experts chargés de faire une première ébauche de la spécification (**Early Draft**) est créé. Ces experts sont des spécialistes employés par les sociétés membres du JCP. La première version de la spécification sera soumise à la communauté Java et au comité de validation du JCP, le **JCP Executive Committee**.
- L'accueil fait à la spécification détermine les modifications à apporter au travail des experts, pour finalement conduire à sa version finale (**Final Release**). La spécification est rendue publique, de même qu'une implémentation de référence fournie par le groupe d'experts.
- Enfin, un expert est nommé, il est chargé de la maintenance de la spécification (**Maintenance Release**).

Les informations sur le travail en cours du JCP et l'état d'avancement des nouvelles spécifications sont consultables sur http://www.jcp.org.

2. Une forte dépendance : Java 5 et les annotations

La version 5 de la plate-forme Java SE (et donc du langage Java) a introduit beaucoup de nouveautés dans la manière de programmer avec ce langage. Parmi toutes ces innovations, l'une d'elles a laissé sceptique plus d'un développeur Java, il s'agit des annotations.

Les annotations sont des métadonnées introduites dans le code, ces métadonnées doivent être interprétées par un programme Java spécifique pour pouvoir donner un résultat concret. Dans la plate-forme Java 5, les annotations fournies étaient très peu nombreuses, il est clair que Sun Microsystems cherchait, à ce moment-là, à préparer le terrain pour Java EE 5.

Les annotations révolutionnent complètement le développement d'applications d'entreprise Java, et plus particulièrement le développement d'applications EJB et de Web Services. En effet, le reproche assez fréquemment fait à ce type d'applications est que le développeur devait fournir beaucoup d'informations techniques n'ayant aucune valeur ajoutée pour son application. Les annotations vont permettre de générer automatiquement ces données techniques au moment du déploiement des applications dans le serveur, puisque ces serveurs intègrent les programmes capables d'interpréter ces annotations.

Avec Java EE 5, les annotations sont principalement utilisées pour :

- Les applications basées sur JPA.
- Les applications EJB.
- Les applications de Services Web.

Elles peuvent également être utilisées dans des applications clientes (Web ou client lourd Java), qui ont des dépendances avec ces types d'applications.

Exemple d'utilisation d'une annotation pour créer un Service Web :

```
package fr.eni.editions.jee5.ws;

import javax.jws.WebMethod;
import javax.jws.WebService;

@WebService
public class MonServiceWeb {

     @WebMethod(name="addition")
     public int op_Addition(int a, int b) {
```

```
            return a + b;
        }
}
```

Dans l'exemple ci-dessus, l'annotation **@WebService** est utilisée pour déclarer que cette classe Java doit être déclarée comme un Service Web, et l'annotation **@WebMethod** que la fonction `op_Addition()` de cette classe, doit être exposée sous le nom `addition`.

Cette syntaxe évite l'écriture de fichiers de configuration très complexes, comme c'était le cas dans les versions précédentes de la plate-forme Java EE.

B. Les composants Java EE

Le modèle de développement d'applications Java EE, préconisé par Sun Microsystems, fait intervenir trois types de composants logiciels. L'objectif est de mieux séparer les traitements et donc les responsabilités de chacun de ces composants dans l'application. Avec un tel découpage, l'équipe de développement peut mieux structurer et modéliser son application avec de commencer le codage, de plus, l'application est plus facilement maintenable.

1. Servlet

Les servlets sont des composants logiciels entièrement écrits en Java, ce ne sont pas des programmes autonomes, et elles doivent être hébergées dans un serveur d'applications pour pouvoir être appelées.

Les servlets sont des composants orientés requête/réponse, c'est-à-dire qu'une servlet s'exécute suite à une requête, en général http, et fournit une réponse à cette requête, ce fonctionnement est donc très proche de celui d'un serveur Web.

Une servlet possède des caractéristiques intéressantes, comme elle est écrite en Java, elle est portable et évolutive, mais elle est également très performante car elle est chargée en mémoire lors de son premier appel, et en sera déchargée à l'arrêt de l'application ou du serveur d'applications. De plus, il n'y a toujours qu'une seule instance d'une servlet en mémoire, le serveur d'applications utilisant un thread pour traiter chaque requête émise par les clients.

Cycle de vie d'une servlet

Une servlet étant avant toute chose une classe Java, cette classe doit être chargée puis interprétée par une machine virtuelle Java, en l'occurrence ici, celle du serveur d'applications. Ensuite, le serveur va initialiser la servlet pour lui faire charger des informations de configuration par exemple, la servlet est maintenant prête à recevoir des requêtes et à renvoyer des réponses. Lorsque l'application ou le serveur s'arrête, la servlet est détruite, puis son instance est nettoyée par la machine virtuelle Java.

Cycle de vie d'une servlet :

Appel d'une servlet :

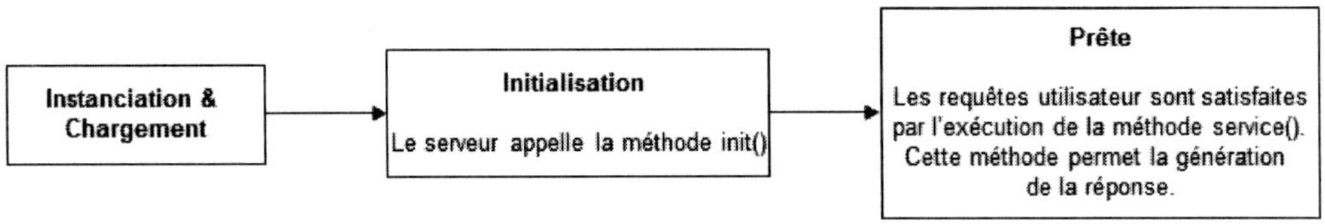

Arrêt du serveur ou de l'application :

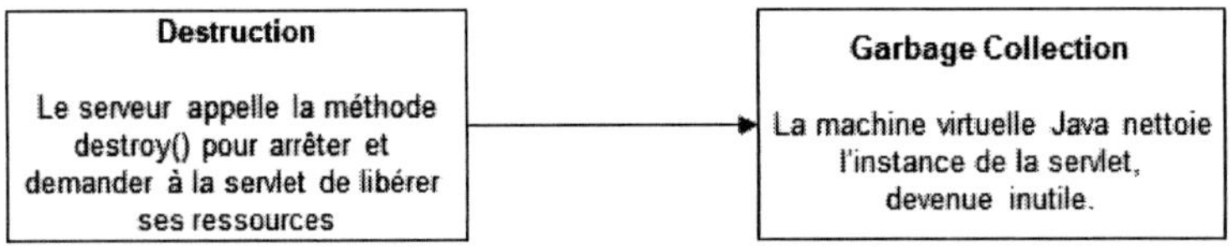

Le rôle d'une servlet, dans une application Java EE, est de recevoir les requêtes des clients ainsi que d'en extraire les informations, ces informations une fois éventuellement formatées, pourront être utilisées pour appeler les traitements. La servlet est aussi responsable de la préparation des données nécessaires à la génération de la réponse, sans nécessairement fournir cette réponse au client.

2. JavaServer Pages : JSP

La technologie JavaServer Pages permet le développement de pages Web dynamiques. Du point de vue de sa structure, une page JSP est très proche d'une page PHP ou ASP, si ce n'est que le langage utilisé pour la partie dynamique n'est pas le même. Une page JSP est un fichier qui porte l'extension **.jsp**.

Une page JSP est constituée d'un squelette de code HTML pour la partie statique, et de code Java pour permettre l'intégration de données obtenues en résultat des traitements. La structure d'une JSP est donc hétérogène, et elle devra être traitée par le serveur d'applications avant d'être envoyée dans la réponse au client.

Ce traitement est réalisé par le serveur d'applications au premier appel de la page et à chaque fois que cette page est modifiée par un programmeur. Un serveur d'applications transforme une JSP en classe Java, puis la compile en servlet, c'est ensuite l'exécution de cette servlet particulière qui provoquera la génération de la réponse. Chaque autre requête vers cette JSP est en fait directement prise en charge par la servlet générée.

C'est cette étape particulière du cycle de vie d'une JSP qui fait qu'un serveur d'applications Java EE a besoin d'un compilateur Java, et que par conséquent, une grande majorité d'entre eux nécessite une installation de Java fournie par un JDK plutôt que par un JRE.

Cycle de vie d'une JSP :

La transformation est assurée par un outil interne du serveur d'applications, la compilation par un compilateur Java, comme celui du JDK : ***javac****.*

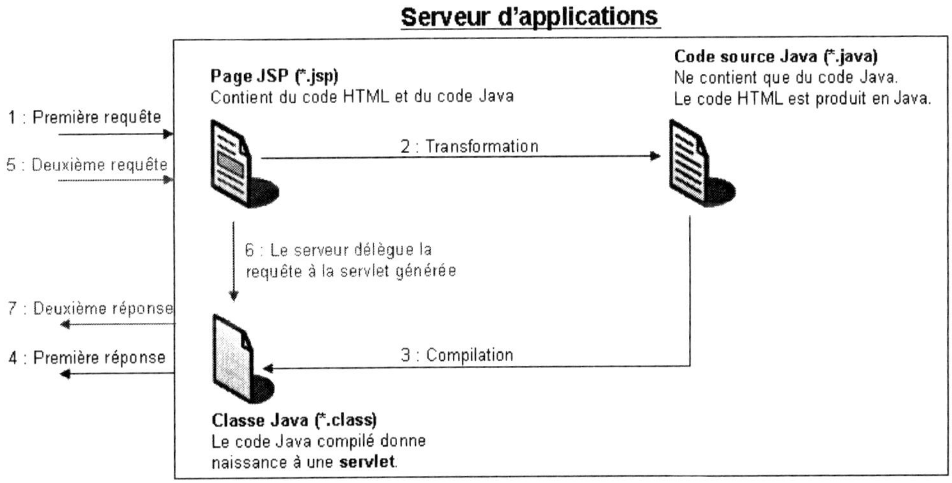

Le rôle d'une JSP dans une application Java EE est de prendre en charge la partie visuelle de cette application en présentant les données au client.

3. Enterprise JavaBeans : EJB

Les composants Enterprise JavaBeans sont des composants métier distribués, c'est-à-dire qu'ils sont invocables par le réseau. Les EJB sont à très grande valeur ajoutée car ils prennent en charge les transactions, la sécurité, et sont naturellement amenés à être répartis sur des fermes de serveurs.

Il existe deux types d'EJB :

- Les **EJB sessions** : ils encapsulent l'ensemble des fonctionnalités métier nécessaires à l'application, ils peuvent, selon leur configuration, maintenir ou non des informations sur les clients et les traitements qu'ils réalisent (ils sont dit avec ou sans état).
- Les **EJB pilotés par message** : appelés également **MDB** (*Message Driven-Bean*), ils sont comparables aux EJB sessions, mais sont invoqués différemment. Les EJB session sont directement exploités par des appels de fonctionnalités sur ces composants, pour déclencher un traitement sur un EJB MDB, il faudra, au contraire, lui envoyer un message applicatif en utilisant l'API JMS (*Java Message Service*), présentée plus loin.

Cette nouvelle version de la plate-forme Java EE a vu disparaître les **EJB entité**. Les EJB entité sont des composants persistants, c'est-à-dire que leur état est sauvegardé et restauré dans une base de données. Ils matérialisent les données nécessaires à l'application, et sont en général appelés par les EJB sessions. Les EJB entité sont aujourd'hui remplacés par la nouvelle API de persistance Java : **Java Persistence API** (JPA).

Le rôle d'un EJB dans une application Java EE est donc variable en fonction de son type. Les différents types d'EJB sont en général utilisés conjointement dans une même application.

Les EJB sont hébergés dans une partie spécifique d'un serveur d'applications Java sEE. Le serveur Tomcat 7 ne dispose pas de cet environnement spécifique, il est donc impossible d'utiliser des EJB avec Tomcat 7. Cependant, les technologies Java proposent de très nombreuses alternatives aux EJB, qui sont d'ailleurs, moins coûteuses en temps de développement, et surtout moins complexes, que les EJB.

4. Les entités Java

Les entités Java sont des objets persistants, c'est-à-dire que leur état est sauvegardé dans une base de données relationnelle. Les entités Java sont créées avec l'API de persistance Java **JPA**. Cette nouvelle API apporte plus de souplesse que les EJB entités précédemment utilisées, car elle est exploitable dans des applications non-Java EE. Les entités Java n'ont pas besoin d'être installées dans un serveur d'applications.

L'API JPA utilise les annotations pour indiquer les caractéristiques de persistance des objets, notamment l'association classe vers table et les associations entre les propriétés de la classe et les colonnes de la table, c'est du **mappage Objet/Relationnel**.

Une caractéristique intéressante de JPA est de fournir une abstraction par rapport à la base de données utilisée. Par configuration, le développeur précise les données de connectivité à cette base sans que ses caractéristiques propres soient utilisées dans le code.

JPA est définie par Sun Microsystems sous forme d'une spécification technique que des éditeurs peuvent utiliser pour fournir des implémentations de cette API. Les principales implémentations actuelles sont :

- **Hibernate** : initialement un projet Open Source, aujourd'hui rattaché à la société JBoss.
- **TopLink** : un produit de l'éditeur Oracle.
- **OpenJPA** : projet Open Source de la fondation Apache.

C. La plate-forme de service

Les applications Java EE ont des besoins d'accès aux différents éléments du système d'information, c'est notamment le cas des composants EJB entité précédemment présentés, qui doivent accéder à une base de données pour y enregistrer leurs informations. Un très grand nombre de services sont proposés par la plate-forme Java EE, ces services permettent l'intégration aux sources de données, et sont rendus accessibles aux applications par le serveur d'applications.

1. JDBC : Java DataBase Connectivity

JDBC permet aux programmes Java d'accéder aux bases de données. Cette API de programmation possède la particularité de permettre un développement, sans se soucier du type de la base de données exploitée : elle utilise, pour ça, un pilote d'accès à la base de données.

JDBC est disponible pour la plate-forme de base Java : Java SE. Java EE ajoute une extension à JDBC pour l'intégration de cette API en tant que service d'un serveur d'applications.

La Java Persistence API utilise JDBC de manière transparente pour écrire l'état des entités persistantes dans une base de données.

2. JNDI : Java Naming & Directory Interface

Le rôle de l'API JNDI dans Java EE est double.

D'abord, elle permet l'accès aux services d'annuaire d'entreprise utilisé, par exemple, pour authentifier les utilisateurs. Elle utilise, pour cette tâche, un mécanisme de pilote semblable à JDBC, lui permettant ainsi de se connecter à différents types d'annuaire.

JNDI permet également d'implémenter un service de nommage. L'ensemble des ressources que le serveur d'applications met à disposition, via ces API de services, doivent être enregistrées avec un nom logique, permettant de rechercher une ressource particulière dans le serveur : c'est le deuxième rôle de JNDI.

3. JMS : Java Message Service

Lors de l'appel d'une fonctionnalité sur un composant par un autre, le composant qui a appelé cette fonction est bloqué et en attente d'une réponse de la part du composant appelé : ce type d'invocation est dit synchrone. Pour éviter ces inter-blocages, il est possible d'utiliser un mécanisme d'invocation asynchrone, par l'envoi de messages applicatifs entre les composants : c'est le rôle de JMS.

Le composant appelant poste un message à destination d'une file d'attente de messages, hébergée par le serveur d'applications, puis continue son traitement, sans attendre. Le composant appelé est abonné à cette file d'attente et traite le message qui ordonne un traitement particulier.

4. JavaMail

JavaMail permet la création et l'envoi de messages électroniques via Java. Cette API permet d'utiliser les protocoles standards de messagerie Internet : POP3, IMAP4, SMTP. Un serveur d'applications Java EE peut exposer une configuration d'accès à un serveur de messagerie électronique, pour qu'une application utilisant JavaMail puisse envoyer un message.

5. JTA : Java Transaction API

Lors de l'accès à une base de données, une application peut avoir besoin d'utiliser une transaction. Le principe réside dans le fait de considérer un ensemble d'opérations comme une seule.

Par exemple, une application bancaire qui réalise un virement entre deux comptes va d'abord débiter le premier compte, puis créditer le deuxième. Il est indispensable de réaliser ces deux opérations dans une transaction, ainsi si le débit puis le crédit aboutissent tous les deux sans problème, alors la transaction est validée, dans le cas contraire, on annule tout et les comptes reprennent leur solde initial.

À partir du moment où la même base de données est utilisée pour stocker toutes les informations utilisées dans une transaction, l'API JDBC présentée précédemment permet de gérer la transaction, mais si les données sont réparties, il faudra alors utiliser les transactions de JTA.

JTA permet de gérer les transactions dites distribuées, c'est-à-dire qu'elles font intervenir des bases de données différentes ou des composants EJB différents.

L'utilisation de JTA nécessite un environnement d'exécution pour les EJB.

6. RMI/IIOP : Remote Method Invocation/Internet InterORB Protocol

RMI est une API Java qui permet l'appel de fonctionnalités à distance, en utilisant une communication réseau. RMI fait partie de la plate-forme Java SE. RMI/IIOP est une extension utilisée pour la construction des EJB sessions et entités, compatible avec d'autres mécanismes comparables dans d'autres technologies.

7. JCA : Java EE Connector Architecture

Un connecteur Java EE permet d'utiliser une ressource du système d'information qui ne possède pas d'interface native Java/Java EE. Les gros systèmes informatiques, tels les mainframes, sont utilisables par les applications Java EE en ayant recours à un connecteur spécifique à ces systèmes.

8. JAAS : Java Authentication and Authorization Service

L'accès aux applications peut être géré de manière standard par le serveur d'applications, et par simple déclaration dans les applications. Ceci permet d'éviter un développement spécifique de la partie sécurité pour chaque application, et de se reposer sur un mécanisme fourni par le serveur.

9. XML

XML n'est pas une API de service Java EE, mais son utilisation dans cette plate-forme est de plus en plus importante. D'abord utilisé pour écrire les différents fichiers de configuration, XML est à la base d'un nouveau mode de communication entre les applications : les Web Services.

Les Web Services sont des composants logiciels qui sont invocables par d'autres composants même si ces derniers ont été développés en utilisant un langage de programmation différent ou s'ils fonctionnent sur un système d'exploitation différent.

La version 6 de Java EE apporte un support standard des Web Services avec **JAX-WS** (*Java API for XML Web Services*).

Un grand nombre d'API pour le traitement XML sont présentes dans Java EE, par exemple **JAXP** (*Java API for XML Parsing*), pour l'analyse des fichiers XML, et **JAXB** (*Java Architecture for XML Binding*) pour associer des données XML à des classes Java, et ainsi faciliter la manipulation de ces données.

D. Les applications Java EE

La plate-forme Java EE apporte un certain nombre de standards pour le développement des applications Java en environnement serveur, mais elle ne s'arrête pas là. Au-delà de simplement fournir un modèle de composants, Java EE standardise également la manière dont ces composants doivent être assemblés avant de pouvoir être installés dans un serveur Java EE.

Les phases décrites par Java EE pendant le cycle de conception d'applications sont :

Le **développement des composants applicatifs** : cette phase correspond à la modélisation puis au codage individuel des différents composants logiciels.

L'**assemblage des composants en modules** : les différents types de composants sont assemblés en modules de déploiement spécifiques. Ainsi, les servlets et JSP sont assemblés dans des **modules Web**, et les EJB dans des **modules EJB**. Des fichiers de configuration sont ajoutés.

L'**assemblage des modules en applications** : pour simplifier la livraison d'une application, les différents modules sont regroupés en une seule et unique archive de déploiement.

Le **déploiement de l'application** : en utilisant les outils spécifiques du serveur d'applications, l'application est installée dans le serveur. Ces outils très différents ont en commun de pouvoir lire ces formats d'applications et de modules standards pour réaliser l'installation.

1. Le modèle de développement MVC

L'architecture de développement **MVC** (*Model View Controller*) ou encore **modèle MVC**, trouve ses origines avec le langage **SmallTalk** au début des années 1980, ce n'est donc pas un concept nouveau spécifiquement lié au développement JEE. Son objectif principal est d'apporter une séparation de la logique métier et de la logique d'affichage, et pour ça, elle divise l'application en trois parties distinctes : le **modèle**, la **vue** et enfin le **contrôleur**.

Appliqué aux technologies Java EE, le modèle MVC trouve un type de composant par rôle à remplir : le modèle est représenté par les composants EJB, le contrôleur par les servlets, et la vue par les JSP.

Collaboration dans le modèle MVC :

1. Le client émet une requête HTTP à destination de l'application, c'est en général une servlet qui reçoit la requête et qui en extrait les informations.

2. Les informations sont utilisées pour appeler les traitements métier.

3. Les composants du modèle manipulent les données du système d'information (lecture, enregistrement, mise à jour...).

4. Les traitements métier retournent les données résultats à la servlet, qui stocke ces données pour les rendre accessibles aux JSP.

5. La servlet appelle la JSP adéquate.

6. La JSP s'exécute, inclut les données transmises par la servlet et génère la réponse au client.

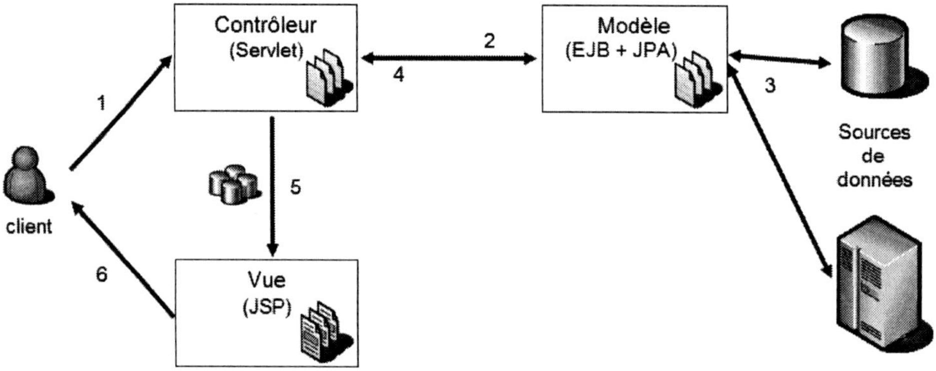

L'utilisation du modèle MVC pour le développement des applications Java EE est une préconisation de Sun Microsystems et, l'utiliser, apporte un certain nombre d'avantages.

D'abord, les responsabilités étant clairement définies au sein de l'application, les composants sont plus nombreux, mais également plus simples, leurs spécificités font qu'ils peuvent être développés par des spécialistes, les servlets et EJB par des développeurs Java, les JSP par des webdesigners.

Ce découpage permet également une maintenance plus aisée de l'application, ainsi un changement de charte graphique, ou encore de logo par l'entreprise, n'aura un impact que sur la partie **vue**, le **modèle** et le **contrôleur** ne subiront en rien ces changements.

Pour simplifier et systématiser l'utilisation de MVC dans les architectures Java EE, des frameworks de développement entièrement basé sur ce modèle MVC, tel **Apache Struts** ou encore la nouvelle API **Java Server Faces**, ont vu le jour.

2. Les différents modules Java EE

Les applications Java EE sont des applications multitiers qui offrent de multiples possibilités d'intégration avec les ressources d'un système d'information et de réalisation d'interfaces graphiques utilisateurs. Les traitements pourront être réalisés à partir de données provenant de base de données ou bien de mainframes, et ces mêmes données pourront être présentées sur une interface graphique de type client lourd ou sur un navigateur Web.

Il est donc nécessaire d'organiser les différents éléments de code d'une application en fonction de leur rôle : des modules pour les interfaces Web, d'autres pour les interfaces graphiques client lourds, etc.

Le regroupement de ces ressources se fait dans des modules appelés **modules de déploiement Java EE**. Un module n'est ni plus ni moins qu'une archive au format ZIP incluant les différentes ressources, mais avec une extension particulière.

a. Modules Web

Un module web contient les éléments d'une application Java EE qui vont permettre l'utilisation de cette application au travers d'un navigateur Web et du protocole HTTP.

Les éléments intégrés dans un module web sont les servlets et les JSP qui sont les ressources dynamiques de l'application, mais il est également courant d'y trouver les ressources statiques telles que les pages HTML, fichiers de scripts, les images et autre contenu multimédia. De plus, les ressources dynamiques étant développées en Java, on trouve également des bibliothèques de classes Java supplémentaires, fournies sous forme de fichiers **.jar**.

Les modules web possèdent un descripteur de déploiement : le fichier web.xml, et sont assemblés dans un fichier d'extension **.war**, signifiant **Web ARchive**. C'est ce type d'archive que Tomcat 7 sera amené à manipuler.

b. Modules EJB

Les composants EJB sont constitués d'une multitude de fichiers de code Java, mais également de fichiers de configuration. L'objectif des modules EJB est de fournir une archive homogène pour la livraison et le déploiement de ces composants.

Un module EJB possède la particularité de ne pas être directement exploitable par le serveur d'applications. En effet, les composants EJB doivent intégrer un certain nombre de fichiers de code Java spécifique au serveur d'applications. Dans l'objectif de développer des applications standards Java EE, ces fichiers de code spécifiques ne sont pas fournis par le développeur, mais sont générés automatiquement par les outils du serveur d'applications, au moment du déploiement.

Pour permettre cette génération de code, il est tout de même nécessaire de fournir des fichiers de configuration supplémentaires propres au serveur d'applications utilisé.

Le descripteur de déploiement d'un module EJB est le fichier **ejb-jar.xml**, et ces modules sont assemblés en archive d'extension **.jar**.

c. Modules Client

Les modules EJB précédemment présentés permettent l'intégration des traitements et des données métier, ces éléments peuvent être exploités par les modules web pour afficher les données sur un navigateur, mais il est également possible d'utiliser les EJB au travers d'une interface graphique client lourd développée en utilisant les API de programmation Java **AWT** ou **SWING**. Ces classes devront ensuite être assemblées dans un module Java EE pour pouvoir interagir avec le serveur d'applications.

Un module client permet l'assemblage de ce type de classes, et doit fournir un descripteur de déploiement dans le fichier **application-client.xml**. Un module client est un fichier d'archive portant l'extension **.jar**.

d. Modules de connecteurs

Les ressources d'un système d'information, telles que les bases de données ou bien les services d'annuaires, sont intégrables dans les applications Java EE grâce aux API JDBC et JNDI.

L'API JCA, présentée précédemment dans ce chapitre, permet l'intégration de systèmes ne disposant pas de passerelles d'intégration avec Java, en proposant une API standard pour développer ces passerelles. Les modules de connecteur permettent ensuite d'assembler ces éléments de code.

Le descripteur de déploiement de ce type de module est un fichier nommé **ra.xml**, le module est un fichier d'archive qui porte l'extension **.rar**.

3. Structure et packaging des applications

Chaque module de déploiement Java EE inclut un fichier de configuration spécifique au format XML, appelé descripteur de déploiement.

Le rôle d'un descripteur de déploiement est de référencer et de configurer les différents composants de ce module, par exemple, le descripteur de déploiement web.xml d'un module web décrit toutes les servlets ainsi que la manière dont elles seront appelées par les clients. L'application d'entreprise Java EE, qui contient tous les modules, possède elle aussi un descripteur de déploiement qui référence tous les modules de cette application.

Lors de l'installation d'une application dans le serveur, les outils d'installation des applications lisent les descripteurs de déploiement pour savoir comment installer l'application et ses modules.

Structure des modules de déploiement et des applications Java EE :

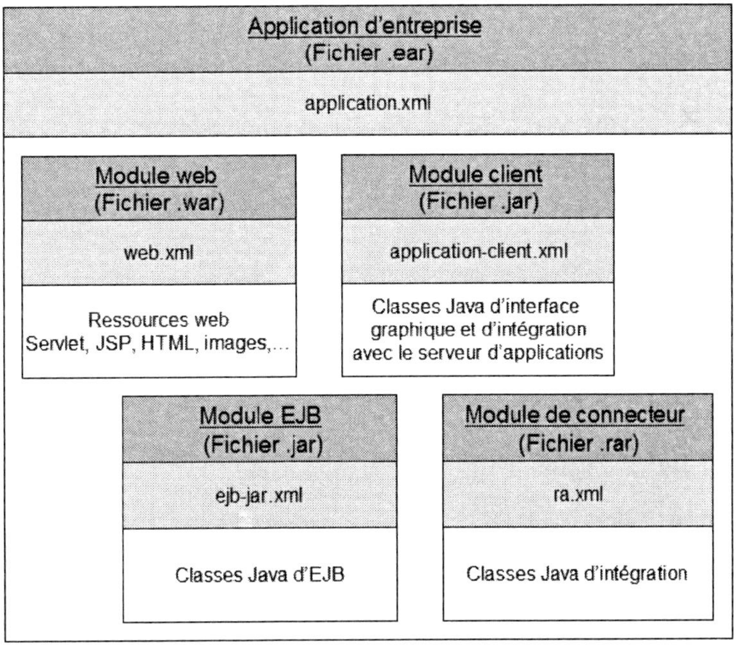

Chacun des modules de déploiement est également installable de manière autonome, sans avoir été intégré dans un fichier **.ear** d'application JEE, un serveur d'application JEE peut directement utiliser un fichier **.war**, par exemple.

E. Les applications Web Java EE et Tomcat

Parmi tous ces types de modules, les modules web sont les seuls exploitables par un serveur Tomcat 7, les applications Tomcat 7 seront donc fournies sous forme de fichiers **.war** autonomes : les **applications web**.

Ces applications Web peuvent contenir des classes Java pour la gestion des traitements métier ainsi que des classes d'entités Java pour la gestion de la persistance.

L'ouvrage se contente uniquement de détailler la structure des modules web dans la mesure où un administrateur de serveur Tomcat 7 aura la responsabilité d'installer ce type de modules. Pour en savoir plus sur les autres modules, il faut consulter un ouvrage spécifique sur le sujet.

1. Structure et arborescence d'une application Web

L'arborescence d'une application web est très particulière et doit être respectée ; dans le cas contraire, une application, même très bien programmée, peut ne pas fonctionner correctement, voire ne pas s'installer du tout dans le serveur.

L'arborescence d'une application Web est constituée d'un répertoire spécifique appelé **WEB-INF/** et qui contient notamment les classes Java sous **WEB-INF/classes**, les librairies de code Java sous **WEB-INF/lib**, et le descripteur de déploiement **web.xml** de l'application. Ce répertoire est la partie privée de l'application, il n'est pas visible d'un point de vue de l'utilisateur final, ainsi un utilisateur ne pourra jamais télécharger le descripteur de déploiement par exemple.

Tout ce qui se trouve en dehors du répertoire **WEB-INF/** constitue la partie publique de l'application, où les ressources sont accessibles. La partie publique contient les différentes pages HTML et JSP mais aussi toutes les ressources multimédia comme les images.

Exemple d'arborescence d'application Web :

À noter que cette arborescence montre une application finalisée, et que l'emplacement du code source Java n'apparaît pas ici.

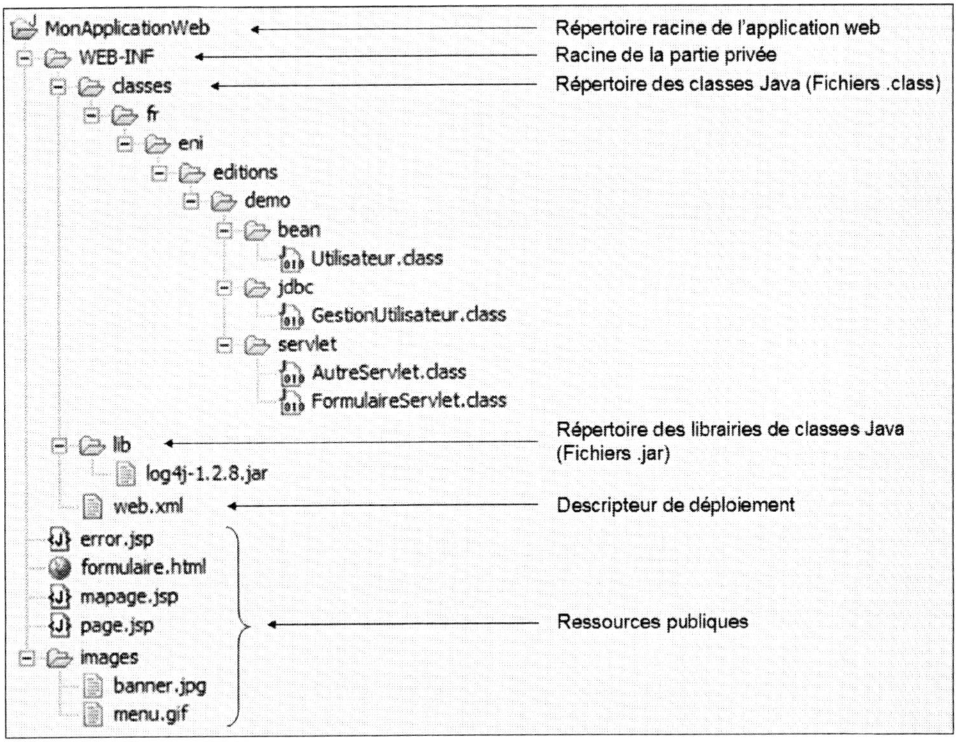

Chaque application Web, déployée dans un serveur d'applications, est accessible via une URL unique. Cette URL est constituée du nom d'hôte et du numéro de port du serveur d'applications, ainsi que d'une partie faisant référence à une application web particulière : c'est le chemin du **contexte d'application web**. Lors du déploiement d'une application dans un serveur, le déployeur d'application est responsable d'attribuer un chemin de contexte unique pour chaque module web.

Le **contexte d'application web** représente la vue complète de l'application web commune à tous les clients, cette vue globale permet de faire référence à des données de configuration communes à tous les utilisateurs, par exemple.

Format des URL d'accès aux applications Web :

```
http://<nom d'hôte du serveur>:<port>/contexte
```

2. Le descripteur de déploiement : web.xml

Le descripteur de déploiement d'une application web contient plusieurs types d'informations, son objectif est d'orienter le serveur d'applications sur l'installation de l'application.

Les principales informations que l'on y trouve sont :

Des **paramètres d'initialisation pour l'application et/ou les servlets** : ce sont des informations de type texte que les servlets et JSP de l'application pourront consulter. Ces informations peuvent, par exemple, permettre de spécifier l'adresse e-mail de l'administrateur du site ou de l'application, sans avoir à l'écrire en dur dans le code, permettant ainsi une modification plus aisée de cette adresse.

La **définition des servlets et des JSP** : chaque servlet d'une application web Java EE doit être déclarée dans le fichier **web.xml**pour être accessible. Il est également possible de déclarer les pages JSP si elles ont besoin de paramètres d'initialisation particuliers.

La **mise en correspondance des servlets avec des URLs** : les classes Java de servlets étant stockées dans la partie privée de l'application web (**WEB-INF/classes**), il est indispensable que le serveur d'applications associe des URLs entrantes à chacune des servlets de l'application. Cette association se fait après avoir défini chaque servlet (voir ci-dessus).

Les **pages d'accueil et d'erreur de l'application** : lorsqu'un utilisateur fait référence à la racine de l'application, il demande la page d'accueil, cette page peut être définie par une directive du fichier **web.xml**. De plus, il est possible d'associer les différents codes d'état HTTP et erreurs applicatives à des pages spécifiques, comme le code d'erreur HTTP 404 par exemple.

Des **contraintes de sécurité** : certaines parties d'une application web Java EE peuvent être restreintes à certains utilisateurs. Les directives de configuration, utilisées dans le descripteur de déploiement, permettent de spécifier à qui ces ressources sont réservées, et comment ces utilisateurs particuliers vont s'identifier sur l'application. Le chapitre La sécurité du serveur et des applications sur la sécurité expose plus en détail ces mécanismes.

Exemple de fichier web.xml :

```
<?xml version="1.0" encoding="UTF-8"?>
<web-app
      xmlns:xsi="http://www.w3.org/2001/XMLSchema-instance"
      xmlns="http://java.sun.com/xml/ns/javaee"
```

```
      xmlns:web="http://java.sun.com/xml/ns/javaee/web-app_2_5.xsd"
      xsi:schemaLocation="http://java.sun.com/xml/ns/javaee
http://java.sun.com/xml/ns/javaee/web-app_3_0.xsd">
       id="WebApp_ID" version="3.0">

   <display-name>Demo</display-name>

   <context-param>
      <param-name>auteur</param-name>
      <param-value>Etienne LANGLET</param-value>
   </context-param>

   <servlet>
       <servlet-name>FormulaireServlet</servlet-name>
       <servlet-class>
           fr.eni.editions.demo.servlet.FormulaireServlet
       </servlet-class>
       <init-param>
          <param-name>configuration</param-name>
         <param-value>DEV</param-value>
       </init-param>
   </servlet>
   <servlet>
       <servlet-name>AutreServlet</servlet-name>
       <servlet-class>
         fr.eni.editions.demo.servlet.AutreServlet
       </servlet-class>
   </servlet>

   <servlet-mapping>
     <servlet-name>FormulaireServlet</servlet-name>
     <url-pattern>/form</url-pattern>
   </servlet-mapping>
   <servlet-mapping>
      <servlet-name>AutreServlet</servlet-name>
      <url-pattern>/autre</url-pattern>
   </servlet-mapping>

   <welcome-file-list>
      <welcome-file>formulaire.html</welcome-file>
   </welcome-file-list>

</web-app>
```

Voici en détail, l'explication des différentes parties de ce fichier.

Un descripteur de déploiement est un fichier XML qui est validé par rapport à une grammaire particulière. Cette grammaire peut être définie dans deux types de fichiers pour la validation, les **DTD** (*Document Type Definition*) et les **Schémas XML** (Fichier **.xsd**) ; les schémas XML permettent une validation plus fine et sont utilisés depuis J2EE 1.4. L'en-tête de ce fichier contient donc la référence au schéma XML utilisé, écrit dans le premier élément de configuration XML : l'élément racine `<web-app>`.

Il y a ensuite un élément permettant de donner un titre à l'application.

```
<display-name>Demo</display-name>
```

Des paramètres d'initialisation peuvent être spécifiés et récupérés par programmation dans toutes les servlets et JSP de l'application. Le programmeur utilise le nom du paramètre pour récupérer la valeur associée.

```
<context-param>
   <param-name>auteur</param-name>
   <param-value>Etienne LANGLET</param-value>
</context-param>
```

Chaque servlet doit ensuite être déclarée en mettant en correspondance un nom logique avec la classe Java de cette servlet. Cette déclaration peut également faire mention de paramètres d'initialisation spécifiques à chaque servlet.

```
<servlet>
   <servlet-name>FormulaireServlet</servlet-name>
   <servlet-class>
       fr.eni.editions.demo.servlet.FormulaireServlet
   </servlet-class>
   <init-param>
     <param-name>configuration</param-name>
     <param-value>DEV</param-value>
   </init-param>
</servlet>
<servlet>
   <servlet-name>AutreServlet</servlet-name>
   <servlet-class>
      fr.eni.editions.demo.servlet.AutreServlet
   </servlet-class>
</servlet>
```

Pour être accessible, chaque servlet précédemment déclarée doit être associée à une URL.

```
<servlet-mapping>
   <servlet-name>FormulaireServlet</servlet-name>
   <url-pattern>/form</url-pattern>
</servlet-mapping>
<servlet-mapping>
   <servlet-name>AutreServlet</servlet-name>
   <url-pattern>/autre</url-pattern>
</servlet-mapping>
```

Enfin, la page d'accueil par défaut de l'application est référencée et le document se termine par la balise de fin de l'élément racine.

```
<welcome-file-list>
   <welcome-file>formulaire.html</welcome-file>
</welcome-file-list>

</web-app>
```

Lors du démarrage d'une application par Tomcat 7, le serveur analyse le fichier **web.xml** et le valide à partir du schéma XML, si la syntaxe du fichier ne correspond pas au schéma, alors l'application ne sera pas démarrée et ne sera donc pas disponible.

3. Les sessions HTTP

Une des problématiques évoquées dans le chapitre Préambule, est l'incapacité du protocole HTTP à gérer lui-même le suivi de la navigation d'un client sur un site ou sur une application Web. Ainsi, chaque requête émise par un client est complètement indépendante de la suivante et de la précédente. Pour combler ce manque, le protocole HTTP peut s'appuyer sur le mécanisme des cookies, qui consiste à envoyer des informations vers le navigateur client en les insérant dans la réponse.

Cependant, cette solution présente de nombreux inconvénients liés à la structure même des cookies :

- Les informations transmises sont de type texte : Il est impossible d'envoyer une structure de données, tel un panier d'achat, vers le client.

- Les cookies sont limités en quantités : 20 cookies maximum par site, 300 en tout dans le navigateur.
- Les cookies sont limités en taille : 4 kilo-octets de données maximum.

De plus, le client peut complètement interdire les cookies sur son navigateur Web.

Il existe une alternative aux cookies utilisables dans les applications Web Java EE, il s'agit des **sessions HTTP**.

Le principe des sessions HTTP est extrêmement séduisant car les informations relatives à un client sont cette fois-ci stockées sur le serveur, ainsi, pour reprendre l'exemple du panier d'achat sur un site marchand, le contenu de ce panier peut être facilement représenté par une structure de données complexe stockée sur le serveur d'applications.

Mais alors, comment le serveur fait-il la correspondance entre ces données de session qu'il conserve, et le client auquel elles sont rattachées ? Grâce à l'identifiant de session de cet utilisateur. Chaque session HTTP est associée à un identifiant unique généré par le serveur et renvoyé par le serveur au client. Lorsqu'un client émet une requête vers le serveur, cette requête contient l'identifiant de session et le serveur peut associer le client à ses données.

Pour transmettre cet identifiant au client, le serveur génère un cookie dont le nom est **jsessionid**, et dont la valeur est l'identifiant de session qu'il a généré pour ce client, le client transmet ce cookie avec chaque requête émise vers ce serveur, jusqu'à expiration du cookie.

Ceci ne résout pas le fait que, si le navigateur client n'accepte pas les cookies, ce mécanisme ne fonctionne pas. Une solution à ce problème existe : la **réécriture d'URL**.

La **réécriture d'URL** consiste à inclure, dans chaque requête de l'utilisateur, un paramètre permettant de transmettre l'identifiant de session. Pour ce faire, le serveur doit réécrire toutes les URL des pages qu'il transmet au client en réponse. Cette réécriture se fait par des instructions de code Java à ajouter dans les pages JSP des applications. Le code doit donc être prévu pour supporter ce mécanisme.

Une URL non réécrite :

```
http://localhost:8080/demo/identification
```

Une URL réécrite :

```
http://localhost:8080/demo/login;jsessionid=EA337E2DFE9465EAADC0...
```

L'URL réécrite contient l'identifiant de session en tant que paramètre, lorsque le client clique sur un lien qui contient ce paramètre, il transmet automatiquement son identifiant de session au serveur.

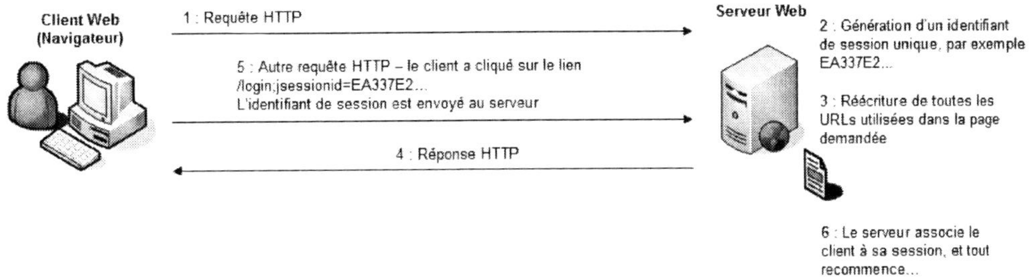

Une session HTTP expire à partir du moment où le navigateur Web est fermé ou explicitement par une action tel un clic sur un lien, qui provoque, côté serveur, la destruction de la session. La session peut également expirer toute seule, si aucune requête de la part de l'utilisateur n'est faite pendant 30 minutes, ce qui est la valeur par défaut des spécifications JEE. Cette valeur peut, bien entendu, être modifiée.

Le mécanisme sur lequel repose le suivi de session HTTP peut donc être, soit les cookies, soit la réécriture d'URL. Les spécifications Java EE définissent d'utiliser en priorité les cookies, s'ils sont supportés par le navigateur et la réécriture d'URL uniquement dans le cas contraire ; et ce pour des raisons de performance et de sécurité. En effet, chaque transformation d'URL nécessite un travail supplémentaire du serveur ; de plus, l'identifiant de session apparaissant en clair dans la barre d'adresse du navigateur, il peut facilement être vu et utilisé par un tiers.

F. Les serveurs d'applications Java EE

Les applications Java EE sont nécessairement liées à un environnement d'exécution spécifique dans la mesure où elles utilisent des bibliothèques de programmation particulières. De plus, ces applications ont besoin d'un certain nombre de services qui seront rendus disponibles par cet environnement d'exécution. Un serveur d'applications Java EE fournit un tel environnement.

Le marché des serveurs d'applications Java EE est très riche, mais tous ces produits implémentent les mêmes standards imposés par la plate-forme, de sorte que les applications soient complètement indépendantes du serveur utilisé.

À la sortie de chaque nouvelle version des spécifications Java EE, les éditeurs de serveurs d'applications redoublent d'efforts pour fournir des produits qui soient compatibles avec ces nouvelles normes.

1. Rôles d'un serveur d'applications

Le rôle d'un serveur d'applications est de mettre en œuvre des applications distribuées, conçues à base de composants Java (Servlet, JSP, EJB) et de les rendre accessibles à des clients Web (navigateurs) et à des applications d'entreprise (clients lourds) écrites en Java. Le serveur doit prendre en charge le cycle de vie complet des différents composants, et la gestion d'une file d'attente pour satisfaire aux requêtes des clients.

De plus, pour satisfaire aux exigences des applications d'entreprise, le serveur d'applications doit être le plus performant et le plus fiable possible. Il est donc capable de gérer la disponibilité des applications, en proposant un service de gestion de la montée en charge, et une solution de tolérance de panne, en mettant en place des fermes (clusters) de serveurs.

Il s'occupe également de la fourniture des différents services utiles aux composants et au fonctionnement des applications :

- **Service HTTP** : pour permettre l'accès aux applications via un navigateur Web.
- **Service de nommage** : les ressources exposées, telles que l'accessibilité aux bases de données, sont enregistrées avec un nom, ce service met en œuvre l'API JNDI.
- **Service de gestion des transactions** : le service transactionnel est mis en œuvre grâce à JTA.
- **Service de gestion de la disponibilité des applications** (montée en charge et tolérance de panne) : ce n'est pas un service défini par les spécifications Java EE, mais tout serveur d'applications doit permettre la mise en œuvre d'une solution de haute disponibilité des applications pour garantir leur accessibilité et des performances maximales.
- **Service de sécurité** : l'API JAAS permet de gérer l'authentification et les droits d'accès aux applications.
- **Service d'administration** : la configuration des services, le déploiement des applications, la supervision de l'ensemble des ressources doivent idéalement pouvoir se faire avec une interface de gestion du serveur. Ces interfaces ont des

ergonomies très variables selon les produits, du simple fichier de configuration texte à la console graphique d'administration.

- **Service d'accès aux données** : les services les plus utilisés par les applications car ils permettent l'intégration au système d'information, via JDBC et JCA notamment.
- **Service de gestion des messages** : la messagerie applicative mise en œuvre grâce à JMS.

2. Architecture d'un serveur d'applications

Les applications Java EE sont constituées de modules contenant des composants logiciels différents. Le cycle de vie de ces composants et leurs besoins pour fonctionner sont assez différents. Un serveur d'applications Java EE est constitué de plusieurs environnements d'exécution, chacun étant adapté à un type de composants Java EE. Ces environnements d'exécution sont appelés **Conteneurs Java EE**.

Un conteneur repose sur une infrastructure Java et utilise donc une machine virtuelle Java.

Les conteneurs d'un serveur d'applications Java EE sont :

Le **conteneur Web** : il héberge les modules Web constitués de servlets et de JSP. L'accès à ce conteneur se fait via le protocole HTTP.

Le **conteneur EJB** : il héberge les modules EJB. L'accès à un conteneur EJB par un autre conteneur, ou par un composant d'applications se fait en utilisant le protocole RMI/IIOP.

Le **conteneur d'applets** : les applets Java embarquées dans les pages HTML peuvent communiquer en HTTP avec les composants Web servlet et JSP. Le conteneur d'applets est en fait le navigateur web associé au plug-in Java permettant d'exécuter les applets.

Le **conteneur d'applications clientes** : il héberge les modules clients contenant des applications client lourd Java. Ce conteneur peut communiquer avec le conteneur Web et le conteneur EJB pour s'interfacer avec les composants présents dans ces conteneurs. Ce conteneur doit être installé sur la machine cliente sur laquelle s'exécute la partie de l'application qui communique avec le serveur.

Structure d'un serveur d'application Java EE :

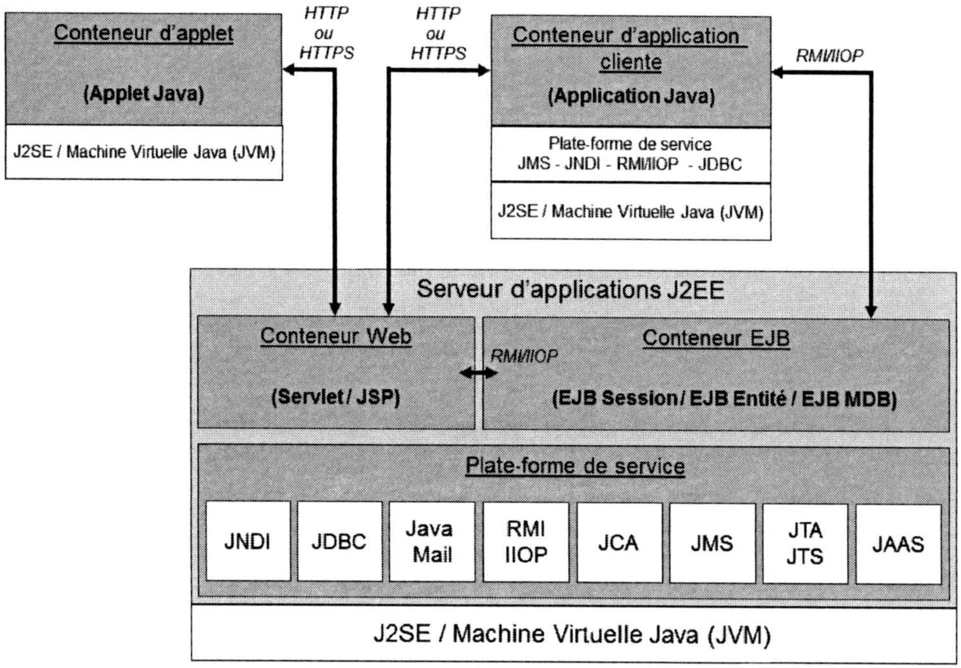

3. Les produits du marché

Les serveurs d'applications Java EE peuvent être classés en deux catégories, les implémentations complètes des spécifications Java EE et les implémentations partielles.

Les implémentations complètes contiennent tous les types de conteneurs de composants et offrent un accès à l'ensemble des services Java EE. Les implémentations partielles, quant à elles, ne fournissent qu'une partie des conteneurs (souvent un seul) et les services Java EE ne sont pas tous disponibles.

Implémentations complètes

BEA WebLogic Server 10.0

BEA est l'un des plus anciens éditeurs de solutions Java EE. Son produit, **WebLogic Server**, fut pendant très longtemps le serveur d'applications Java EE le plus utilisé. C'est aujourd'hui avec le produit d'IBM, l'un des produits phare du monde Java EE.

Sun GlassFish 3

Le projet GlassFish, initié par Sun, est l'implémentation de référence des technologies Java EE 6. C'est évidemment le premier serveur à proposer une implémentation, lors de la sortie d'une nouvelle version des spécifications Java EE.

Apache Geronimo 3.0 (Beta au moment d'écrire ces lignes)

Implémentation Open Source de la fondation Apache, le serveur Geronimo utilise **Tomcat 7** comme conteneur Web, et **OpenEJB** comme conteneur d'EJB. En plus de ces deux projets Open Source, de très nombreux autres produits Open Source sont intégrés à Geronimo, comme par exemple la base de données **Apache Derby** ou encore la bibliothèque de **Web Services**, **Apache AXIS**.

Implémentations partielles

OpenEJB

OpenEJB est un conteneur EJB sous licence Apache. L'objectif de ce projet est de fournir un conteneur pour composants EJB facilement intégrable avec d'autres conteneurs Java EE, notamment des conteneurs Web.

4. Le cas Apache Tomcat 7

Le serveur Tomcat 7 de la fondation Apache est le conteneur Web le plus utilisé sur le marché, notamment du fait qu'il a été pendant longtemps l'implémentation de référence des technologies servlets et JSP. De plus, Tomcat est utilisé dans d'autres projets de serveurs d'applications commerciaux ou Open Source, comme **Apache Geronimo**, ou encore **JBoss Application Server**.

a. Tomcat est un moteur de Servlet

Tomcat 7 est une implémentation partielle de serveur d'applications Java EE car il ne fournit pas tous les services de la plate-forme Java EE, ce n'est qu'un conteneur Web, ou encore moteur de servlets/JSP.

D'un point de vue de la plate-forme de services Java EE, Tomcat 7 propose une implémentation des API **JDBC**, **JNDI**, **JAAS** et **JavaMail**, les autres services ne sont pas fournis en standard mais peuvent être apportés par d'autres produits complémentaires.

Chapitre 3 : Le serveur Apache Tomcat 7 : installation et configuration

A. Les différentes versions de Tomcat

Comme indiqué dans le premier chapitre de cet ouvrage, il existe plusieurs versions du serveur Apache Tomcat. Il est important de bien choisir la version de son serveur en fonction des applications qui y seront installées. En effet, les versions majeures de Tomcat correspondent toutes à une implémentation de référence des technologies Servlet et JSP.

Voici un rappel sur les relations entre les versions des technologies JEE et les versions de Tomcat :

Spécifications Java EE	API Servlet	API JSP	Apache Tomcat
J2EE 1.2	2.2	1.1	3.x
J2EE 1.3	2.3	1.2	4.x
J2EE 1.4	2.4	2.0	5.x
Java EE 5	2.5	2.1	6.x
Java EE 6	3.0	2.2	7.x

Ainsi, une application développée en utilisant l'API Servlet 3.0 par exemple, devra nécessairement être installée dans un serveur Tomcat en version 7.

B. Distribution de Tomcat

Le serveur Tomcat 7 est disponible en libre téléchargement sur son site Internet, à l'adresse **http://tomcat.apache.org**. Plusieurs formats de fichiers sont proposés au téléchargement. D'abord, Tomcat 7 est téléchargeable soit sous forme de code source qu'il faudra compiler, ou bien sous forme de binaires Java. La version code source est très intéressante pour pouvoir étudier le fonctionnement du serveur.

Les versions binaires de Tomcat 7 sont en fait constituées de classes Java, et sont donc portables entre les systèmes d'exploitation et les plates-formes matérielles. Il existe généralement 3 formats d'archives binaires :

- Les archives au format **ZIP** : elles peuvent facilement être décompressées sur une majorité de systèmes, le répertoire ainsi créé contient une version du serveur directement opérationnelle après configuration. Ce format est, pour beaucoup d'administrateurs Tomcat, le plus intéressant, car il permet une désinstallation rapide en cas de changement de version du serveur. De plus, la configuration du système n'est pas modifiée, l'installation est transparente !

- Les archives au format **TAR.GZ** : c'est le format d'archive le plus commun sur les systèmes UNIX. Comme pour les archives ZIP, une simple décompression avec la commande TAR, permet d'obtenir une version opérationnelle du serveur.
- Les installeurs Windows : au format **EXE**, ils permettent une installation à partir d'un assistant qui réalise également la configuration. C'est la méthode la plus simple pour installer Tomcat 7 sur le système de Microsoft.
- La version 7 de Tomcat introduit également des versions optimisées pour plates-formes 64 bits. Le téléchargement pourra donc se faire, au choix, en version 32 ou 64 bits.

C. Installation de la plate-forme Java

Comme n'importe quel logiciel écrit avec le langage Java, Tomcat nécessite une Machine Virtuelle Java pour fonctionner. Comme nous l'avons vu au chapitre Préambule, un JRE et un JDK fournissent une Machine Virtuelle Java. Dans le cas d'un serveur JEE comme Tomcat, il n'est plus impératif d'utiliser un JDK qui fournit un compilateur Java nécessaire pour le traitement des JSP. En effet, depuis sa version 5.5, Tomcat intègre un compilateur Java issu de l'environnement de développement Open Source Eclipse : le **Eclipse JDT Java Compiler**, le serveur peut donc se contenter d'un JRE.

Plusieurs fournisseurs de Machine Virtuelle Java existent sur le marché, Sun Microsystems, inventeur de la technologie, fournit des implémentations pour Windows, Linux et Solaris. D'autres sociétés, comme par exemple IBM, fournissent d'autres implémentations pour une grande variété de plates-formes.

Le JDK de Sun est téléchargeable à l'adresse : **http://java.sun.com/jse**

Depuis le rachat de Sun Microsystems par Oracle en 2009, la plate-forme Java historique est téléchargeable à l'adresse **http://www.oracle.com/technetwork/java**.

1. Quelle version choisir ?

Il y a une très forte dépendance de la plate-forme Java EE 6 avec Java 5, il est donc impératif d'installer un serveur Tomcat 7 sur un JDK ou JRE 5.0 minimum. Une version plus récente (JDK ou JRE 6.0 par exemple) peut être utilisée.

Il est important de noter qu'une version 64 bits du JRE ou du JDK sera nécessaire pour faire fonctionner une version 64 bits de Tomcat.

2. Installation et configuration

a. Sous Microsoft Windows

Dans le cas de Windows, les JDK et JRE sont fournis sous forme d'installeur et leur utilisation ne pose pas de problèmes particuliers, il est possible de choisir le chemin d'installation, ainsi que les composants à installer, pour ne pas installer les exemples et le code source de classes Java, par exemple.

Installation du JDK :

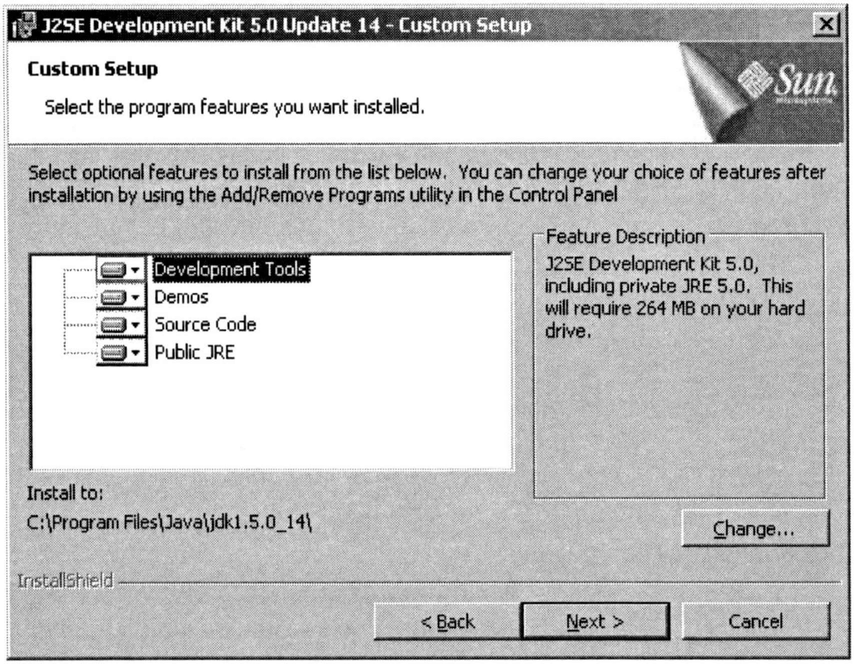

À l'issue de l'installation, il faut configurer le système en définissant des variables d'environnement : la variable **JAVA_HOME** qui pointe sur le répertoire d'installation du JDK ou du JRE, et la variable **PATH** qui doit faire référence au sous-répertoire **bin** de **JAVA_HOME**.

Voici la procédure à suivre :

➔ Ouvrir le **Panneau de configuration** et choisir **Système**.

➔ Sélectionner l'onglet **Avancé**.

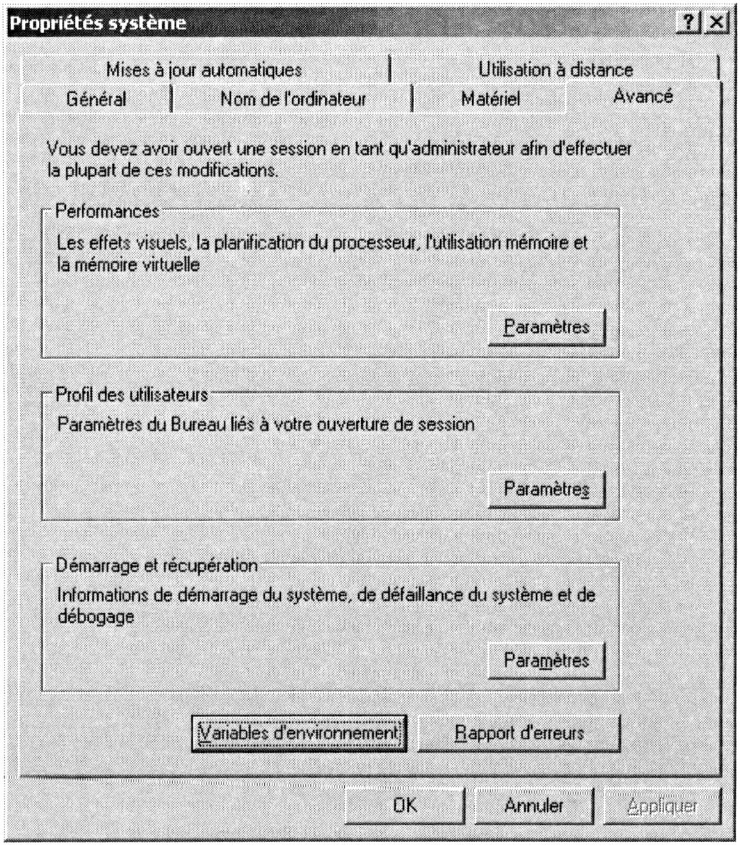

➔ Cliquer sur le bouton **Variables d'environnement**.

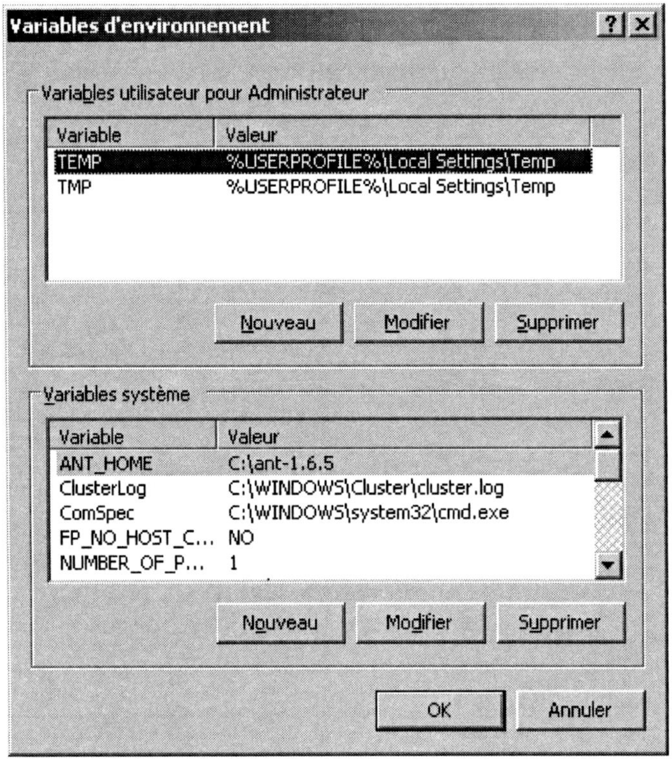

- Ajouter la variable **JAVA_HOME** en lui donnant comme valeur, le répertoire d'installation de Java, dans la liste des variables système.

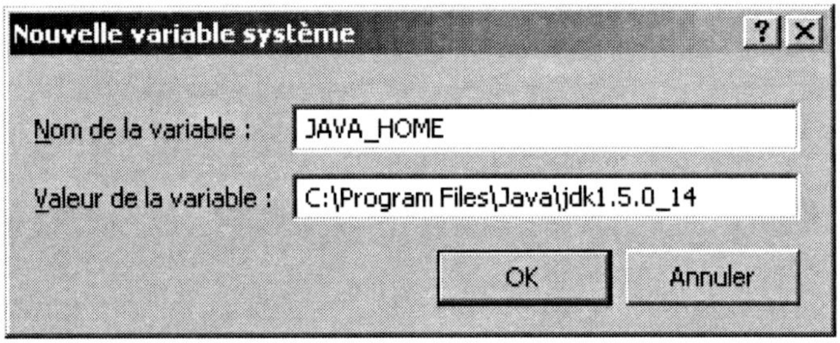

- Localiser la variable **PATH** dans les variables système, et ajouter le sous-répertoire **bin** de **JAVA_HOME** à la fin des valeurs, en la séparant de la dernière par un point-virgule.

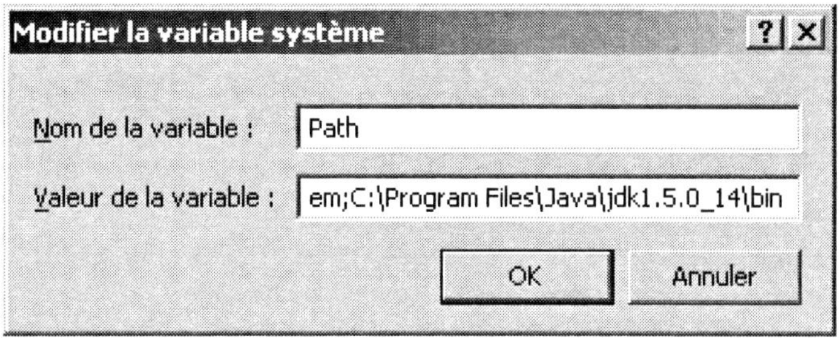

Dans la suite de l'ouvrage, le nom **JAVA_HOME** est utilisé pour faire référence au répertoire d'installation de Java.

Tester l'installation et la configuration :

→ Ouvrir une invite de commande MS-DOS.

→ Saisir la commande `java -version`, cette commande doit renvoyer un message affichant la version de Java.

→ Saisir la commande `javac -help`, cette commande doit afficher l'aide du compilateur Java.

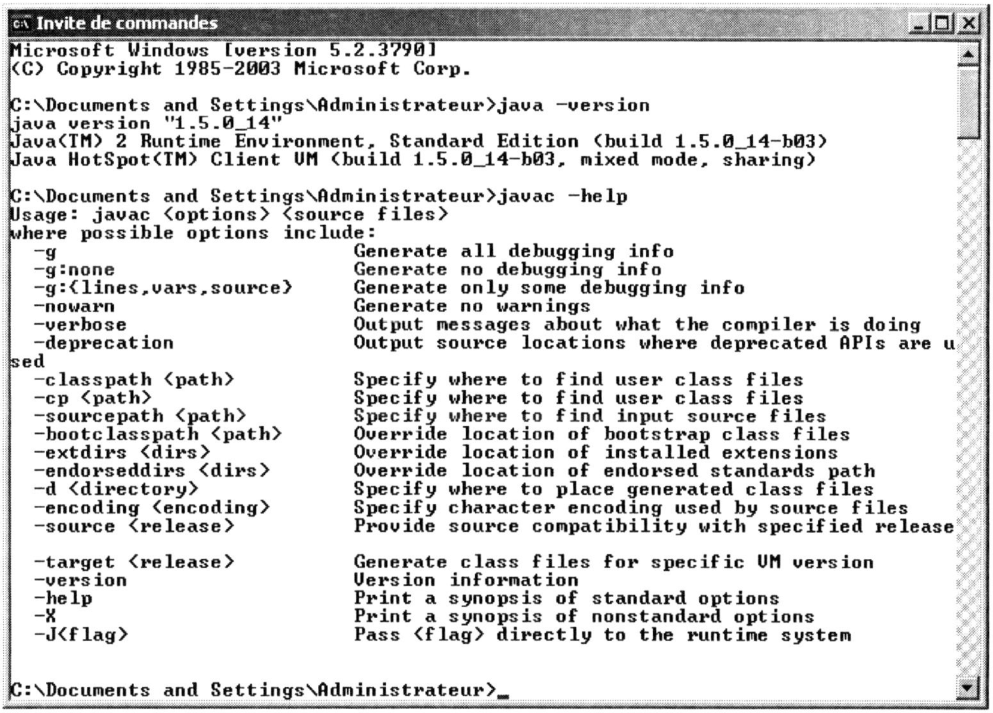

b. Sous Linux

Le système Linux dispose d'un très grand nombre de distributions proposant des formats de paquets installables très différents, ces distributions proposent souvent un paquet permettant d'installer la plate-forme Java sur son système. Les outils d'installation de logiciels supplémentaires varient d'une distribution à une autre, la procédure d'installation peut, ou non, créer et configurer les variables d'environnement JAVA_HOME et PATH. Si la vérification de l'installation n'aboutit pas, il sera alors nécessaire de configurer les variables d'environnement **PATH** et **JAVA_HOME** comme cela est expliqué plus loin.

Dans le cas où la distribution Linux choisie ne propose pas en standard de plate-forme Java, Oracle propose également une version Linux du JDK et du JRE en libre téléchargement sur son site, ils sont disponibles sous forme d'un script qui décompresse le répertoire d'installation dans le répertoire courant.

Le JDK pour Linux est fourni sous forme d'un fichier binaire, après son téléchargement, il faut positionner les droits d'exécution sur le fichier :

```
[root@localhost ~]# chmod +x jdk-1_5_0_14-linux-i586.bin
```

Pour installer le JDK, il suffit simplement d'exécuter le fichier, pour ceci, il faut d'abord se positionner dans le répertoire dans lequel le JDK doit être installé, en général, dans le répertoire /usr, puis le fichier peut être exécuté :

```
[root@localhost ~]# cd /usr
[root@localhost usr]# /root/jdk-1_5_0_14-linux-i586.bin
```

Après acceptation de la licence, la décompression commence.

Tout comme pour une installation sous Windows, les étapes suivantes consistent à créer et valoriser les variables d'environnement **PATH** et **JAVA_HOME**. Sous Linux, ces variables se définissent dans le fichier **/etc/profile** pour qu'elles soient utilisables par tous les utilisateurs du système, sinon, il est possible de les créer dans le fichier **$HOME/.bash_profile, $HOME** représente le répertoire personnel d'un utilisateur, dans ce cas, ces variables sont uniquement visibles pour cet utilisateur.

À la fin de l'un ou l'autre de ces fichiers, il faut ajouter les lignes suivantes :

```
PATH=$PATH:<répertoire d'installation du JDK>/bin
JAVA_HOME=<répertoire d'installation du JDK>
export PATH JAVA_HOME
```

Puis recharger la configuration, sur la ligne de commande saisir :

```
[root@localhost ~]# source /etc/profile
```

ou

```
[root@localhost ~]# source $HOME/.bash_profile
```

Tester l'installation et la configuration :

- Ouvrir un terminal.
- Saisir la commande `java -version`, cette commande doit renvoyer un message affichant la version de Java.
- Saisir la commande `javac -help`, cette commande doit afficher l'aide de la commande.

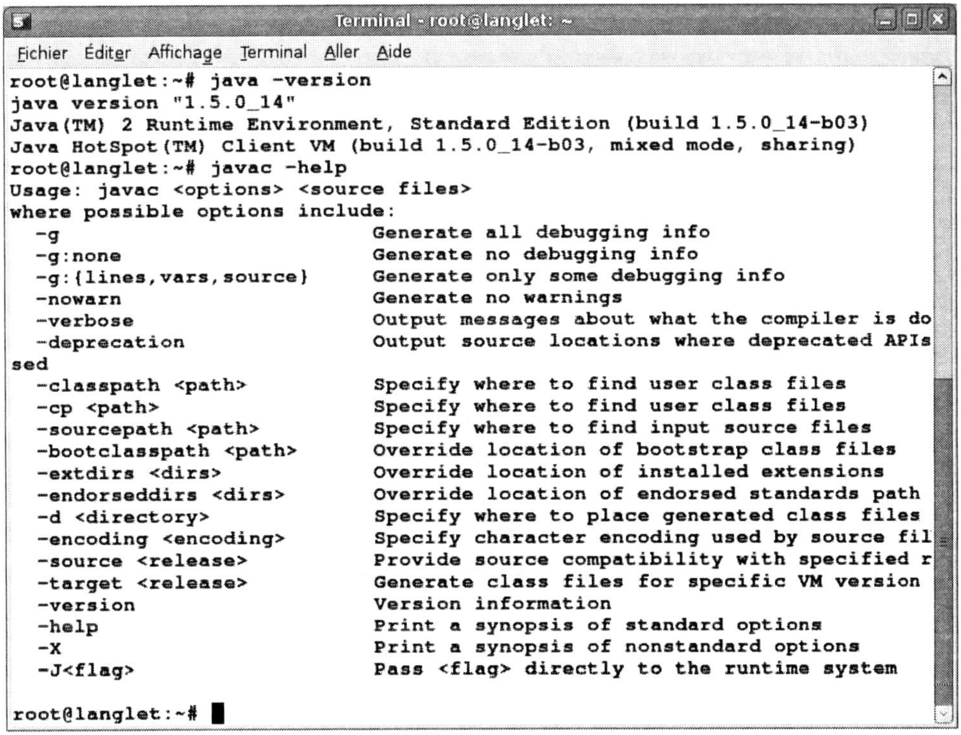

D. Installation du serveur Tomcat 7

Le serveur Tomcat 7 utilise un certain nombre de ports TCP/IP pour fonctionner. Avant de procéder à l'installation du serveur, il faut s'assurer que ces ports ne sont pas utilisés :

- 8080 : Port du connecteur HTTP
- 8005 : Port d'arrêt du serveur
- 8009 : Port du connecteur JK

La commande `netstat -an` permet de dresser la liste des ports en écoute sur un système Windows ou Linux.

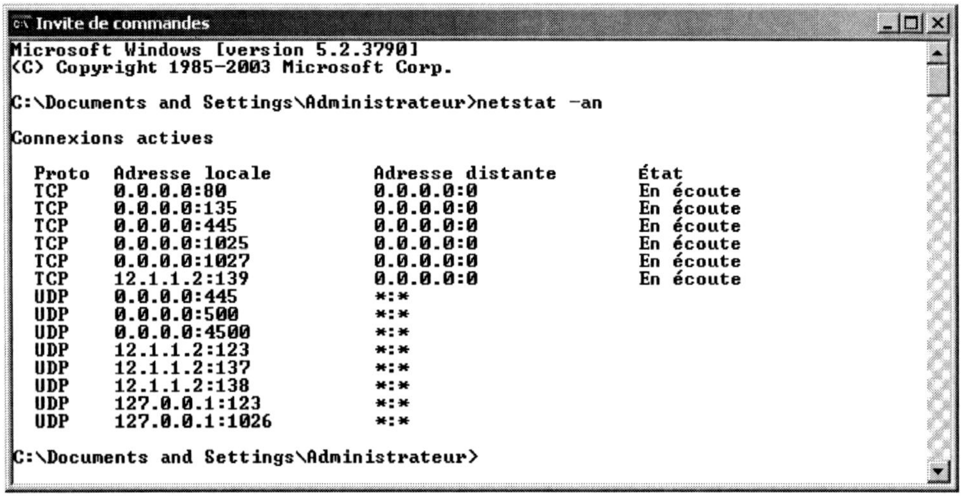

Dans le cas où ces ports sont utilisés, il faudra modifier leurs valeurs avant de pouvoir démarrer le serveur en localisant les valeurs par défaut dans le fichier **CATALINA_HOME/conf/server.xml**.

1. Sous Microsoft Windows

L'installation de Tomcat 7 sous Windows dépend du type d'archive téléchargé. Voici la procédure avec l'archive au format ZIP, puis avec le package Windows : l'installeur au format EXE.

a. Installation à partir de l'archive ZIP

Pour installer Tomcat 7 à partir de l'archive ZIP, il suffit simplement de décompresser cette archive dans le répertoire de son choix, puis de créer la variable d'environnement **CATALINA_HOME** avec le répertoire d'installation de Tomcat 7 comme valeur.

Dans la suite de l'ouvrage, le nom CATALINA_HOME est utilisé pour faire référence au répertoire d'installation du serveur.

Le contrôle du serveur se fait par les scripts startup.bat et shutdown.bat présents dans le répertoire **CATALINA_HOME/bin**, pour respectivement démarrer et arrêter le serveur.

Tester l'installation :

- Ouvrir le **Poste de travail** et naviguer jusqu'à **CATALINA_HOME/bin**.
- Double cliquer sur **startup.bat**, une fenêtre MS-DOS avec les messages de démarrage du serveur apparaît.
- Ouvrir un navigateur Web et saisir l'URL **http://localhost:8080**, la page d'accueil du serveur apparaît.

Page d'accueil du serveur Tomcat :

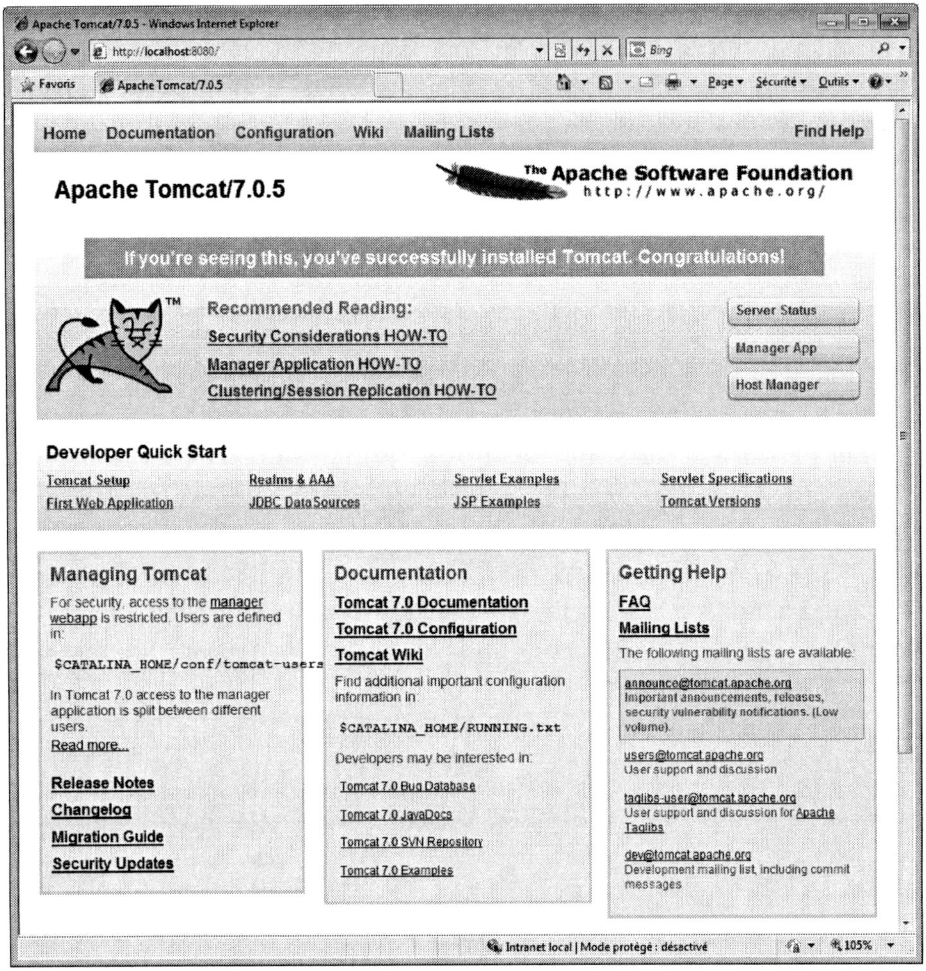

b. Installation à partir du package Windows

La version Windows de Tomcat 7 est également disponible sous forme d'un installeur qui guide l'utilisateur pendant les différentes phases de l'installation du serveur. De plus, ce mode d'installation permet de créer automatiquement des entrées dans le menu **Démarrer** de Windows, ainsi qu'un service Windows pour Tomcat ce qui permet un démarrage de celui-ci au lancement du système.

Voici les options d'installation disponibles :

- **Service** permet de créer un service Windows pour Tomcat 7,
- **Start Menu Item** permet de créer les raccourcis dans le menu Démarrer.

L'installeur propose également de créer un utilisateur pour pouvoir accéder aux applications d'administration et de gestion des applications, respectivement présentées aux chapitres Administration du serveur et Déploiement et gestion des applications.

À l'issue de l'installation, il faut également créer la variable d'environnement **CATALINA_HOME** (voir la partie précédente pour la procédure).

Cette version particulière, packagée pour Windows, propose un accès rapide au contrôle et à la configuration du serveur, grâce à une icône, située dans la zone de notification de Windows.

Tester l'installation :

→ Démarrer le serveur en faisant un clic droit sur l'icône Apache Tomcat de la zone de notification de Windows et en choisissant **Start service**.

→ Ouvrir un navigateur Web, et saisir l'URL **http://localhost:8080** : la page d'accueil du serveur apparaît.

c. Création d'un service Windows pour Tomcat 7

Un des avantages de l'installation à partir du package Windows, est la possibilité de créer un service pour Windows grâce à l'assistant d'installation. Cependant, une installation de Tomcat 7 à partir de l'archive ZIP permet également de créer un service.

Les distributions Tomcat 7 intègrent un script pour la création et la suppression de ce service, c'est le fichier **service.bat** du répertoire **CATALINA_HOME/bin**.

Voici la procédure à suivre pour installer le service :

→ Ouvrir une invite de commande MS-DOS.

→ Changer de répertoire vers le répertoire **CATALINA_HOME/bin**.

→ Saisir la commande `service.bat install`.

Le service est installé sous le nom par défaut **Tomcat7**.

Pour utiliser un autre nom pour le service, il faut spécifier ce nom en argument de la commande.

Pour le désinstaller, il suffit de remplacer l'option `install` par `remove` dans la commande ci-dessus, en spécifiant le nom du service en argument si ce n'est pas la valeur par défaut (**Tomcat7**).

2. Sous Linux

Tout comme pour le JDK, le serveur Tomcat 7 peut être proposé à l'installation sur les CD-Roms d'une distribution Linux. En fonction de format de paquet utilisé par cette distribution, la commande pour en réaliser l'installation varie. Une installation de Tomcat 7 sous Linux peut également se faire à partir des archives TAR.GZ disponibles au téléchargement sur le site de Tomcat.

a. Installation à partir des paquets RPM

Le format de paquet **RPM** (*RedHat Package Manager*) est le format de paquets logiciels prêts à l'emploi le plus utilisé par les systèmes Linux, un autre format, le format **DEB** est également utilisé, notamment par la distribution **Debian**, d'où il tire son nom. Les paquets **RPM** s'installent à partir d'un terminal en utilisant la commande **rpm**, ou bien à partir d'outils d'installation graphiques, variables selon la distribution.

Installation du paquet RPM à partir de la ligne de commande :

```
[root@localhost ~]# rpm -ivh apache-tomcat-7.0.5.rpm
```

Une fois l'installation terminée, il faut comme sous Windows, configurer la variable d'environnement **CATALINA_HOME**.

Sous Linux, cette opération se fait en renseignant le fichier **/etc/profile** ou **$HOME/.bash_profile** qui contient déjà les variables d'environnement nécessaires à la plate-forme Java. Cette variable fait référence au répertoire d'installation de Tomat.

Lignes à ajouter à la fin de l'un ou l'autre des fichiers :

```
CATALINA_HOME=<répertoire d'installation de Tomcat>
export CATALINA_HOME
```

Puis recharger la configuration, sur la ligne de commande saisir :

```
[root@localhost ~]# source /etc/profile
```

ou

```
[root@localhost ~]# source $HOME/.bash_profile
```

Le contrôle du serveur se fait par les scripts **startup.sh** et **shutdown.sh** du répertoire **CATALINA_HOME/bin**.

Pour vérifier l'installation :

- Ouvrir une invite de commande sous **CATALINA_HOME/bin**.
- Saisir `./startup.sh`
- Ouvrir un navigateur Web et saisir l'URL **http://localhost:8080** : la page d'accueil du serveur apparaît.

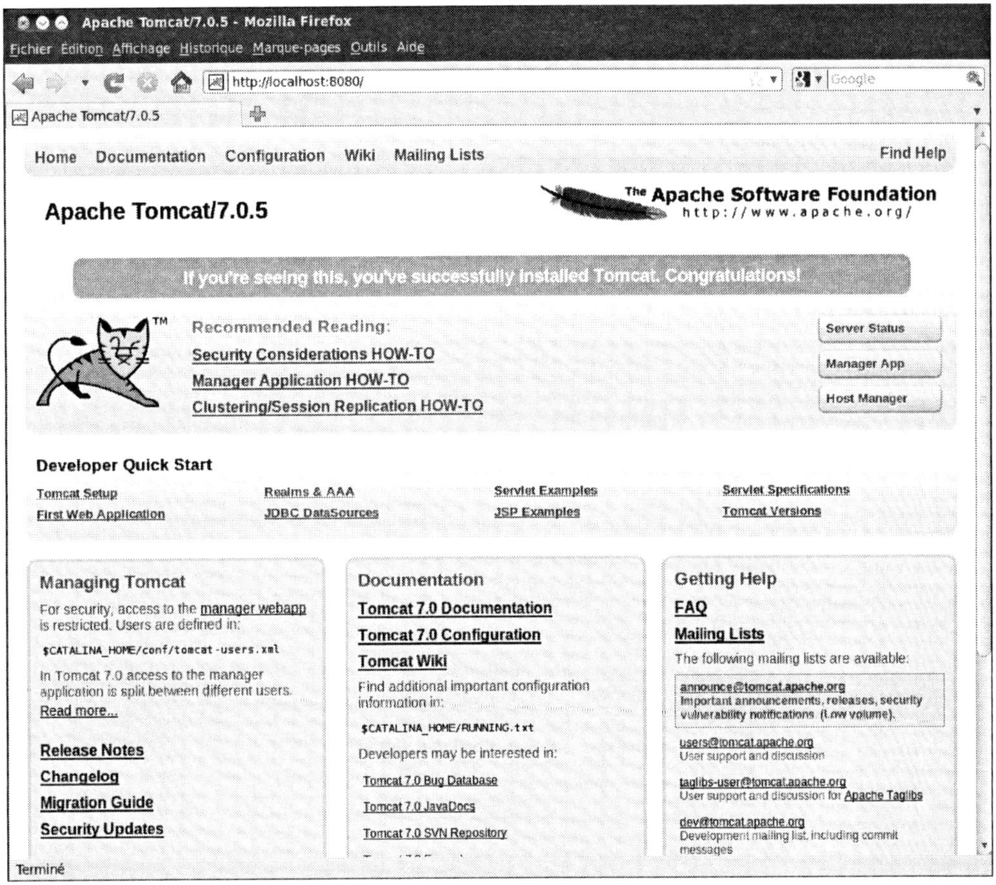

b. Installation à partir d'une archive

Installer Tomcat 7 à partir d'une archive est aussi simple sous Linux que sous Windows, l'archive propose un serveur prêt à l'emploi. Pour décompresser l'archive, il suffit de se positionner au préalable dans le répertoire d'installation des logiciels, en général /usr, puis de lancer la décompression. Les archives Tomcat 7 pour les systèmes UNIX et Linux sont au format **tar.gz** et utilisent la commande **tar** pour être décompressées.

Voici la commande à utiliser :

```
[root@localhost usr]# tar xvzf apache-tomcat-7.0.5.tar.gz
```

La commande crée un répertoire contenant l'arborescence du serveur.

Une fois le serveur installé, il faut créer et renseigner la variable d'environnement **CATALINA_HOME** dans le fichier comme pour l'installation à partir du paquet RPM.

Pour vérifier l'installation :

- Ouvrir une invite de commande sous **CATALINA_HOME/bin**.
- Saisir `./startup.sh`
- Ouvrir un navigateur Web, et saisir l'URL **http://localhost:8080** : la page d'accueil du serveur apparaît.

c. Démarrer Tomcat 7 à l'amorçage du système

Sous Linux, plusieurs moyens permettent de configurer Tomcat 7 pour qu'il démarre à l'amorçage du système, la méthode la plus utilisée consiste à créer un script Shell stocké dans le sous-répertoire **init.d/** du répertoire **/etc**, et à l'activer. Voici la procédure pour une distribution **RedHat** ou **Fedora Core**.

Le script de démarrage pour Tomcat 7 :

```
#! /bin/sh
# Script de démarrage pour Tomcat 7
#
# chkconfig: 2345 90 10
# description: Tomcat est un conteneur Web JEE
# processname: tomcat7

export CATALINA_HOME=/usr/apache-tomcat-7.0.5
export JAVA_HOME=/usr/jdk1.5.0_14
case "$1" in
```

```
      start)
          # Démarrage
          echo "Démarrage de Tomcat 7."
          $CATALINA_HOME/bin/startup.sh >/dev/null 2>&1
          ;;
      stop)
          # Arrêt
          echo "Arrêt de Tomcat 7."
          $CATALINA_HOME/bin/shutdown.sh >/dev/null 2>&1
          ;;
      restart)
          # Re-démarrage
          echo "Re-démarrage de Tomcat 7."
          $CATALINA_HOME/bin/startup.sh >/dev/null 2>&1
          sleep 10
          $CATALINA_HOME/bin/shutdown.sh >/dev/null 2>&1
          ;;
      *)
          # Usage
          echo "Usage: $0 start|stop|restart"
          ;;
esac
```

Une fois le script écrit, il faut l'enregistrer sous **/etc/init.d**, par exemple "Tomcat" (**/etc/init.d/tomcat7**), puis, il est nécessaire de le rendre exécutable, avec la commande suivante :

```
[root@localhost ~]# chmod 755 /etc/init.d/tomcat7
```

Enfin, activer le script pour un démarrage à l'amorçage du système :

```
[root@localhost ~]# chkconfig --add tomcat7
```

Voici le résultat en appelant ce script sur la ligne de commande :

```
[root@localhost ~]# /etc/init.d/tomcat7 start
Démarrage de Tomcat 7
[root@localhost ~]# /etc/init.d/tomcat7 stop
Arrêt de Tomcat 7
```

Certaines distributions Linux proposent la commande `service` pour utiliser les scripts de démarrage automatique. Par exemple, `service tomcat7 start` et `service tomcat7 stop`.

E. Coupler Tomcat avec un serveur Web

1. Pourquoi utiliser un serveur Web frontal ?

Dans une architecture d'entreprise, il est souvent recommandé d'utiliser un serveur Web en frontal d'un serveur d'application. Ces recommandations s'appliquent également dans le cas de l'utilisation d'un conteneur Web JEE comme Tomcat 7, et ce, pour les raisons suivantes :

- **Sécurité** : le schéma suivant, présentant l'intégration de ces deux éléments dans une architecture d'entreprise, illustre bien l'avantage de cette cohabitation, le serveur Web sert de « bastion » pour les requêtes entrantes dans l'infrastructure, et isole le conteneur Web de l'Internet. Le conteneur Web se trouve également au plus près des données qu'il doit manipuler.
- **Performances** : le moteur HTTP de Tomcat 7 reste quand même plus lent que le moteur HTTP d'un serveur Web, il n'est qu'un moyen d'invoquer les composants Web Java EE dynamiques (Servlet, JSP). Positionné ainsi dans l'infrastructure, le serveur Web a la responsabilité de servir le contenu statique (Pages HTML, images, applets Java...) d'un site ou d'une application aux clients, alors que Tomcat 7 sert le contenu dynamique et s'occupe de l'intégration avec l'existant du système d'information.
- **Configurabilité** : un serveur Web comme le serveur Apache par exemple, dispose de plus grandes possibilités de configuration (d'un point de vue de la communication HTTP) que Tomcat 7.

a. Intégration dans une architecture d'entreprise

Dans une architecture d'entreprise, il est assez courant de trouver la configuration suivante :

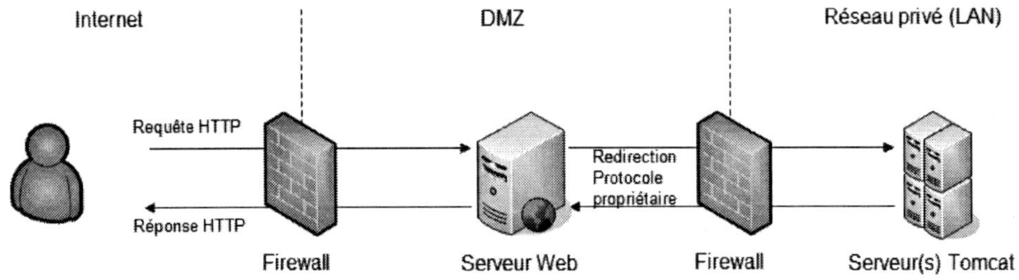

Un premier mur pare-feu protège les serveurs accessibles sur Internet, et un deuxième assure la protection du réseau privé de l'entreprise. Le serveur Web trouve sa place dans la DMZ, permettant ainsi un accès aux utilisateurs, et redirige les requêtes à destination des applications Tomcat 7. Le ou les serveurs Tomcat 7 peuvent se trouver dans le réseau privé, n'ayant aucun accès direct de l'extérieur. Ainsi, la protection du serveur Tomcat 7 et de ses applications est maximale.

2. Les différents connecteurs pour l'intégration avec un serveur Web

L'intégration du serveur Tomcat 7 avec un serveur Web se fait au travers d'un connecteur configuré dans Tomcat, et d'une extension ajoutée au serveur Web.

Le connecteur Tomcat 7 est une classe Java supportant un protocole réseau particulier. L'extension du serveur Web, quant à elle, est souvent une librairie dynamique chargée par le serveur Web lors de son démarrage.

Une librairie dynamique est un fichier portant l'extension DLL sur les plates-formes Windows, et l'extension SO sur les systèmes UNIX.

a. JServ

Sorti en 1999, Tomcat 3 utilise le module JServ, qui est déjà un moteur de servlet existant au sein de la fondation Apache, pour s'intégrer avec le serveur Web de la fondation. JServ utilise le protocole AJP (*Apache JServ Protocol*) dans ses deux premières versions, la version 1.1 (AJP11) une version texte, et la version 1.2 (AJP12) une version binaire. En utilisant ce connecteur existant pour le serveur Apache, les développeurs de Tomcat implémentent le support du protocole AJP dans leur serveur permettant une intégration rapide entre les deux produits. D'un point de vue d'Apache, JServ est fourni sous forme d'un module chargeable dynamiquement dans le serveur Web : **mod_jserv**.

Cependant, ce connecteur présente quelques inconvénients majeurs : il n'est disponible que sous UNIX, et il est bien incapable de faire la différence entre le protocole HTTP, et sa version sécurisée : HTTPS.

b. Webapp

Initialement développé pour Tomcat 4.0, le connecteur Webapp utilise le protocole WARP pour connecter Tomcat avec un serveur Web. Ce connecteur utilise une librairie spécifique mise au point pour le développement du serveur Web Apache en version 2 : l'APR (*Apache Portable Runtime*). Du côté Apache, le module dynamique **mod_webapp** n'est lui aussi utilisable que sous UNIX.

Ce connecteur, très utilisé avec Tomcat 4.x étant donné sa très simple configuration, ne fonctionne plus depuis la version 5, le support du protocole WARP ayant été supprimé du code de Tomcat.

c. JK

Le connecteur JK est une adaptation du connecteur JServ utilisant également le protocole AJP mais dans sa nouvelle version 1.3 (AJP13). En plus d'être plus performant, cette nouvelle version permet d'offrir un support :

- de multiples systèmes d'exploitation,
- de plusieurs serveurs Web, puisque ce connecteur existe aujourd'hui pour Apache, Lotus Domino, Microsoft IIS, Netscape server,
- du protocole HTTPS.

Ce connecteur est aujourd'hui celui qui est préconisé.

d. JK2

Le connecteur JK2 est une évolution du connecteur JK qui utilise également le protocole AJP, mais également d'autres protocoles de communication. Ce connecteur n'est plus maintenu depuis le mois de novembre 2004 à cause du peu d'intérêt porté à ce connecteur, à la fois par les développeurs, mais aussi par les utilisateurs, ceci étant lié à sa complexité de configuration.

e. Synthèse

Récapitulatif des différents connecteurs et des modules disponibles selon les serveurs Web :

Connecteur JServ :

- Protocole : AJP11 et AJP12
- Module Apache HTTP Server : **mod_jserv**

Connecteur Webapp :

- Protocole : WARP
- Module Apache HTTP Server : **mod_webapp**

Connecteur JK :

- Protocole : AJP13
- Module Apache HTTP Server : **mod_jk**
- Module Microsoft IIS : **isapi_redirect**
- Module Netscape Server : **nsapi_redirect**
- Module Lotus Domino Web Server : **tomcat_redirect**

Connecteur JK2:

- Protocole : AJP13
- Module Apache HTTP Server : **mod_jk2**
- Module Microsoft IIS : **isapi_redirector2**
- Module Netscape Server : **nsapi_redirector2**
- Module Lotus Domino Web Server : **dsapi_redirector2**

3. Utiliser le serveur Web Apache

Grâce au connecteur JK, il est assez simple de configurer le serveur Tomcat 7 avec un serveur Web Apache en tant que serveur frontal.

Voici un schéma explicatif des différents flux échangés entre le client navigateur Web, le serveur Apache, et Tomcat 7 :

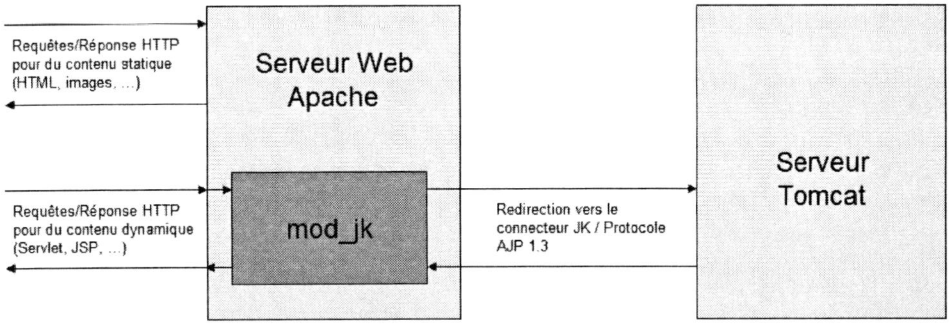

La configuration de Tomcat 7 avec un serveur Web utilise la notion de travailleur (**worker**), un travailleur identifie une instance de serveur Tomcat 7, dans certains cas il peut y avoir plusieurs instances de serveurs Tomcat 7, identifiées alors par plusieurs travailleurs. Un travailleur est caractérisé par l'association d'un nom d'hôte ou adresse IP, et d'un numéro de port.

Lors de l'utilisation conjointe de Tomcat 7 avec Apache, il existe deux modes de fonctionnement :

- Un plug-in pour le serveur Apache : ce mode de fonctionnement utilise le processus du serveur Tomcat comme un plug-in pour le serveur Apache, le module **mod_jk** agit comme un routeur de requêtes vers un ou plusieurs processus de serveur Tomcat 7.
- Dans le processus de serveur Web : le serveur Web démarre la Machine Virtuelle Java dans son propre processus, et exécute le serveur Tomcat 7, les deux serveurs utilisent alors le même espace mémoire. Cette association un peu spéciale permet de satisfaire les requêtes utilisateurs plus rapidement.

Selon les configurations et les besoins, les types de travailleurs suivants peuvent être utilisés :

ajp13 : il représente une instance de Tomcat en cours de fonctionnement, et est utilisé dans le cas où le processus de Tomcat est un plug-in pour le serveur Web, comme décrit précédemment.

lb : ce type de travailleur est utilisé pour configurer la répartition de charge entre le serveur Web et plusieurs serveurs Tomcat, il ne satisfait pas de requête utilisateur, et gère simplement le mécanisme de répartition.

status : il permet d'obtenir des statistiques sur la répartition de charge entre plusieurs serveurs, des informations tels que le nombre de requêtes satisfaites par un serveur, et l'état de chacun de ces serveurs, sont disponibles au travers d'une page Web.

jni : dans le cas où le serveur Tomcat est démarré dans le processus du serveur Web, c'est ce type de travailleur qui est utilisé.

a. Configurer Tomcat et Apache avec mod_jk

Le serveur Web Apache est depuis déjà de nombreuses années le serveur Web le plus employé sur Internet, mais également en entreprise pour les sites Intranet. Le serveur Apache est disponible en standard sur la quasi-totalité des systèmes UNIX, mais il existe également des versions pour d'autres systèmes d'exploitation, notamment Windows.

Apache utilise des modules d'extensions chargeables qui ajoutent des fonctionnalités à celles déjà présentes dans le serveur en standard, il existe par exemple des modules pour la prise en charge du langage PHP ou bien pour le support du protocole HTTPS. Les modules d'Apache sont fournis sous forme de fichiers d'extension SO.

b. Installer et configurer Apache

Les versions du serveur Apache sont nombreuses, la dernière en date est la version 2.2, elle offre entre autres, des performances accrues par rapport à la version précédente, et également un meilleur support des systèmes non-UNIX comme Windows par exemple.

Il existe plusieurs méthodes pour installer le serveur Apache. D'abord, les distributions sont fournies soit sous forme de binaires, soit sous forme de code source, les binaires sont souvent privilégiés dans le cas d'une installation sur plate-forme Windows. Sous Linux, il est extrêmement courant d'avoir à compiler un logiciel avant de l'installer, dans le cas d'un serveur Apache, les gains en termes de performances sont loin d'être négligeables.

Les archives de binaires ou de code source pour le serveur Apache sont disponibles à l'adresse : **http://httpd.apache.org**.

Installation sous Windows à partir d'une distribution binaire

L'installation sous Windows se fait simplement en lançant l'exécutable téléchargé, par exemple : **apache_2.2.6-win32-x86-openssl-0.9.8e.msi** et en suivant les instructions de l'assistant d'installation.

Installation sous Linux à partir du code source

La compilation d'Apache sous Linux nécessite une bonne connaissance préalable du système, de plus, le système doit disposer des outils de développement, notamment le compilateur C (GCC), le compilateur C++ (G++), ainsi que l'utilitaire **make**.

Voici un exemple des commandes à utiliser pour compiler et installer Apache, elles doivent être saisies sous l'identité de l'administrateur du système (root) :

La première étape est la décompression des sources téléchargées :

```
tar xvzf httpd-2.2.6.tar.gz
```

La décompression crée un répertoire qui porte le nom de l'archive. Les commandes qui suivent doivent être passées depuis ce répertoire.

Ensuite, la configuration :

```
./configure --prefix=/usr/apache2 --enable-mods-shared=all
```

L'option `--prefix` permet de spécifier le répertoire d'installation à utiliser, `--enable-mods-shared` précise les modules chargeable à compiler dans le serveur.

Une fois la configuration réalisée, il faut compiler le serveur :

```
make
```

Enfin, l'installation va créer le répertoire spécifié pendant la configuration, et y copier les différents fichiers résultant de la compilation :

```
make install
```

À l'issue de ces opérations, la compilation et l'installation du serveur Apache sont terminées.

Il existe également des paquets binaires compilés pour Linux, au format RPM ou au format DEB, permettant une installation plus rapide.

Test de l'installation

Une fois l'installation terminée, il faut éditer le fichier de configuration **httpd.conf** présent dans le sous-répertoire **conf/** de l'installation d'Apache, et ajouter la directive ServerName qui doit faire référence au nom du serveur ou bien au nom du site Web.

Exemple

```
ServerName monserveurweb
```

Démarrer le serveur pour tester l'installation.

Sous Windows, l'installeur crée des raccourcis dans le menu **Démarrer** de Windows.

Sous Linux, il faut utiliser la commande suivante depuis le sous-répertoire **bin/** du répertoire d'installation d'Apache :

./apachectl start

Une fois démarré, la page d'accueil du serveur est disponible à l'URL : **http://localhost**

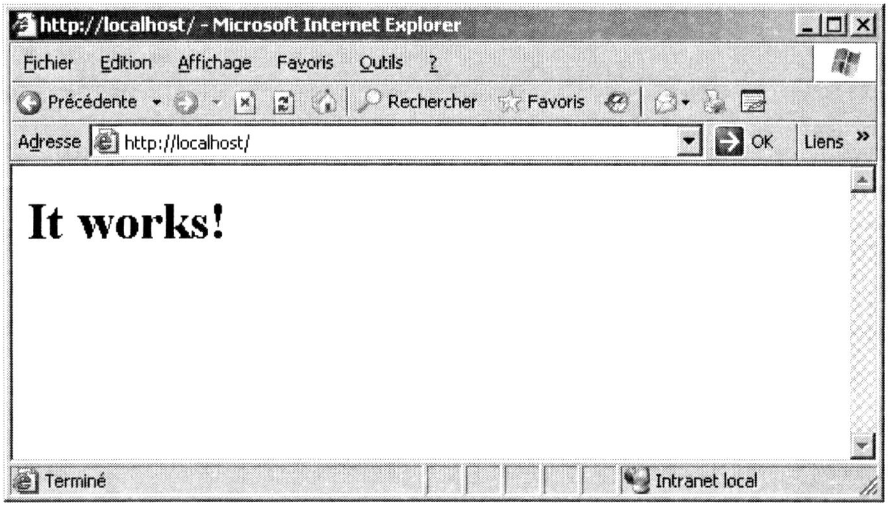

Pour plus d'informations sur l'installation et la configuration du serveur Web Apache, consulter l'ouvrage APACHE (version 2) Installation, administration et sécurisation dans la collection Ressources Informatiques aux Editions ENI.

c. Installer et configurer Tomcat 7

L'installation de Tomcat 7 pour réaliser cette intégration avec un serveur Web ne requiert aucune configuration particulière, et peut donc être réalisée comme indiqué précédemment dans ce chapitre.

Pour pouvoir utiliser **mod_jk**, il faut un connecteur compatible configuré dans le fichier server.xml de l'instance de serveur Tomcat 7 à intégrer avec Apache. Cette configuration existe par défaut, et propose un connecteur qui fonctionne sur le port 8009.

Extrait du fichier server.xml :

```
<!-- Define an AJP 1.3 Connector on port 8009 -->
<Connector port="8009" redirectPort="8443" protocol="AJP/1.3" />
```

Le numéro de port peut bien entendu être modifié dans le cas par exemple ou plusieurs instances de serveurs Tomcat 7 fonctionnent sur la même machine physique.

d. Le module mod_jk

L'extension d'Apache supportant le connecteur JK est le module **mod_jk**. Ce module d'Apache est, une fois encore, fourni soit sous forme de binaires, soit sous forme de code source. L'archive de code source contient le code des modules pour tous les serveurs Web, il est donc possible, à partir de la même archive, de construire le module **mod_jk** pour tous les serveurs Web supportés. La version binaire quant à elle, est livrée sous forme de fichier unique, il faudra alors choisir celui qui correspond au serveur Web utilisé en prenant garde à la version de ce dernier.

Par exemple, la dernière version de **mod_jk** à ce jour est la version 1.2.31, sur le site de téléchargement de la version binaire pour Windows, voici les fichiers proposés pour Apache :

- **mod_jk-apache-1.3.27.so**
- **mod_jk-apache-2.0.29.so**
- **mod_jk-apache-2.2.4.so**

mod_jkest toujours disponible pour les versions 1.3 et 2.0 d'Apache, ici la version minimum d'Apache 2.2 à utiliser est la version 2.2.4, en cas de version antérieur, il faudra opter pour une version plus ancienne de **mod_jk**. Ainsi, **mod_jk** est disponible à l'adresse :
http://www.apache.org/dist/tomcat-connectors/jk/

Installation sous Linux à partir du code source

L'archive de code source de **mod_jk** est disponible dans le répertoire source du site de téléchargement du module. La compilation de ce module sous Linux est une opération relativement aisée, elle requiert là encore, les outils de développement :

D'abord, il faut décompresser les sources :

```
tar xvzf tomcat-connectors-1.2.31-src.tar.gz
```

Ensuite, il faut se positionner dans le répertoire créé par la décompression, puis dans le sous-répertoire **jk/native/**, et lancer la commande de configuration :

```
./configure --with-apxs=/usr/apache2/bin/apxs
```

L'option `--with-apxs` permet de préciser l'emplacement de la commande **apxs** (dans l'exemple ci-dessous, sous **/usr/apache2/bin**) qui est utilisé pour construire les modules d'Apache.

Il faut ensuite lancer la compilation :

```
make
```

Et enfin, installer le module :

```
make install
```

Cette dernière commande copie le fichier **mod_jk.so** issu de la compilation dans le sous-répertoire **modules/** du répertoire d'installation d'Apache.

Installation à partir des binaires

Une installation à partir des binaires consiste simplement à copier le fichier **mod_jk.so** dans le sous-répertoire **modules/** du répertoire d'installation d'Apache.

Configurer Apache pour utiliser mod_jk

Pour configurer **mod_jk** avec Apache, deux fichiers sont nécessaires. D'abord, il faut modifier le fichier de configuration d'Apache : **httpd.conf**. Ce fichier se trouve dans le sous-répertoire **conf/** du répertoire d'installation d'Apache. Ensuite il faut créer le fichier **workers.properties** et le compléter.

La première opération à réaliser est le chargement du module **mod_jk** dans le serveur Apache, grâce à la directive de configuration `LoadModule`, il faut donc localiser les directives `LoadModule` existant dans le fichier **httpd.conf**, et ajouter la ligne suivante :

```
LoadModule    jk_module   modules/mod_jk.so
```

Ensuite, un certain nombre de directives prises en charge par ce module doivent être ajoutées, par exemple à la fin du fichier :

```
JkWorkersFile   conf/workers.properties
JkLogFile       logs/mod_jk.log
JkLogLevel      info
```

La directive JkWorkersFile permet de spécifier l'emplacement du fichier de configuration du module, ici il est positionné dans le sous-répertoire **conf/** de l'installation d'Apache. JkLogFile précise l'emplacement d'un fichier journal pour le module, et JkLogLevel, le type de messages enregistrés dans ce fichier.

Les dernières directives sont celles qui vont permettre l'accès aux applications Tomcat 7 depuis le serveur Apache :

```
JkMount   /docs/*  worker1
JkMount   /docs    worker1
```

Cette directive permet l'accès à la documentation de Tomcat 7 via le serveur Apache, cette application est installée sous le contexte **/docs**, chaque application potentiellement accessible via le serveur Apache doit être déclarée avec une directive `JkMount`.

Voici un résumé des directives Apache utilisables avec mod_jk :

`JkWorkersFile`

Le nom et l'emplacement du fichier de configuration du module, nommé **workers.properties** par convention, il peut être exprimé avec un chemin relatif à l'installation du serveur Apache, ou bien avec un chemin absolu.

`JkWorkerProperty`

Permet d'écrire la configuration de mod_jk directement dans le fichier de configuration d'Apache, plutôt que de créer le fichier **workers.properties**. Cette directive n'est disponible qu'à partir de la version 1.2.7 du module. Chaque élément de configuration du module doit être préfixé par cette directive. La syntaxe de configuration **mod_jk** est détaillée plus loin dans cette partie.

Exemple

```
JkWorkerProperty     worker.list=worker1
JkWorkerProperty     worker.worker1.type=ajp13
JkWorkerProperty     worker.worker1.port=8009
JkWorkerProperty     worker.worker1.host=localhost
```

`JkLogFile`

Le nom et l'emplacement d'un fichier journal pour **mod_jk**. il peut être exprimé avec un chemin relatif à l'installation du serveur Apache, ou bien avec un chemin absolu.

`JkLogLevel`

Le niveau de journalisation du module. Les valeurs possibles sont `trace`, `debug`, `info`, `warn` et `error`. Si le niveau de journalisation est par exemple positionné à `info`, alors tous les messages de type `error`, `warn` et `info` sont affichés.

`JkMount`

L'association d'un contexte d'application Web Tomcat 7 avec un travailleur. Cette directive permet de spécifier quelles sont les applications Tomcat accessibles au travers d'Apache, et donc permettre la redirection des requêtes utilisateurs à destination des ces applications.

La syntaxe est : `JkMount <URL> <nom du travailleur>`

`JkUnMount`

Exactement l'inverse de la directive `JkMount`. Elle permet de ne pas rediriger les requêtes utilisateurs à destination de ressources particulières d'une application Tomcat. Cette directive est prioritaire par rapport à la directive `JkMount` et n'est disponible qu'a partir de la version 1.2.7 de **mod_jk**.

La syntaxe est : `JkUnMount <URL> <nom du travailleur>`

Exemple

```
# L'application au chemin de contexte /docs est
# accessible aux utilisateurs
JkMount   /docs/*    worker1
JkMount   /docs      worker1
# Ne pas rediriger les requêtes à destination des
# ressources de type images GIF
*JkUnMount   /docs/*.gif   worker1
```

Ceci permet de faire en sorte que les ressources statiques soient servies par Apache, et les ressources dynamiques par Tomcat.

`JkAutoAlias`

Réaliser un alias du répertoire de Tomcat 7 contenant les applications, sur le répertoire des données Apache. Ceci permet un traitement des ressources statiques par Apache et des ressources dynamiques par Tomcat 7, en utilisant un seul et unique répertoire de publication partagé par les deux serveurs. Elle doit s'utiliser avec les directives `JkMount` et `JkUnMount`.

Exemple

```
# L'espace de publication d'Apache devient le
# répertoire webapps/ de Tomcat 7
JkAutoAlias C:\apache-tomcat-7.0.5\webapps
# L'application au chemin de contexte /docs est
# accessible aux utilisateurs
JkMount   /docs/*   worker1
JkMount   /docs     worker1
# Ne pas rediriger les requêtes à destination des
# ressources de type images GIF
JkUnMount /docs/*.gif   worker1
```

`JkLogStampFormat`

Le format de la date écrit dans le fichier journal du module. La syntaxe de ce format est basée sur la modèle de la fonction C `strftime()`. L'expression du format de date se fait en utilisant les séquences de contrôle suivantes :

%a	Le nom abrégé du jour de la semaine, en fonction de la localisation en cours.
%A	Le nom complet du jour de la semaine, en fonction de la localisation en cours.
%b	Le nom abrégé du mois, en fonction de la localisation en cours.
%B	Le nom complet du mois, en fonction de la localisation en cours.
%d	Le jour du mois sous forme de nombre décimal (entre 01 et 31).
%e	Le jour du mois sous forme de nombre décimal (entre 1 et 31).
%F	Équivalent de %Y-%m-%d.
%H	L'heure, sur 24 heures, sous forme de nombre décimal (entre 00 et 23).
%I	L'heure, sur 12 heures, sous forme de nombre décimal (entre 01 et 12).
%j	Le numéro du jour dans l'année (entre 001 et 366).
%k	L'heure (sur 24 heures) sous forme de nombre décimal (intervalle 0 à 23).
%l	L'heure (sur 12 heures) sous forme de nombre décimal (intervalle 1 à 12).
%m	Le numéro du mois (entre 01 et 12).
%M	La minute, sous forme de nombre décimal (00 à 59).
%n	Un caractère saut de ligne.
%p	L'une des deux chaînes 'AM' ou 'PM' en fonction de l'heure. Midi est traité comme 'PM' et Minuit comme 'AM'.
%P	Comme %p mais en minuscule: 'am' ou 'pm'.
%R	L'heure en format 24 heures (%H:%M).
%s	Le nombre de secondes écoulées depuis le 1er Janvier 1970 à 00:00:00 UTC.
%S	La seconde, sous forme de nombre décimal. (00-61).
%t	Un caractère de tabulation.
%T	L'heure en notation 24 heures (%H:%M:%S).
%u	Le jour de la semaine sous forme décimal, de 1 (Lundi) à 7.

%a	Le nom abrégé du jour de la semaine, en fonction de la localisation en cours.
%W	Le numéro de la semaine dans l'année, sous forme de nombre décimal (00-53).
%w	Le numéro du jour de la semaine, sous forme décimale (0-6), Dimanche = 0.
%y	L'année, sous forme de nombre décimal, sur deux chiffres.
%Y	L'année, sous forme de nombre décimal, sur quatre chiffres.
%z	Le fuseau horaire sous forme de décalage GMT.
%Z	Le nom ou l'abréviation du fuseau horaire.
%%	Un caractère '%'.

La valeur par défaut est :

```
JkLogStampFormat "[%a %b %d %H:%M:%S %Y] "
```

`JkExtractSSL`

Permet à **mod_jk** de transmettre les informations SSL vers le serveur Tomcat. La valeur par défaut est `on`. Cette directive permet aux applications Tomcat d'avoir accès aux informations de configuration SSL.

`JkHTTPSIndicator`

Le nom de la variable Apache qui contient l'indication SSL.

`JkCERTSIndicator`

Le nom de la variable Apache qui contient le certificat SSL client.

`JkSESSIONIndicator`

Le nom de la variable Apache qui contient l'identifiant de session SSL.

`JkKEYSIZEIndicator`

Le nom de la variable Apache qui contient la taille de la clé de cryptage SSL utilisée.

`JkRequestLogFormat`

Format des lignes écrites dans le fichier journal du module. La définition du format utilise les caractères spéciaux suivants :

%b	Le nombre d'octets transmis (sans les en-têtes HTTP).
%H	Le protocole utilisé (HTTP ou HTTPS).
%m	La méthode HTTP utilisée pour la requête (GET, POST...).

%p	Le numéro de port du serveur qui a reçu la requête.
%q	La liste des paramètres transmis avec la requête (préfixé avec ?), ou bien une chaîne vide si aucun paramètre n'a été transmis.
%r	La première ligne de la requête.
%s	Le code d'état HTTP en réponse à la requête.
%T	Le temps de traitement de la requête, en microsecondes.
%U	L'URL demandée (sans les éventuels paramètres).
%v	Le nom canonique du serveur qui a reçu la requête.
%V	Le nom du serveur qui a reçu la requête. Si la directive de configuration Apache `UseCanonicalName` est à `on`, le nom canonique du serveur est affiché, sinon c'est le nom d'hôte fourni par le client qui est affiché.
%w	Le nom du travailleur Tomcat qui a traité la requête.

Exemple

JkRequestLogFormat "%w %V %T"

Une fois le fichier de configuration d'Apache modifié, il faut ensuite créer le fichier de configuration du module en respectant l'emplacement indiqué par la directive `JkWorkersFile` du fichier **httpd.conf**. Ce fichier permet de configurer la connectivité avec le serveur Tomcat 7, les travailleurs utilisés dans la configuration Apache sont dans ce fichier, associés à une instance de serveur Tomcat 7.

Dans l'exemple de fichier **httpd.conf** précédent, le travailleur `worker1` est associé à l'application **/docs**, il s'agit maintenant d'associer `worker1` a un serveur Tomcat 7.

Un fichier **properties** est un format de fichier de configuration très utilisé avec les technologies Java, il est composé d'un ensemble de paires clé/valeur. Les clés du fichier **workers.properties** ont la syntaxe suivante :

```
worker.<nom_travailleur>.<directive>=<valeur>
```

Le fichier **workers.properties** :

```
# Liste des travailleurs
worker.list=worker1
# Protocole de worker1
worker.worker1.type=ajp13
# Nom d'hôte pour worker1
worker.worker1.host=10.1.1.2
```

```
# Port du connecteur JK pour worker1
worker.worker1.port=8009
```

La clé `worker.list` permet de spécifier la liste des travailleurs Tomcat 7 séparés par des virgules, pour chacun des travailleurs, il faut ensuite préciser le protocole utilisé pour la communication avec Tomcat, le nom d'hôte ou adresse IP du serveur Tomcat, ainsi que le numéro de port du connecteur JK (8009 par défaut).

*Voici un résumé des clés de configuration du fichier **workers.properties** :*

`worker.list`

Une liste de travailleurs Tomcat 7 séparé par des virgules pour le module.

Valeur par défaut : `ajp13`

Les éléments suivants sont les directives à utiliser pour chacun des travailleurs, conformément à la syntaxe `worker.<nom travailleur>.<directive>=<valeur>` :

`type`

Le type du travailleur Tomcat. La valeur peut être `ajp13`, `jni`, `lb` ou `status`. Cette valeur conditionne les autres directives applicables à ce travailleur.

Valeur par défaut : `ajp13`

`host`

Le nom d'hôte ou adresse IP du serveur Tomcat 7 à contacter pour ce travailleur, l'instance de serveur Tomcat doit posséder un connecteur JK correctement configuré.

Valeur par défaut : `localhost`

`port`

Le numéro de port du connecteur JK de l'instance de serveur Tomcat 7 à contacter.

Valeur par défaut : `8009`

`socket_timeout`

Une valeur de temps d'expiration lors de la communication entre Apache et Tomcat 7, si le serveur Tomcat ne répond pas dans le délai indiqué, **mod_jk** génère une erreur et réessaie. La valeur 0 correspond à une attente infinie.

Valeur par défaut : `0`

`retries`

Le nombre de tentative de connexion avec l'instance de serveur Tomcat 7 en cas de non réponse de ce dernier.

Valeur par défaut : `3`

`socket_keepalive`

Cette directive doit avoir une valeur supérieure à 0 si un pare-feu est positionné entre Apache et le serveur Tomcat 7. Elle permet d'éviter que le firewall coupe les connections inactive en demandant au système d'exploitation d'envoyer le message KEEP_ALIVE sur les connections inactives.

Valeur par défaut : `0`

`recycle_timeout`

Le nombre de secondes au-delà duquel le serveur Web coupe une connexion AJP en cas d'inactivité. Cette directive permet de conserver des connexions ouvertes pour être réutilisées sans avoir besoin d'en recréer de nouvelles. Une valeur égale à 300 est une bonne moyenne.

Valeur par défaut : `0`

`cachesize`

Le nombre de connexions AJP maintenues en cache. Cette directive possède une valeur par défaut qui positionne le nombre de processeurs de requêtes configuré dans Apache 2 via la directive `ThreadPerChild` du **fichier httpd.conf**. Pour le serveur Microsoft IIS, la valeur par défaut est 10, pour tous les autres serveurs la valeur doit être spécifiée explicitement, ou bien vaut `1`.

`cache_timeout`

Cette directive doit être utilisée avec **cachesize** pour spécifier combien de temps une connexion doit être maintenue dans le cache avant d'être fermée par **mod_jk**, pour réduire le nombre de processeurs de requêtes actifs sur le serveur Tomcat.

Valeur par défaut : `0`

`lbfactor`

Le facteur de charge d'un travailleur dans le cas où la répartition de charge est mise en œuvre avec **mod_jk**. Cette valeur permet de déterminer quel pourcentage de requêtes l'instance de Tomcat associée à ce travailleur, sera amené à traiter.

Valeur par défaut : `1`

`activation`

La valeur `disabled` permet de spécifier qu'une instance de serveur Tomcat 7 ne sera sollicitée que si une instance principale ne répond pas.

Valeur par défaut : `enabled`

`redirect`

Permet de spécifier le nom d'une instance de serveur Tomcat 7 de secours, si cette instance ne répond pas, l'instance de secours doit être paramétrée avec l'attribut `activation` à `disabled` pour ne servir qu'en cas de nécessité.

Tester la configuration

Une fois ces deux fichiers complétés, un redémarrage du serveur Apache est nécessaire.

Pour tester la configuration donnée en exemple ci-dessus, l'URL **http://<nom du serveur Apache>/docs/** doit afficher la page d'accueil de l'application Tomcat 7 installée sous le chemin **/docs**, utilisée dans la configuration d'exemple ci-dessus.

Page d'accueil de l'application de documentation Tomcat 7 :

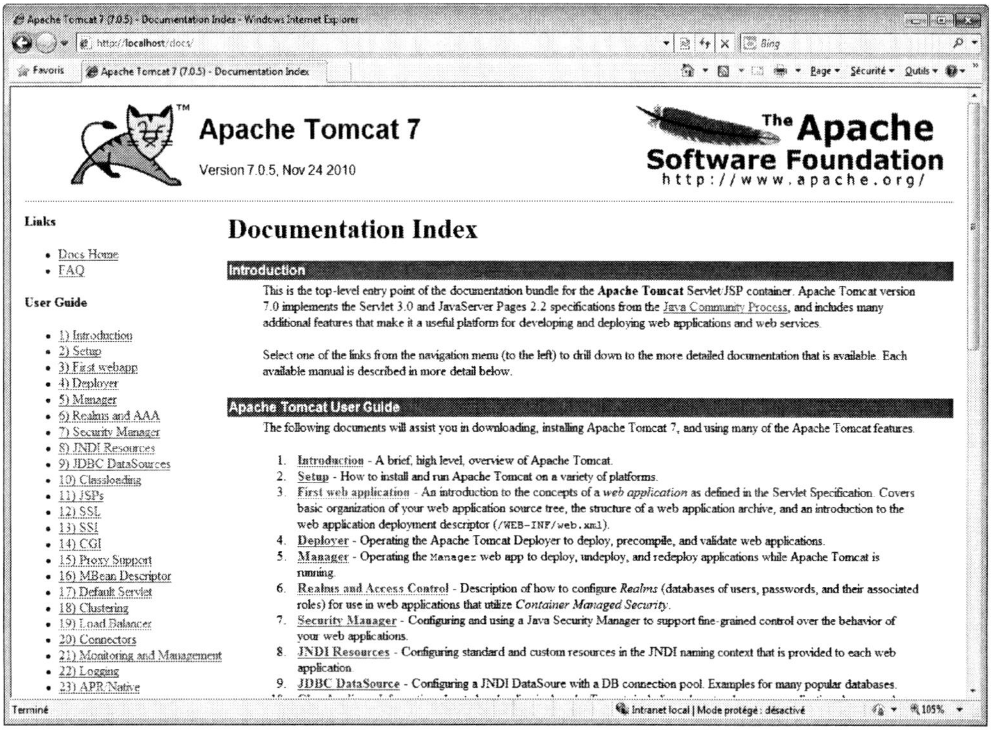

Résolution des problèmes

En cas de problèmes, les fichiers journaux d'Apache et de **mod_jk**doivent donner des informations sur les raisons de ces dysfonctionnements. Il faut également vérifier que les directives de configuration du serveur Apache sont correctement écrites, et respectent la distinction minuscule/majuscule, de même pour les directives du fichier **workers.properties**.

4. Utiliser le serveur Web Microsoft IIS

Les connecteurs JK et JK2 de Tomcat permettent l'utilisation d'autres serveurs Web qu'Apache avec Tomcat. Dans le cas du serveur Web de Microsoft, les requêtes utilisateurs entrantes sur le serveur Web sont redirigées vers Tomcat par un module d'extension ISAPI (*Internet Server API*). ISAPI est une norme de développement de modules additionnels pour le serveur Web Microsoft IIS (*Internet Information Server*).

a. Configurer Tomcat et IIS avec le redirecteur JK

Dans le cas du serveur Web Microsoft IIS, le module d'extension permettant une communication avec Tomcat 6, est un filtre ISAPI fourni sous forme d'un fichier DLL Windows nommé **isapi_redirect.dll**. Tout comme le module Apache **mod_jk**, le redirecteur JK est disponible sous forme d'un binaire précompilé, ou bien sous forme de code source, bien que l'environnement de développement nécessaire à la compilation ne soit pas nativement installé sur les systèmes Windows.

Ce filtre fonctionne avec les versions de 4 à 7 du serveur IIS, et est librement téléchargeable à l'adresse :
http://www.apache.org/dist/tomcat-connectors/jk/binaries/win32

b. Configurer Tomcat 7 pour le redirecteur JK

Pour pouvoir utiliser le redirecteur JK du serveur IIS, il faut un connecteur compatible configuré dans le fichier server.xml de l'instance de serveur Tomcat 7 à intégrer avec IIS. Cette configuration existe par défaut et propose un connecteur qui fonctionne sur le port 8009.

Extrait du fichier server.xml :

```
<!-- Define an AJP 1.3 Connector on port 8009 -->
<Connector port="8009" redirectPort="8443" protocol="AJP/1.3" />
```

c. Installer et configurer le redirecteur JK

La configuration du redirecteur JK pour Microsoft IIS nécessite trois fichiers :

- **sapi_redirect.dll** : c'est le filtre ISAPI à ajouter au serveur Web IIS.
- **workers.properties** : le fichier de configuration du redirecteur JK, ce fichier possède le même format et la même syntaxe que le fichier du module mod_jk pour le serveur Apache.
- **uriworkermap.properties** : c'est le fichier qui permet de spécifier quelles sont les applications Tomcat 7 accessibles via le serveur IIS.

Pour la configuration du redirecteur JK, il est coutumier de créer une arborescence de répertoire pour stocker les différents fichiers (configuration, fichiers journaux...).

Exemple d'arborescence :

Contenu des différents répertoires :

bin : le fichier DLL du redirecteur JK : **isapi_redirect.dll**

conf : les fichiers de configuration : **workers.properties** et **uriworkermap.properties**

logs : le fichier de journalisation des événements du redirecteur JK : **jk_redirector.log**, par exemple.

Installation et configuration du redirecteur

La première étape consiste à copier le fichier DLL du redirecteur JK dans le répertoire **bin** de l'arborescence créée précédemment. Ensuite, il faut ajouter des entrées de configuration dans la base de registre de Windows, grâce à l'outil **regedit**.

➔ Cliquer sur le menu **Démarrer** de Windows, et choisir **Exécuter...**.

➔ Saisir la commande **regedit**, et cliquer sur **OK**. L'outil d'édition de la base de registre de Windows s'ouvre.

➔ Créer l'arborescence de clés de registre suivante : **HKEY_LOCAL_MACHINE\SOFTWARE\Apache Software Foundation\Jakarta Isapi Redirector\1.0**, en créant toutes les clés nécessaires. Pour créer une clé, il suffit de faire un clic droit sur la clé se trouvant au niveau supérieur, et choisir **Nouvelle clé...**.

→ Une fois l'arborescence créée, sélectionner la clé **1.0**, et dans la partie gauche de l'outil d'édition de la base de registre, ajouter les valeurs de chaînes suivantes :

Nom de la chaîne	Valeur
`extension_uri`	`/jakarta/isapi_redirect.dll`
`log_file`	`C:\iis_redirector\logs\jk_redirector.log`
`log_level`	`info`
`worker_file`	`C:\iis_redirector\conf\workers.properties`
`worker_mount_file`	`C:\iis_redirector\conf\uriworkermap.properties`

Pour ajouter une valeur de type chaîne, faire un clic droit dans la partie gauche de l'éditeur et choisir **Nouveau - Valeur chaîne**.

→ La configuration obtenue doit ressembler à ceci :

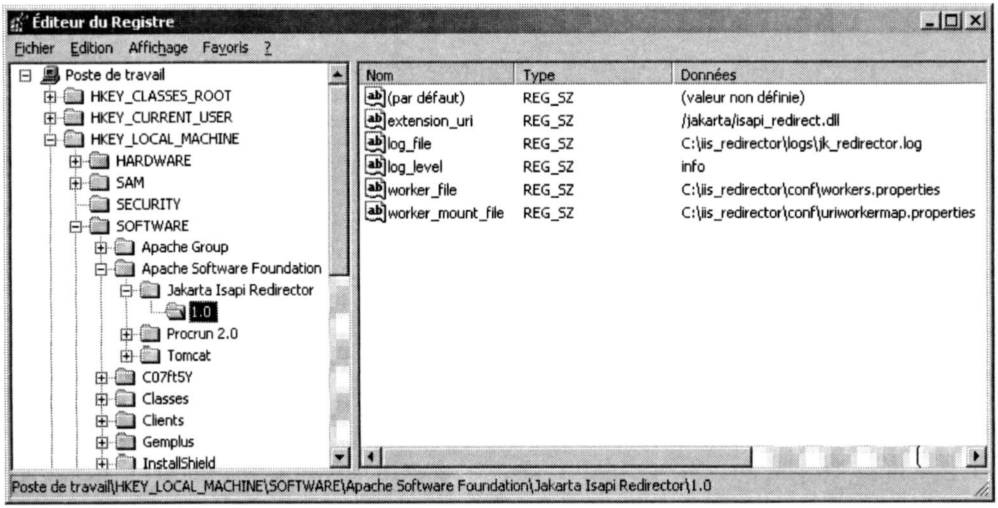

→ Fermer l'outil d'édition de la base de registre.

Une fois ces entrées de base de registre créées, il faut ajouter le filtre ISAPI à la configuration du serveur Web IIS. Pour cela il faut lancer la console d'administration du serveur Web en choisissant dans le Panneau de configuration de Windows **Outils d'administration - Gestionnaire des services Internet**.

Console d'administration des services Internet pour IIS 5 :

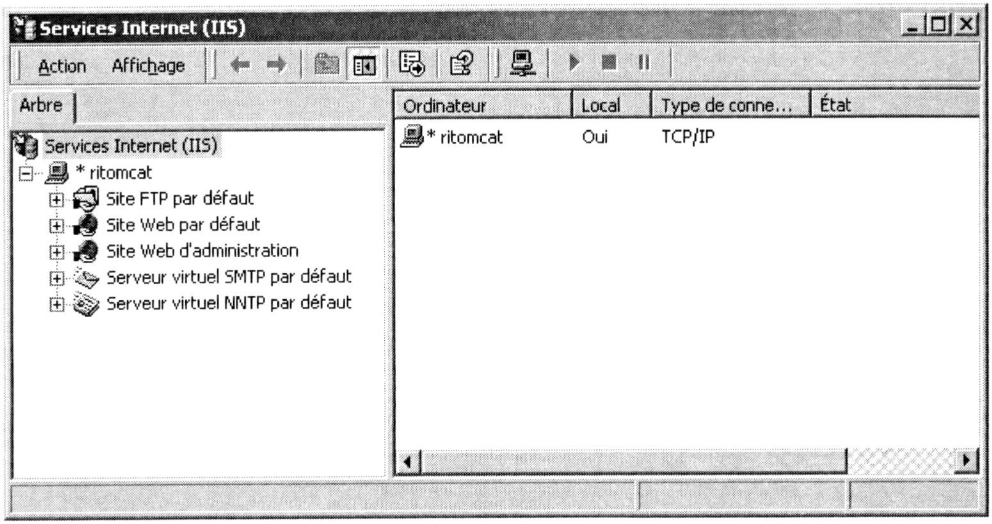

Dans l'interface de la console d'administration IIS, voici les étapes à réaliser :

- Faire un clic droit sur le site Web pour lequel il est nécessaire de rajouter le filtre ISAPI, et choisir **Nouveau - Répertoire Virtuel**.

L'assistant de création d'un répertoire virtuel apparaît.

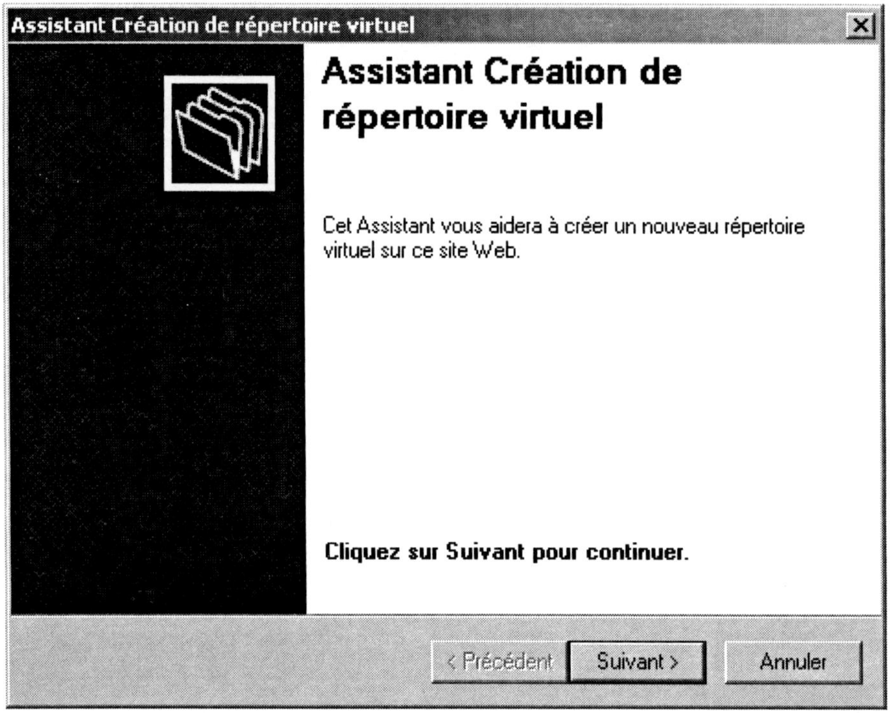

➔ Donner le nom **jakarta** à l'alias du répertoire virtuel.

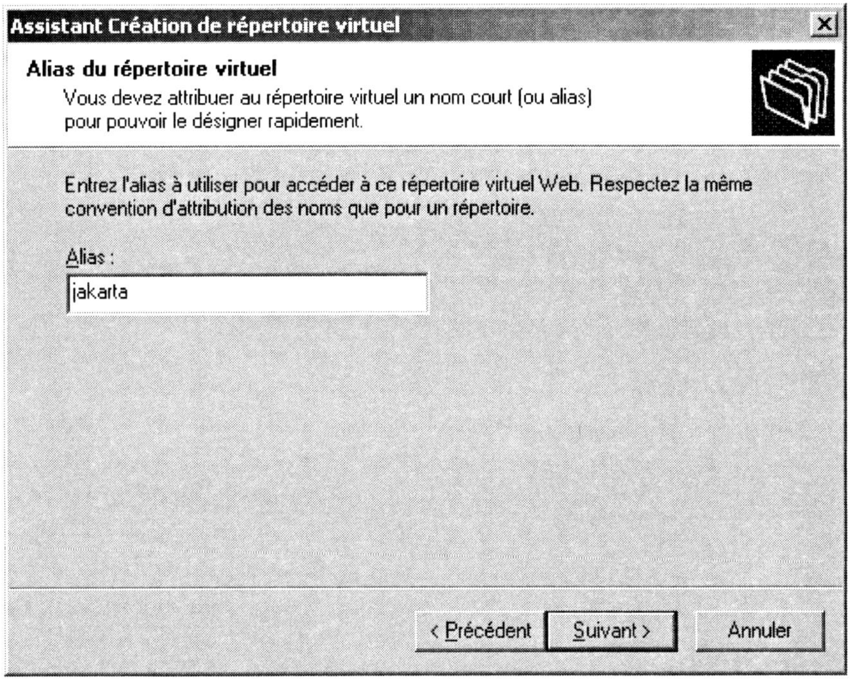

→ Dans l'étape suivante, sélectionner le répertoire qui contient le fichier DLL du redirecteur JK, pour l'exemple : **C:\iis_redirector\bin**.

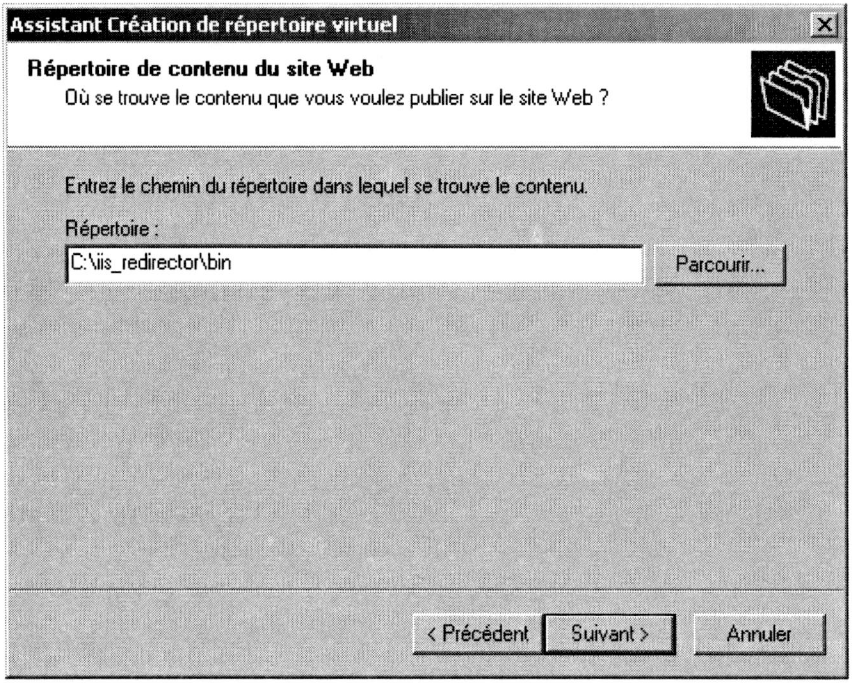

→ Dans la dernière étape, ajouter le droit **Exécuter** aux autorisations à accorder.

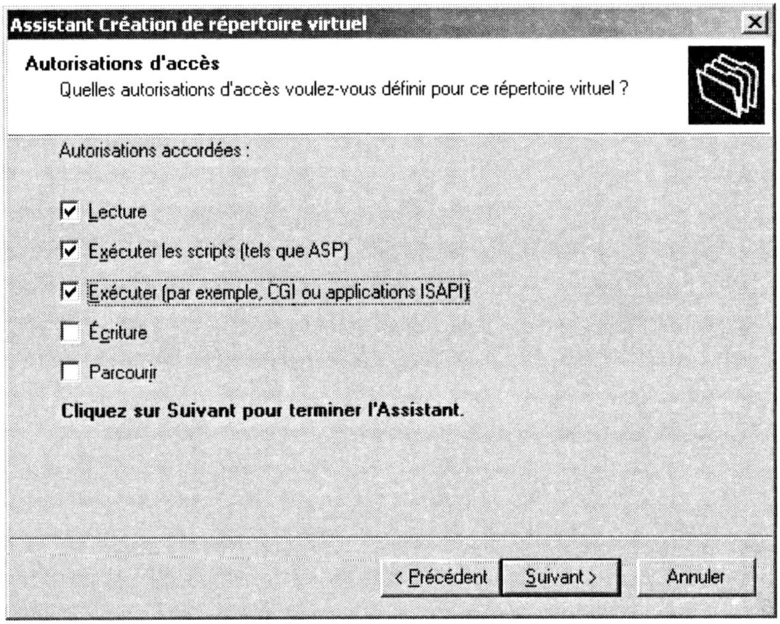

Spécificités IIS à partir de la version 6 : étapes de configuration supplémentaires

La console d'administration de IIS à partir de la version 6 a une interface différente, de plus, la configuration nécessite une étape supplémentaire.

Console d'administration des services Internet pour IIS depuis la version 6 :

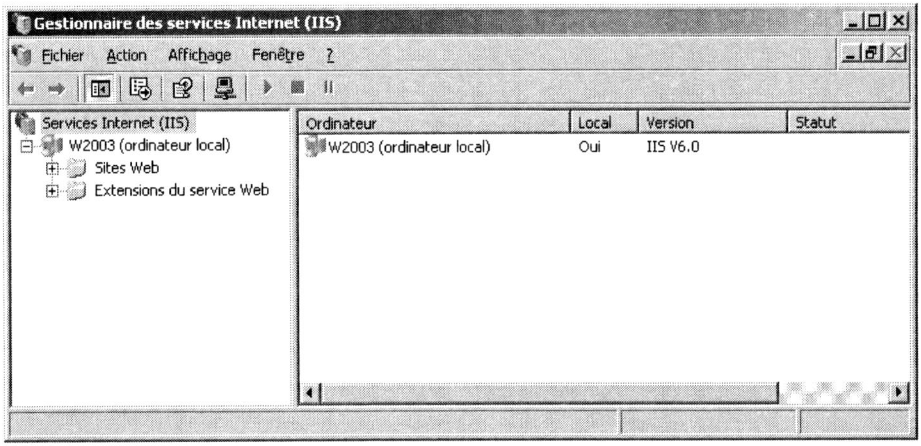

Voici l'étape de configuration :

- Faire un clic droit sur le dossier **Extension du service Web** dans l'arborescence de la console d'administration et choisir **Ajouter une nouvelle extension de service Web...**.
- Donner un nom à l'extension, par exemple **Tomcat**, et ajouter le fichier DLL du redirecteur JK dans la liste des fichiers requis. Cocher la case **Définir le statut de l'extension à Autorisée** pour autoriser l'extension.

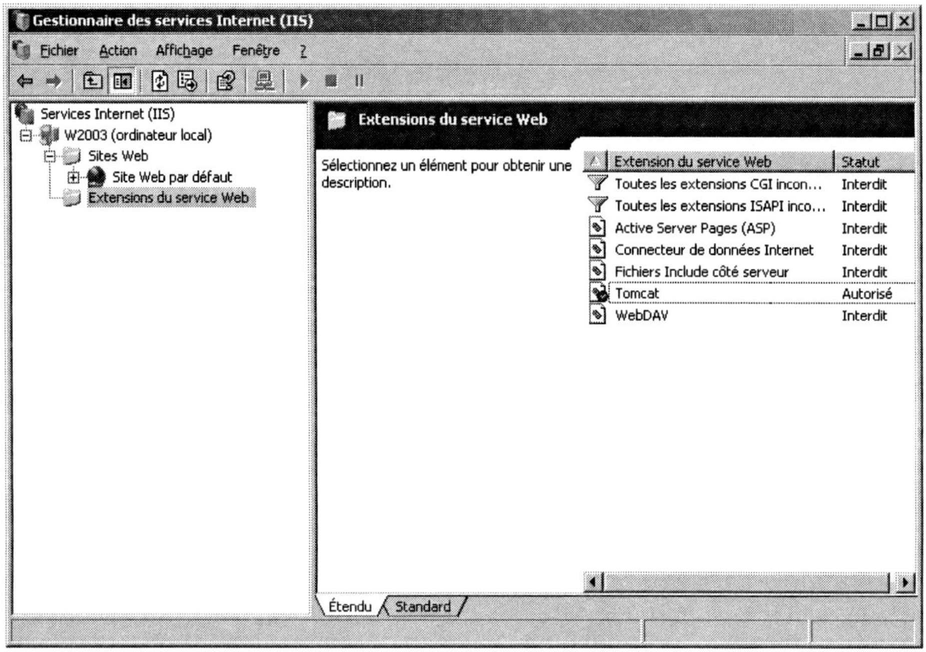

Écrire les fichiers de configuration

La dernière étape de cette configuration est l'écriture des fichiers **workers.properties** pour configurer l'accès à Tomcat, et **uriworkermap.properties** pour définir les applications Tomcat accessibles.

Le fichier **workers.properties** utilisé par le redirecteur JK de IIS possède exactement la même syntaxe que le fichier pour le module Apache **mod_jk** (voir le résumé des directives de configuration dans la partie Coupler Tomcat avec un serveur Web - Utiliser le serveur Web Apache - Le module mod_jk de ce chapitre).

Le fichier workers.properties :

```
# Liste des travailleurs
worker.list=worker1
# Protocole de worker1
worker.worker1.type=ajp13
# Nom d'hôte pour worker1
worker.worker1.host=10.1.1.2
# Port du connecteur JK pour worker1
worker.worker1.port=8009
```

Le fichier **uriworkermap.properties** quant à lui possède une syntaxe beaucoup plus simple, basée sur le modèle suivant :

```
<chemin de contexte de l'application>=<travailleur Tomcat>
```

Le fichier uriworkermap.properties :

```
/docs/*=worker1
/docs=worker1
```

Toutes les URL entrantes dans le serveur Web IIS contenant une référence au chemin de l'application **/docs** seront alors traitées par le travailleur **worker1** liée à une instance de serveur Tomcat 7 dans le fichier **workers.properties**.

Tester l'installation

Une fois cette configuration complétée, un redémarrage du serveur IIS est nécessaire, en utilisant la console d'administration IIS.

Pour tester la configuration donnée en exemple ci-dessus, l'URL **http://<nom du serveur IIS>/docs/** doit afficher la page d'accueil de l'application Tomcat 7 installée sous le chemin **/docs**, utilisée dans la configuration d'exemple ci-dessus.

Page d'accueil de l'application de documentation Tomcat 7 :

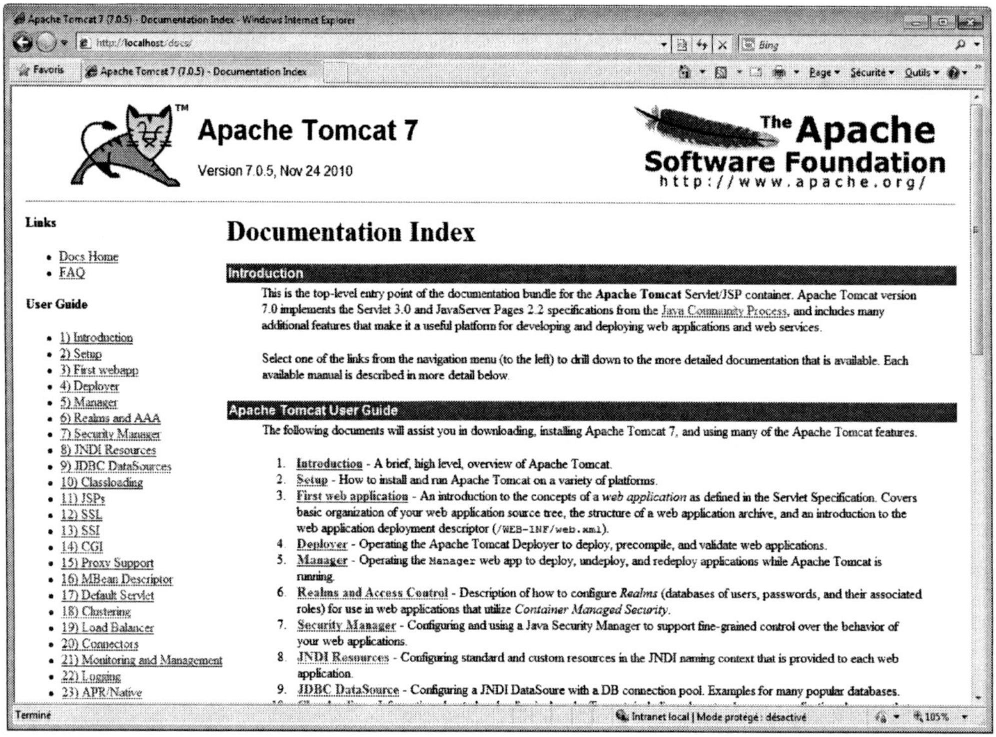

Résolution des problèmes

Après avoir revérifié la configuration point par point, ainsi que la syntaxe des fichiers **workers.properties** et **uriworkermap.properties**, il faut consulter le fichier journal du redirecteur JK, puis en dernier recours, celui du serveur IIS présent dans **C:\WINDOWS\system32\LogFiles\W3SVC1** ou **C:\WINNT\system32\LogFiles\W3SVC1**. La dernière ligne de ce fichier doit contenir une chaîne de caractères du type : `GET /jakarta/isapi_redirect.dll - xyz`

Où `xyz` représente un code d'état HTTP. Si cette ligne n'apparaît pas alors c'est que la configuration n'est pas correcte, il faut vérifier les entrées dans la base de registre et vérifier si le filtre ISAPI est correctement chargé dans le serveur (il y a une flèche verte pointant vers le haut à coté de son nom).

Si le code d'état HTTP vaut :

- **404** : l'URL saisie est correcte.
- **500** : incohérence entre la configuration de la base de registre, et la configuration de répertoire virtuel IIS.
- **403** : le répertoire virtuel ne dispose pas des droits d'exécution.
- **401** : l'utilisateur avec lequel s'exécute la demande n'a pas les droits suffisants pour agir sur le fichier DLL du redirecteur, ou le répertoire qui le contient. Il faut donner les droits de lecture et d'exécution sur le fichier DLL à cet utilisateur.

5. Configurer les serveurs Web pour servir les ressources statiques

Une des raisons qui conduisent à l'utilisation d'un serveur Web en frontal d'un serveur d'applications est de configurer ce serveur Web de sorte qu'il réponde aux requêtes des clients faisant référence aux ressources statiques de l'application, telles les pages HTML et les images. L'intérêt réside principalement dans l'accélération des échanges.

Dans cette configuration, il évidemment nécessaire que les ressources statiques soient accessibles au serveur Web, dans le cas où les deux serveurs sont installés sur un même serveur physique, la configuration est assez simple et les deux serveurs partagent le même répertoire de publication des données.

Dans le cas contraire, l'installation d'une application nécessitera à la fois de déployer l'application dans le serveur Tomcat 6, et de copier les ressources statiques dans un répertoire de publication sur le serveur Web.

Configuration avec Apache et mod_jk

La configuration avec Apache et le module **mod_jk** fait intervenir la directive `JkUnMount` du fichier de configuration d'Apache présentée précédemment dans ce chapitre. En effet, elle permet de spécifier les ressources qui ne doivent pas être traitées par un travailleur Tomcat 7. De plus, il faudra que ces données statiques soient accessibles au serveur Apache.

Exemple

```
JkMount   /demo/*   worker1
JkMount   /demo     worker1
# Ne pas rediriger les requête à destination des
# ressources de type images GIF et pages HTML
JkUnMount /demo/*.gif    worker1
JkUnMount /demo/*.html   worker1
```

Si Apache et Tomcat 7 sont installés sur la même machine physique, la directive `JkAutoAlias` permettant aux deux serveurs de partager un même répertoire de publication, doit pointer sur le répertoire des applications de Tomcat 7.

Si les deux serveurs sont, au contraire, sur des machines physiques différentes, alors `JkAutoAlias` doit pointer sur un répertoire dans lequel les ressources statiques des applications Tomcat 7 ont été copiées.

Exemple

```
JkAutoAlias C:\apache-tomcat-6.0.13\webapps
```

Configuration avec IIS et le redirecteur JK

La configuration avec le serveur IIS se fait grâce au fichier **uriworkermap.properties**. Ce fichier permet de définir les URL à traiter par le travailleur Tomcat 7 associé. En ne faisant référence précisément qu'aux ressources dynamiques, les ressources statiques seront servies par IIS.

Si tous les chemins d'accès aux servlets sont préfixés avec par exemple **/servlet**, la configuration est simple.

Exemple

```
/demo/*.jsp=worker1
/demo/servlet/*
```

Par contre, si ce préfixe n'existe pas, il sera alors nécessaire de référencer chaque servlet présente dans l'application avec son URL d'accès complète.

Exemple

```
/demo/*.jsp=worker1
/demo/enregistrement
/demo/identification
/demo/validation
```

De plus, il faut également ajouter un nouveau répertoire virtuel IIS pointant sur les données statiques des applications. Si les deux serveurs sont installés sur la même machine physique alors le répertoire virtuel devra pointer sur le répertoire de l'application dans **CATALINA_HOME/webapps**, sinon il devra pointer sur un répertoire dans lequel les données de cette application auront été copiées.

Console de gestion des services Internet :

Ici, le répertoire virtuel pointe directement sur le répertoire de l'application dans l'arborescence de Tomcat 7 ; les deux serveurs sont sur la même machine.

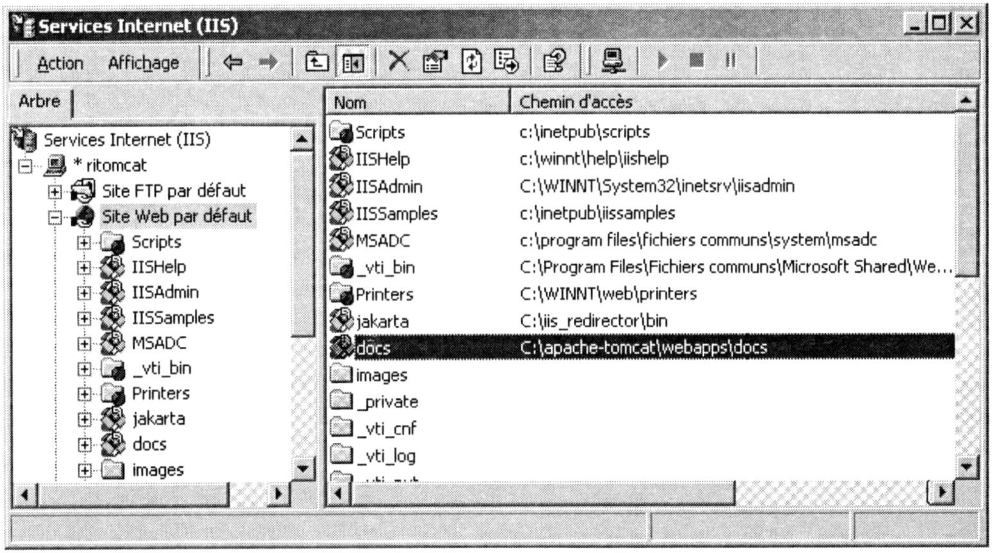

À noter également que les pages d'accueil par défaut des sites et applications sont différents sous Tomcat 7 (**index.html, index.htm**) et sous IIS (**Default.html, Default.htm**), il faut donc penser à ajouter les pages **index.html** et **index.htm** comme page d'accueil par défaut pour ce répertoire virtuel.

Pour ajouter ces pages depuis la console de gestion des services Internet, choisir le répertoire virtuel précédemment créé et faire **clic droit - Propriétés**, sélectionner l'onglet **Documents**, et cliquer sur le bouton **Ajouter...**.

Fenêtre de propriétés du répertoire virtuel avec les deux pages d'accueil ajoutées :

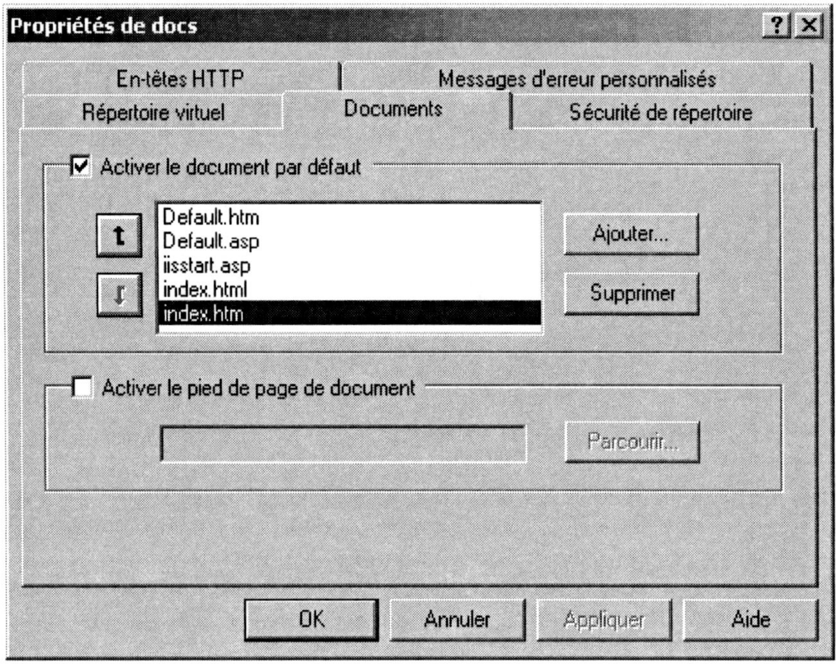

Chapitre 4 : Administration du serveur

A. Architecture du serveur Tomcat 7

La compréhension de l'architecture interne du serveur Tomcat 7 est un pré-requis indispensable pour bien en maîtriser l'administration et la configuration. Les opérations de configuration et de personnalisation du serveur requièrent d'intervenir sur chacun des éléments internes au serveur.

Bien que la configuration par défaut puisse convenir à un grand nombre d'utilisations, les environnements de production très sollicités peuvent nécessiter un reparamétrage du serveur pour garantir une qualité de service maximum.

1. Les différents composants de Tomcat 7

L'architecture de Tomcat 7 consiste en un ensemble de composants dédiés au traitement et à la satisfaction des demandes émises par les clients via le protocole HTTP, du traitement et analyse de la requête, jusqu'à l'exécution de la ressource demandée par le client.

Les composants principaux de Tomcat 7 sont appelés **conteneurs** tout simplement parce qu'ils contiennent d'autres composants plus spécifiques, il ne faut pas confondre cette notion de conteneur, qui sont des composants logiciels de Tomcat 7, avec le conteneur Web qui représente le serveur Tomcat 7 dans son intégralité.

Le schéma qui suit fait apparaître les éléments fondamentaux de Tomcat 7, les conteneurs sont tous représentés, ce sont les éléments :

- Server
- Service
- Engine
- Host
- Context

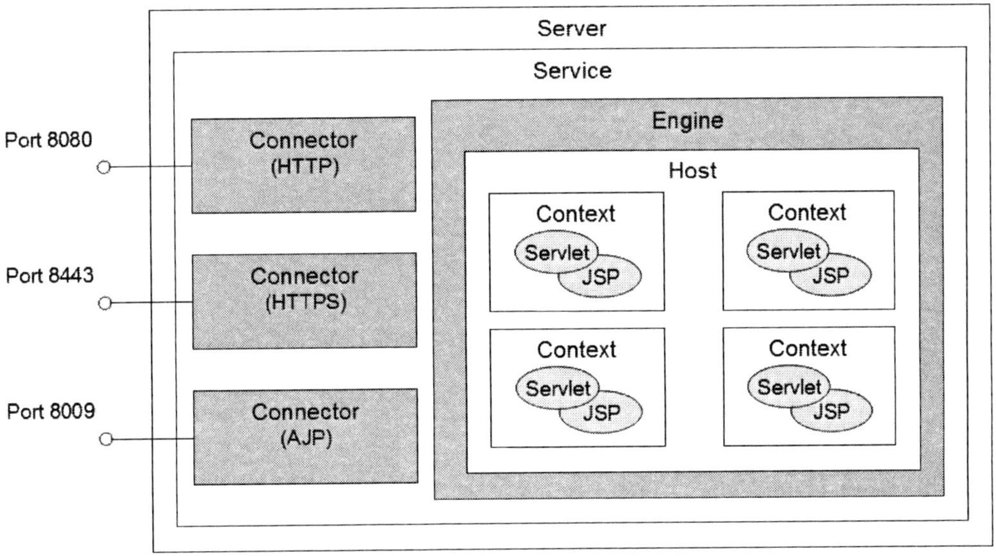

Cette hiérarchie de conteneurs et de composants est représentée d'un point de vue de la configuration, par le fichier **server.xml** qui est le principal fichier de configuration de Tomcat 6. L'utilisation du format XML pour ce fichier permet de bien comprendre l'imbrication des conteneurs les uns dans les autres, ainsi que la position, et, de ce fait, l'impact, des autres éléments du serveur.

Ainsi, le schéma précédent met en évidence les conteneurs **Context**, qui représentent les applications, dans un conteneur **Host**, d'un point de vue de l'organisation du fichier **server.xml**, les conteneurs **Context** apparaîtront comme éléments XML enfants du conteneur **Host**.

Exemple

```
<Host ... >
   <Context ... >
   </Context>
</Host>
```

2. Arborescence de l'installation

L'arborescence d'installation d'un serveur Tomcat 7 se présente comme ceci :

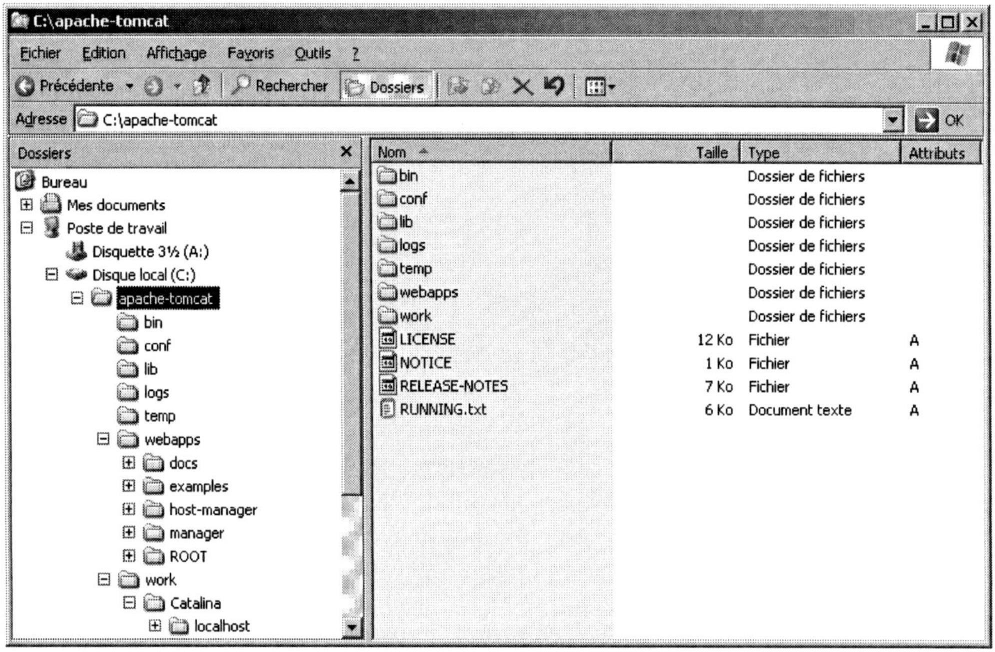

Parmi ces répertoires présentés sur le schéma précédent, certains ont un contenu réservé au fonctionnement interne du serveur et il vaudra mieux éviter d'en modifier l'emplacement ou même le contenu, d'autres, par contre, sont très facilement reconfigurables et les ressources qui s'y trouvent peuvent être modifiées, de même qu'il est parfois nécessaire d'y ajouter des ressources, par exemple, des bibliothèques Java nécessaires au bon fonctionnement des applications.

Le répertoire **bin/** contient tous les scripts et fichiers indispensables au démarrage de Tomcat 7, les scripts de contrôles sont tous fournis en deux exemplaires : l'un portant l'extension **.bat**, et l'autre l'extension **.sh** : en effet, Tomcat 7 étant écrit en Java, donc multiplate-forme, les fichiers **.bat** servent au contrôle du serveur sous Windows, alors que les fichiers **.sh** sont la version Unix/Linux des mêmes scripts.

Le répertoire **lib/** est le répertoire des bibliothèques Java de Tomcat 7, son contenu ainsi que celui de ses sous-répertoires est accessible à toutes les applications Web déployées dans le serveur, mais également au serveur lui-même. Les bibliothèques Java sont des ensembles de classes packagées dans des fichiers **.jar**.

Dans le cas où plusieurs applications Web ont toutes besoin d'une même bibliothèque, il peut être judicieux de copier cette bibliothèque dans ce répertoire plutôt que d'avoir à la fournir avec chacune de ces applications. Le répertoire **lib/** peut également contenir les différents pilotes d'accès aux bases de données utilisés par les applications et les ressources Tomcat 7.

Le répertoire **conf/** contient la configuration de Tomcat 7, notamment les 4 fichiers importants que sont **server.xml, tomcat-users.xml, web.xml et catalina.policy**. De plus, **conf/** peut également contenir le sous-répertoire **Catalina/localhost** qui fait référence au conteneur **Host** (appelé **localhost** par défaut), lui-même dans le conteneur **Engine** (appelé **Catalina** par défaut), ce répertoire peut contenir des fichiers de configuration pour les applications installées.

Le répertoire **logs/** contient les fichiers journaux du serveur Tomcat 7.

Le répertoire **temp/** peut être utilisé comme répertoire temporaire par les applications.

Le répertoire **webapps/** est le répertoire par défaut pour l'installation des applications. Il contient un certain nombre d'applications d'exemples, ainsi que l'application **tomcat-docs** qui fournit la documentation complète du serveur, et qui est bien sûr très précieuse.

Le répertoire **work/** est utilisé par Tomcat 7 pour le traitement des pages JSP et leur transformation en classes Java : tous les fichiers générés pendant cette transformation sont stockés dans ce répertoire. Chaque application possède son propre sous répertoire pour ces fichiers temporaires. L'arborescence utilisée est du type **work/<engine>/<host>/<context>** où **<engine>**, **<host>** et **<context>** représentent respectivement le nom des conteneurs **Engine**, **Host** et **Context** dans lequel cette application est installée.

B. Le fichier server.xml

Le principal fichier de configuration de Tomcat 7 s'appelle **server.xml**, et se trouve dans le répertoire **CATALINA_HOME/conf.** Comme son nom l'indique, le contenu de ce fichier de configuration s'écrit en XML, cependant, il n'a pas toutes les caractéristiques d'un fichier XML, notamment parce qu'il n'est lié à aucun fichier pour la validation, ni **DTD**, ni schéma **XML**.

Cependant, lors de son démarrage, Tomcat 7 vérifie la syntaxe des éléments déclarés dans ce fichier, aussi, il est important de bien respecter la syntaxe d'écriture et la distinction majuscule/minuscule.

En fait, les erreurs commises dans ce fichier peuvent avoir deux conséquences :

- le serveur ne démarre pas. Un élément est correctement positionné dans le fichier mais sa syntaxe n'est pas correcte, il faut vérifier le nom de l'élément et de ses attributs ;
- le serveur démarre, mais la nouvelle configuration n'a pas été appliquée. L'élément n'est peut-être pas positionné au bon endroit dans le fichier, ou bien les valeurs avec lequel il est configuré ne sont pas correctes.

Le fichier **server.xml**, fourni par défaut avec toute nouvelle installation de serveur Tomcat 7, est très bien commenté et des exemples de configuration sont même donnés en commentaire, de sorte qu'il suffit simplement de décommenter ces exemples pour activer tel ou tel autre élément de configuration. Il est assez recommandé de faire une copie de sauvegarde de ce fichier immédiatement après une installation fonctionnelle du serveur, mais aussi avant chaque modification du contenu de ce fichier.

1. Les éléments de configuration

Chacun des éléments de configuration du fichier **server.xml** est lié à une classe Java particulière du serveur Tomcat 7. Certains de ces éléments sont indispensables, et d'autres non, l'objectif de cette partie est de présenter précisément chacun de ces éléments.

L'imbrication des éléments de configuration les uns aux autres est toutefois quelque chose d'assez complexe à comprendre au premier abord, voici donc une arborescence résumant l'organisation du fichier **server.xml**, ainsi que tous les emplacements possibles de chaque élément de configuration. Certains éléments :

- doivent être présents (1) ;
- doivent être présents au moins une fois (1-n) ;
- peuvent être présents, et ce de multiples fois (0-n) ;
- sont facultatifs (0-1).

Arborescence de la configuration :

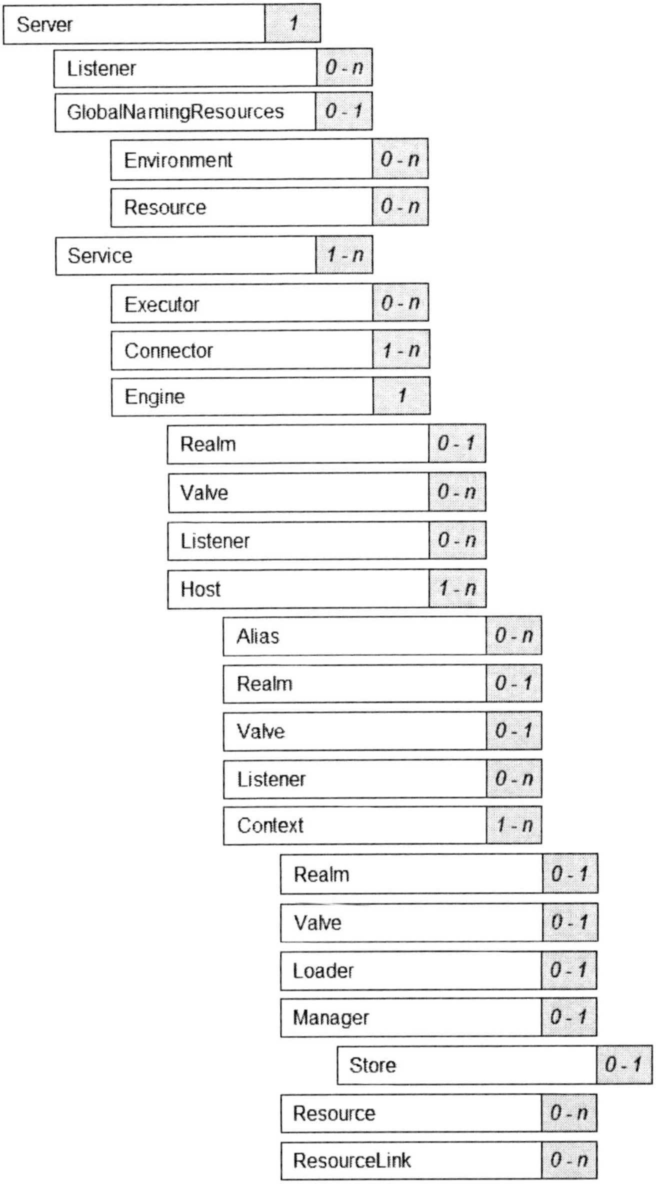

Parmi cette multitude d'éléments XML de configuration, il est un attribut qui revient très souvent, c'est l'attribut `className`.

L'attribut className permet de faire référence à la classe Java de Tomcat 7 qui implémente la fonctionnalité de l'élément. Dans certains cas, il n'est pas nécessaire de modifier la valeur par défaut, mais pour certains éléments, il y a plusieurs valeurs possibles, chacune de ces possibilités modifiant considérablement le comportement de l'élément.

a. L'élément <Server>

L'élément <Server> est l'élément racine du fichier **server.xml**, il représente l'instance de serveur Tomcat 7 dans sa globalité.

Il possède deux attributs permettant de contrôler l'arrêt du serveur Tomcat, port et shutdown. Lors du lancement d'une commande d'arrêt de Tomcat 7, la chaîne de caractères spécifiée par shutdown est envoyée sur le port TCP/IP spécifié par port, le port d'écoute utilisé est le port 8005 par défaut, et la chaîne de caractères envoyée est SHUTDOWN.

Il est très facile d'envisager qu'une personne mal intentionnée puisse se connecter avec la commande **telnet** sur ce port et envoie cet ordre. Heureusement, le serveur Tomcat 7 n'autorise sur ce port que les connexions qui proviennent de la machine locale. Cependant, un utilisateur ayant réussi à ouvrir une session distante sur le serveur et qui ne peut pas exécuter les scripts d'arrêt et de démarrage du serveur, pourra tout à fait utiliser ce mécanisme.

Il est donc conseillé de modifier ces valeurs par défaut en donnant comme valeur pour shutdown, une chaîne plus difficile à deviner, cette modification est absolument sans conséquence pour le bon fonctionnement du serveur, mais en garantit un peu plus la sécurité.

b. L'élément <Service>

La notion de service Tomcat 7 regroupe les éléments permettant la connectivité au serveur (<Executor> et <Connector>), ainsi que le moteur d'exécution de Tomcat 7 (<Engine>). L'élément <Service> permet donc d'associer un ou plusieurs connecteurs TCP/IP configurés pour traiter les requêtes entrantes, avec un moteur d'exécution de servlet.

Il peut y avoir plusieurs déclarations d'éléments <Service> dans un élément <Server>, dans ces déclarations, les éléments <Executor> doivent tous être déclarés avant les éléments <Connector>, et les éléments <Connector> doivent tous être déclarés avant <Engine>.

Le seul attribut obligatoire de cet élément de configuration est name, il permet d'identifier le service, notamment dans les fichiers journaux du serveur, le nom par défaut est Catalina. Dans le cas où plusieurs services sont configurés, ils doivent chacun avoir un nom distinct.

c. L'élément <Executor>

Pour traiter les requêtes clients entrantes, les connecteurs Tomcat 7 utilisent les **threads** qui sont des sous-processus à l'intérieur de la machine virtuelle Java de Tomcat. Chaque thread est dédié au traitement d'une requête client et à l'envoi de sa réponse, une fois qu'il a terminé, il peut être réutilisé.

Pour éviter les créations et suppressions inutiles de ces threads, Tomcat 7 utilise un mécanisme appelé **pool de threads**. Un **pool de threads** n'est ni plus ni moins qu'un ensemble de ces threads disponibles à tout moment pour satisfaire une requête client.

Plutôt que de détruire un thread après qu'il a satisfait une requête client, il est recyclé. Un **pool de threads** est dimensionné avec une valeur initiale, qui permet de définir combien de threads doivent être créés dans le pool au démarrage du serveur, et un nombre maximum, qui est le nombre maximum de threads. Ces deux paramètres sont respectivement configurés à partir des attributs minSpare-Threads et maxThreads de l'élément <Executor>.

L'élément <Executor> possède également l'attribut namePrefix qui permet de spécifier un préfixe de nommage de chacun des threads du pool, chaque thread sera nommé avec namePrefix+numéro.

Un pool de threads défini par l'élément <Executor> peut être utilisé par plusieurs connecteurs Tomcat 7 (définis avec l'élément <Connector>), le lien entre un <Executor> et un <Connector> est fait à partir du nom donné à l'élément <Executor> via l'attribut name.

Enfin, lorsque des threads restent inactifs trop longtemps dans le pool, le pool détruit ces threads inutiles tout en conservant un nombre de threads toujours égal à l'attribut minSpareThreads, le délai d'inactivité d'un thread (exprimé en millisecondes) au bout duquel il sera supprimé est défini par l'attribut maxIdleTime.

Les valeurs par défaut de ces attributs sont résumées dans le tableau ci-dessous :

maxThreads	200
minSpareThreads	25
maxIdleTime	60000

d. L'élément <Connector>

L'élément de configuration `<Connector>` permet d'implémenter la couche de transport des requêtes clients vers le moteur de servlet **Catalina** défini par l'élément `<Engine>` et résidant dans le même élément `<Service>` que ce connecteur.

Dans la version 7 de Tomcat, il existe deux types de connecteurs selon le protocole qu'ils sont amenés à gérer, en l'occurrence, **HTTP** et **AJP**. Le choix de faire transiter l'un ou l'autre des protocoles sur un connecteur se fait simplement avec l'attribut `protocol` qui prendra la valeur `HTTP/1.1` (par défaut) ou bien `AJP/1.3`, la classe d'implémentation est la même et l'attribut `className` n'a pas besoin d'être précisé.

De tous les attributs de cet élément, `port`, `address` et `secure` sont probablement les plus importants.

L'attribut `port` permet d'indiquer le port d'écoute du connecteur : dans la configuration par défaut de Tomcat 7, le connecteur HTTP défini utilise le port **8080**, et le connecteur AJP utilise le port **8009**.

L'attribut `address` permet de spécifier une adresse IP particulière du serveur sur lequel le connecteur doit accepter les requêtes entrantes, ceci est très pratique sur les machines qui disposent de plusieurs cartes réseaux. La valeur par défaut n'indique aucune adresse particulière, et le connecteur accepte les requêtes provenant de toutes les interfaces réseaux.

Enfin l'attribut `secure` permet, s'il est positionné à `true`, de définir un connecteur HTTPS. La valeur par défaut est `false`.

Voici quelques autres attributs :

`redirectPort` : permet de spécifier le port de redirection HTTPS. Cet attribut peut être positionné sur un connecteur HTTP pour spécifier que les requêtes HTTPS doivent être redirigées vers ce port (il doit alors correspondre à un connecteur HTTPS valide).

`disableUploadTimeout` : permet d'appliquer un temps maximum pour l'envoi des fichiers, si sa valeur est `true`, ou non. La valeur par défaut est `false`.

`enableLookups` : demande au serveur Tomcat 7 de remplacer l'adresse IP du client par son nom de machine, la valeur par défaut est `true`, mais doit être positionnée à `false` sur un serveur de production car ce mécanisme est très coûteux.

Lorsque le serveur Tomcat fonctionne seul derrière un serveur proxy, ce serveur redirige les requêtes des clients vers le connecteur HTTP de Tomcat, par programmation, il est possible d'obtenir le nom d'hôte ainsi que le port du serveur contacté par le client, mais dans ce cas de configuration, ce sont les valeurs du connecteur HTTP de Tomcat qui sont retournées, et non celles du serveur proxy que le client a utilisées.

Pour remédier à ce problème, les attributs `proxyName` et `proxyPort` permettent de spécifier le nom d'hôte et le port du serveur proxy pour obtenir les valeurs utilisées par le client.

Les autres attributs sont relatifs aux performances des connecteurs, ils permettent notamment de définir le nombre de requêtes qu'un connecteur est capable de traiter simultanément, ce sont les attributs `maxThreads`, `executor`, `acceptCount`, et `connectionTimeout`.

La configuration de l'élément `<Connector>` de Tomcat 7 utilise l'attribut `executor` pour spécifier le nom de l'élément `<Executor>` dont il doit utiliser le pool de threads. À noter que cet élément dispose également de l'attribut `maxThreads` permettant de spécifier le nombre maximum de threads à utiliser si aucun `<Executor>` n'est utilisé.

Lorsque le nombre maximum de threads est atteint, les requêtes clients qui continuent d'arriver sur le connecteur sont mises en file d'attente, cette file d'attente est dimensionnée par l'attribut `acceptCount`. Le nombre total de clients que Tomcat 7 peut accepter sur un connecteur est donc égale à la somme de la valeur de `maxThreads` et de `acceptCount`. Au-delà de cette valeur, les clients qui tentent de se connecter reçoivent un message d'erreur. Les requêtes qui sont stockées dans la file d'attente disposent d'un temps maximum pour être traitées, ce temps est défini par l'attribut `connectionTimeout` : en cas de dépassement de ce temps imparti, une erreur est renvoyée au client, le temps étant exprimé en millisecondes.

Les valeurs par défaut de ces attributs sont résumées dans le tableau ci-dessous :

maxThreads	40
acceptCount	10
connectionTimeout	60000

e. L'élément <Engine>

C'est le moteur de servlet Catalina de Tomcat 7. Ce moteur a été écrit pour les versions 4 de Tomcat, et remis au niveau des nouvelles spécifications Java EE pour Tomcat 7.

Une application déployée dans Tomcat 7 est nécessairement associée à un `<Engine>`, le rôle du moteur Catalina est de répartir les requêtes entrantes via les connecteurs, vers les applications concernées.

Les attributs obligatoires de `<Engine>` sont `name` et `defaultHost`. L'attribut `name` permet d'identifier le moteur, ce nom apparaîtra dans les différents fichiers journaux du serveur, la valeur par défaut est `Catalina`. Cette valeur de nom est également celle qui est associée par défaut à l'élément `<Service>`, il n'est donc pas facile de déterminer qui du service ou du moteur a généré une trace dans un fichier journal, aussi il est recommandé de modifier un des deux noms, par exemple, l'élément `<Service>` peut porter le nom `Tomcat`, `Catalina` étant le nom du moteur de servlet, il vaut mieux conserver ce nom pour `<Engine>`, et ce pour plus de clarté.

L'autre attribut obligatoire est `defaultHost`, et il permet de définir quel élément `<Host>` de la configuration recevra les requêtes en cas de non correspondance de nom d'hôte (voir l'élément `<Host>` suivant).

Enfin, il existe un autre attribut, mais celui-ci est facultatif, c'est `jvmRoute`. Cet attribut est très spécifique, et n'a un intérêt que lors de la création d'une ferme de serveur Tomcat 7 (voir chapitre Clustering avec Tomcat 7).

Lorsqu'un client accède à une application, un certain nombre d'informations peuvent être conservées sur sa navigation : on parle de session utilisateur. Ces informations, telles que le contenu d'un panier d'achat sur un site de commerce électronique, sont stockées sur le serveur, dans la mémoire de la machine virtuelle Java de Tomcat 7.

Que se passe-t-il si, dans une ferme de serveur, la première requête de ce client est envoyée vers un premier serveur Tomcat 7, et la seconde requête vers un autre serveur ? Les deux serveurs possèdent deux sessions différentes pour ce même utilisateur, deux paniers d'achat se remplissent aléatoirement en fonction de la manière dont sont envoyées les requêtes sur les serveurs ! Ce n'est évidemment pas acceptable.

L'attribut `jvmRoute` permet d'éviter ce problème en mettant en place un mécanisme appelé affinité de session. Lorsqu'un client est associé à un serveur Tomcat 7, toutes ses requêtes suivantes seront dirigées vers le même serveur, et sa session sera donc unique.

f. L'élément <Host>

L'élément de configuration `<Host>` permet de configurer un hôte unique dans le serveur, que cet hôte soit virtuel ou bien qu'il dispose de sa propre adresse IP publique.

L'hébergement virtuel est une technique utilisée par les serveurs HTTP, permettant d'héberger plusieurs sites distincts à une même adresse IP. Avec les premières versions du protocole HTTP, un site Web était nécessairement lié à une adresse IP unique sur l'Internet, alors qu'avec la dernière version de ce protocole, la version `1.1`, permet l'hébergement multiple ou hébergement virtuel.

Comme présenté en introduction au chapitre Préambule, lorsqu'un client émet une requête HTTP, les informations transmises contiennent le nom de la ressource demandée, la méthode HTTP, et l'hôte que le client souhaite contacter, par exemple, si un client saisit l'adresse **http://www.monentreprise.com/hello.html**, voici la requête qu'il transmet :

```
GET /hello.html HTTP/1.1
Host : www.monentreprise.com
```

Son navigateur Web va trouver l'adresse IP du site **www.monentreprise.com**, via le système DNS, et la requête sera envoyée au serveur. Un autre site, **www.autreentreprise.com**, peut également être hébergé sur le même serveur et posséder la même adresse IP, dans ce cas le serveur utilise l'en-tête **Host** envoyé avec la requête pour identifier le site.

Il est donc possible de configurer autant d'hôtes que nécessaire dans un serveur Tomcat 7, c'est l'attribut de configuration obligatoire `name` qui permet de leur attribuer ce nom d'hôte.

Dans le cas très particulier et relativement rare où un client utiliserait l'adresse IP d'un de ces deux sites pour s'y connecter, ou bien si un client possède un navigateur Web ne supportant pas HTTP `1.1`, le serveur est alors dans l'incapacité d'identifier l'hôte demandé. L'attribut de configuration `defaultHost` de l'élément `<Engine>` permet de définir l'hôte contacté dans ce cas de figure.

Exemple de configuration :

```
...
<Engine defaultHost="www.monentreprise.com">
    ...
    <Host name="www.monentreprise.com">
    ...
    </Host>
    <Host name="www.autreentreprise.com">
    ...
    </Host>
</Engine>
```

Un autre attribut est obligatoire, c'est `appBase`. Il permet de spécifier le répertoire racine dans lequel sont stockées les applications accessibles via cet hôte, la valeur par défaut est `webapps` et fait référence au répertoire **CATALINA_HOME/webapps** de l'installation de Tomcat 7. Il est bien sûr possible de modifier cette valeur, et même d'utiliser un chemin relatif.

Les autres attributs de configuration permettent de configurer le déploiement des applications, il s'agit de `autoDeploy`, `deployOnStartup`, `unpackWARs`, `deployXML`, et `workDir`.

L'attribut de configuration `workDir` permet de spécifier un répertoire de travail pour les applications, c'est notamment dans ce répertoire que Tomcat 7 génère les classes de servlets à partir des JSP des applications. Chaque application possède son propre sous-répertoire. La valeur par défaut est **CATALINA_HOME/work/<nom de Engine>/<nom d'hôte>**.

L'attribut `autoDeploy` permet d'indiquer à Tomcat 7 si les applications simplement déposées dans le répertoire indiqué par `appBase` doivent être automatiquement déployées (`autoDeploy="true"`), ou non (`autoDeploy="false"`), sans redémarrage du serveur. Par défaut, la valeur est `true`.

Ce mécanisme est très intéressant pour un serveur de développement parce qu'il permet aux développeurs de simplement déposer le fruit de leur travail dans le répertoire des applications qui pourra être partagé. Cependant, Tomcat 7 étant amené à surveiller en permanence ce répertoire, positionner `autoDeploy` à `true` est également très coûteux en ressources, de plus, d'un point de vue de la sécurité, si un utilisateur parvient à uploader une archive WAR sur le serveur, celle-ci sera automatiquement installée et considérée comme une application valide !

Il est donc conseillé de mettre cet attribut à `false` sur un serveur de production et d'utiliser les outils de déploiement d'application fournis avec Tomcat.

Lors de l'installation d'une application sous forme d'une archive WAR, cette archive sera décompressée si `unpackWARs` vaut la valeur `true`, ce qui est le cas par défaut.

Au démarrage, Tomcat 7 rend disponibles toutes les applications si `deployOnStartup` vaut `true`, ce qui est, évidemment la valeur par défaut.

Enfin, `deployXML` permet d'autoriser le déploiement des applications via les fichiers de contexte XML.

Tous ces attributs relatifs au déploiement des applications sont couverts en détail dans le chapitre Déploiement et gestion des applications.

g. L'élément <Context>

Un élément `<Context>` représente une application Web déployée dans Tomcat 7. Il existe deux types de contexte, ceux qui sont explicitement déclarés par cet élément de configuration, et ceux qui sont automatiquement créés par le serveur. Le serveur Tomcat 7 crée, lorsqu'il démarre, un élément `<Context>` en mémoire pour toutes les applications qui sont présentes dans le répertoire de publication des applications (indiqué par `appBase` sur l'élément `<Host>`).

Lorsque cet élément est utilisé pour déclarer explicitement une application, il peut être utilisé dans le fichier **server.xml** ou bien dans les fichiers de contexte XML, c'est cette dernière méthode qui est préconisée avec Tomcat 7.

`<Context>` possède deux attributs obligatoires, permettant de faire référence au répertoire contenant les données de l'application et au chemin de contexte qui sera utilisé dans l'URL pour accéder à cette application.

L'attribut `docBase` permet de faire référence au répertoire des données de l'application ou bien directement au fichier WAR de l'application. La valeur de chemin indiqué peut être un chemin absolu ou bien relatif au répertoire de publication des applications.

L'attribut `path` permet d'indiquer le chemin de contexte de cette application Web, il commence toujours par le caractère /, chaque application doit posséder une valeur unique de cet attribut.

D'autres attributs existent et sont facultatifs, c'est notamment le cas de `reloadable` qui permet d'activer une surveillance des répertoires **/WEB-INF/lib** et **/WEB-INF/classes** de l'application si sa valeur est `true`. Chaque modification apportée au contenu de ces répertoires sera automatiquement prise en compte par Tomcat 7 qui rechargera cette application automatiquement. Cette fois-ci encore, voilà un mécanisme très intéressant sur un serveur de développement, mais très coûteux en ressources sur un serveur de production, c'est pourquoi la valeur par défaut est `false`, il faut alors utiliser l'outil **manager** du serveur (présenté au chapitre Déploiement et gestion des applications) pour recharger les applications.

L'attribut `useNaming` permet d'activer un contexte de nommage JNDI pour cette application, permettant ainsi la recherche de ressources via cette API de service Java EE, la valeur par défaut est `true`.

Lors de la conception d'une application, les développeurs peuvent être amenés à écrire des informations de trace et de débogage vers la sortie standard et la sortie d'erreur, en utilisant les objets Java **System.out** et **System.err**. L'attribut facultatif `swallowOutput` permet de rediriger ces flux dans le fichier journal lié à cette application. La valeur par défaut est `false`.

Dans les spécifications JEE, chaque application Web est considérée comme autonome dans la mesure où elles ne peuvent pas communiquer entre elles, c'est-à-dire échanger des informations contenues dans les sessions utilisateurs, ou les requêtes utilisateur par exemple. Positionner l'attribut facultatif `crossContext` à `true` permet à une application Web d'obtenir une référence à une autre application du même hôte, lui permettant ensuite de lire des informations dans cette autre application. L'instruction de code Java permettant cette opération a la syntaxe suivante :

```
getServletContext().getContext("<nom du chemin de contexte>");
```

Pour des raisons de sécurité, la valeur par défaut est `false`.

L'attribut facultatif `workDir` permet de spécifier un répertoire de travail pour l'application, s'il est spécifié, le chemin indiqué ici remplace celui par défaut de l'élément `<Host>`.

L'attribut facultatif `privileged` permet d'indiquer si l'application peut utiliser les servlets du moteur **Catalina**, comme celle du manager par exemple.

L'attribut facultatif `cookies` indique si les cookies sont utilisés pour implémenter les sessions utilisateur, la valeur par défaut est `true`, conformément aux spécifications JEE.

Enfin, l'attribut `override` est lié à l'utilisation des éléments du contexte par défaut présentée ci-après.

Un contexte particulier : le contexte par défaut

Le contexte par défaut permet de spécifier les éléments de configuration des applications pour lesquelles Tomcat 7 crée automatiquement un contexte en mémoire lorsqu'il démarre. Le contexte par défaut est mis en œuvre avec le fichier

CATALINA_HOME/conf/context.xml. Ce fichier contient un élément <Context> sans les attributs path et docBase.

*Le fichier **CATALINA_HOME/conf/context.xml** :*

```
<!-- The contents of this file will be loaded for each web application -->
<Context>
   <!-- Default set of monitored resources -->
   <WatchedResource>WEB-INF/web.xml</WatchedResource>
   ...
</Context>
```

h. L'élément <Realm>

Une des particularités de la plate-forme Java EE est qu'elle définit un mécanisme standard pour la gestion des authentifications dans les applications Web, ce mécanisme étant basé sur la notion de rôles.

Une application Web peut définir un ensemble de ressources protégées par une authentification qui fera acquérir à un utilisateur un ou plusieurs rôles applicatifs, il sera, en fonction de ses rôles, autorisé ou non à accéder aux ressources. Dans ce mécanisme, c'est le conteneur Web qui fournit le mécanisme d'authentification et le système de stockage des informations d'authentification tels que les noms d'utilisateurs, les mots de passe associés et les rôles de chacun de ces utilisateurs. Ce mécanisme est configuré avec l'élément <Realm> sous Tomcat 7.

Un <Realm> peut être défini en tant qu'élément enfant de <Engine>, <Host> ou <Context>, selon son emplacement, le système d'authentification s'appliquera à tout le moteur **Catalina**, à un hôte particulier, ou à une application. Il ne peut y avoir qu'un seul <Realm> par <Engine>, <Host> ou <Context>.

La configuration d'un <Realm> requiert un élément fondamental, c'est l'attribut className. En fonction de la classe d'implémentation qui sera donnée en valeur de cet attribut, Tomcat 7 utilise un mécanisme particulier pour gérer l'authentification, de plus, la valeur de className conditionne les autres attributs nécessaires à la bonne configuration de cet élément.

classNamepeut avoir les valeurs suivantes :

- org.apache.catalina.realm.MemoryRealm : définit un mécanisme d'authentification basé sur un fichier dont le contenu est stocké en mémoire au démarrage du serveur. C'est l'implémentation de <Realm>proposé dans la configuration par défaut du serveur Tomcat 7, elle est basée sur le fichier **CATALINA_HOME/conf/tomcat-users.xml** qui définit les utilisateurs, mots de passe et rôles associés.

- `org.apache.catalina.realm.JDBCRealm` : permet d'utiliser une base de données pour stocker les informations d'authentification, les attributs supplémentaires nécessaires à la configuration de ce type de `<Realm>` permettent de configurer l'accès à la base de données.
- `org.apache.catalina.realm.DataSourceRealm` : très proche du précédent sauf qu'une ressource d'accès à la base de données, une source de données, est utilisée, et ce pour de meilleures performances.
- `org.apache.catalina.realm.JNDIRealm` : permet une authentification basée sur un service d'annuaire tel qu'un annuaire **LDAP**.

La configuration de chacun de ces types de `<Realm>` est détaillée dans le chapitre La sécurité du serveur et des applications de cet ouvrage.

i. L'élément <Loader>

L'élément `<Loader>` définit un chargeur de classe Java (ils sont très communément appelés de leurs noms anglophones **ClassLoader**) : son rôle est de charger les classes Java d'une application Web. La spécification de Servlet dans les normes JEE spécifie un ordre de recherche des classes par un chargeur qui est le suivant :

- Les classes contenues dans le répertoire **/WEB-INF/classes** de l'application.
- Les classes contenues dans les fichiers JAR, eux-mêmes contenus dans le répertoire **/WEB-INF/lib** de l'application.
- Les classes rendues accessibles aux applications par le moteur de servlets.

Un élément de configuration `<Loader>` est un élément enfant facultatif de `<Context>`, et permet de contrôler l'ordre dans lequel les classes sont recherchées et chargées pour cette application en remplaçant le chargeur de classe par défaut de ce contexte.

L'attribut important de l'élément `<Loader>` est `delegate`, c'est lui qui permet de modifier l'ordre de chargement des classes. En positionnant sa valeur à `true`, les classes seront d'abord recherchées depuis les chargeurs de classes parents, c'est-à-dire ceux de Tomcat 7, avant d'être recherchées dans les classes de l'application Web. La valeur par défaut est `false`.

L'attribut facultatif `reloadable` permet d'indiquer au chargeur de classes qu'il doit surveiller le contenu des répertoires **/WEB-INF/classes** et **/WEB-INF/lib** pour détecter les modifications apportées sur les ressources, à l'instar du même attribut défini sur `<Context>`, d'ailleurs la valeur par défaut est héritée de celle de l'élément parent `<Context>`.

L'attribut facultatif `checkInterval` spécifie l'intervalle de temps au bout duquel le chargeur de classes doit examiner le contenu des répertoires de l'application Web pour charger les nouvelles ressources ou celles qui ont été modifiées. La valeur par défaut est 15, et est exprimée en secondes.

j. L'élément <Manager>

Le suivi de la navigation d'un utilisateur se fait, dans les applications Web JEE, grâce aux sessions HTTP, comme déjà expliqué dans la section Les sessions HTTP du chapitre La plate-forme Java EE 6 de cet ouvrage. L'élément de configuration `<Manager>` permet de configurer le gestionnaire de session pour une application Web spécifique, c'est donc un élément enfant de `<Context>`.

L'attribut de configuration `className` peut prendre deux valeurs différentes, soit `org.apache.catalina.session.StandardManager`, qui est la valeur par défaut, ou `org.apache.catalina.session.PersistentManager`.

Par défaut, un conteneur Web JEE stocke les informations de session utilisateur dans la mémoire de sa Machine Virtuelle Java, lors de la mise en place d'une ferme de serveurs, l'élément de configuration `<Engine>` possède l'attribut `jvmRoute` permettant d'envoyer toutes les requêtes d'un même client vers la même instance de serveur pour qu'il retrouve sa session. Mais en cas de panne de ce serveur, les requêtes de ce client sont envoyées à destination d'un autre serveur de la ferme, et sa session est perdue.

La classe d'implémentation `org.apache.catalina.session.Persistent-Manager` de l'élément `<Manager>` permet de faire en sorte que les sessions utilisateur sont également stockées dans un entrepôt persistant, tel qu'une base de données ou un système de fichier, en plus d'être stockées en mémoire, permettant ainsi la restauration de la session utilisateur en cas de défaillance d'un des serveurs. L'utilisation de cette valeur pour l'attribut `className` nécessite de définir un élément enfant pour `<Manager>` : l'élément `<Store>`.

Les attributs communs à ces deux classes d'implémentations sont :

`maxActiveSessions` : spécifie le nombre maximum de sessions actives que le gestionnaire de sessions peut créer. La valeur par défaut est `-1`, ce qui signifie qu'il n'y a pas de limite.

`distributable` : spécifie si les attributs de sessions peuvent être stockés physiquement dans un fichier ou une base de données, les classes Java qui représentent ces attributs de session doivent implémenter l'interface **java.io.Serializable**. La valeur par défaut est `false`.

Les attributs spécifiques à l'implémentation par défaut, `org.apache.catalina.session.StandardManager`, sont :

`pathname` : spécifie un chemin absolu ou relatif (au répertoire de travail du contexte courant) vers le fichier dans lequel l'état des sessions utilisateur pour cette application est sauvegardé pendant un redémarrage du serveur. La valeur par défaut est `SESSIONS.ser`. Il est possible de désactiver ce mécanisme en donnant en valeur cet attribut, une chaîne vide.

Les attributs spécifiques à l'implémentation de gestionnaire persistant, `org.apache.catalina.session.PersistentManager`, sont :

`saveOnRestart` : si cet attribut vaut `true`, alors les sessions sont sauvegardées dans l'entrepôt persistant lorsque Tomcat 7 est arrêté et redémarré, ou bien lorsque l'application est rechargée, ce qui est la valeur par défaut.

Configuration des sessions persistantes : l'élément <Store>

La classe `org.apache.catalina.session.PersistentManager` permet de créer un gestionnaire de sessions qui sauvegarde les informations des sessions utilisateurs dans un entrepôt persistant. L'élément `<Store>` est un élément enfant de `<Manager>` qui doit être systématiquement défini à partir du moment où cette classe d'implémentation est utilisée sur `<Manager>`.

L'élément de configuration `<Store>` ne possède qu'un seul attribut obligatoire : l'attribut `className`. Il permet de spécifier le type d'entrepôt de stockage utilisé. A l'instar de l'élément `<Realm>`, la valeur de cette classe détermine également les autres attributs à définir.
L'attribut `className` peut prendre les valeurs suivantes :

`org.apache.catalina.session.FileStore` : dans ce cas l'entrepôt persistant est un système de fichier partagé entre les différentes instances de Tomcat 7.

`org.apache.catalina.session.JDBCStore` : pour stocker les sessions utilisateur dans une base de données.

L'utilisation du gestionnaire de sessions persistantes et des éléments `<Store>` associés est décrite de manière détaillée dans le chapitre Clustering avec Tomcat 7 de cet ouvrage.

k. L'élément <Valve>

Un élément `<Valve>` représente un composant de Tomcat 7 sous forme d'une classe Java, qui peut être inséré dans le processus de traitement des requêtes par le conteneur, ces éléments sont de natures différentes et peuvent finalement être considérés comme des filtres.

Un élément `<Valve>` peut être un élément enfant de `<Engine>`, `<Host>` ou `<Context>`.

Parmi tous ces filtres présents par défaut avec Tomcat 7, c'est l'attribut commun `className` qui va permettre de spécifier le type du filtre par le nom de sa classe Java, les autres attributs de configuration sont dépendants de cette valeur.

Voici les différentes valeurs possibles pour `className`, et le type de filtre que chacun des éléments `<Valve>` associé fourni :

`org.apache.catalina.valves.AccessLogValve` : génère un fichier journal des accès au serveur.

`org.apache.catalina.valves.JDBCAccessLogValve` : écrit le journal des accès au serveur dans une base de données.

`org.apache.catalina.valves.RemoteAddrValve` : applique une restriction d'accès en fonction des adresses IP des clients.

`org.apache.catalina.valves.RemoteHostValve` : applique une restriction d'accès en fonction des noms de machine des clients.

`org.apache.catalina.valves.RequestDumperValve` : permet d'écrire le contenu des requêtes des clients dans le système de journalisation associé à l'élément sur lequel ce filtre est positionné.

`org.apache.catalina.authenticator.SingleSignOn` : permet l'authentification unique entre plusieurs applications.

`org.apache.catalina.valves.FastCommonAccessLogValve` : elle remplace `AccessLogValve`, car plus performante en environnement de production.

À noter qu'il est également possible d'implémenter son propre filtre en écrivant une classe Java sur le modèle de celles déjà fournies, un des nombreux avantages du logiciel libre !

AccessLogValve

Ce filtre permet de générer un fichier journal des accès au serveur dans le format de ceux utilisés par les serveurs Web, le contenu de ce fichier peut ensuite être analysé par un outil de statistiques générant des rapports sur la fréquentation d'un site.

Les attributs sont tous facultatifs, à l'exception, évidement de l'attribut `className` présenté précédemment.

Les fichiers journaux générés portent un nom basé sur la syntaxe :

```
<prefix><fileDateFormat><suffix>
```

Où tous ces éléments de syntaxe sont des attributs de cet élément.

L'attribut `prefix` permet de spécifier le début du nom du fichier, la valeur par défaut est `access_log`. L'attribut `suffix`, lui donne en général son extension au fichier, la valeur par défaut est une chaîne vide. L'attribut `fileDateFormat` permet de spécifier le format de date qui sera utilisé pour nommer le fichier, ce format permet également de déterminer la fréquence de rotation du fichier, la valeur par défaut est `yyyy-MM-dd`, ce qui signifie que le nom du fichier comprendra une date au format **année-mois-jour**, mais également que ce fichier sera permuté tous les jours (à minuit). Pour faire une rotation mensuelle, il suffit de donner la valeur `yyyy-MM` à cet attribut.

L'attribut `directory` permet de spécifier le répertoire en chemin absolu ou relatif à **CATALINA_HOME**, dans lequel sont écrits les fichiers d'accès. La valeur par défaut pointe vers **CATALINA_HOME/logs**.

L'attribut `rotatable` permet d'activer ou non la rotation des journaux, si cet attribut vaut `true`, alors le journal des accès est permuté en fonction de l'attribut `fileDateFormat`, c'est la valeur par défaut.

L'attribut `resolveHosts` permet de transformer les adresses IP des clients en nom de machine dans le fichier journal, et ceci en utilisant le système DNS, cette opération est coûteuse en temps et en ressource, aussi il est conseillé de lui donner la valeur `false` sur un serveur de production, c'est la valeur par défaut.

Enfin, l'attribut `pattern` permet de spécifier le format des entrées de ce fichier. Cet attribut utilise des séquences de caractères particulières pour formater le contenu de chacune des entrées, les séquences utilisables sont les suivantes :

%a	Adresse IP distante.
%A	Adresse IP locale.

%b	Nombre d'octets envoyés sans les en-têtes HTTP, ou '-' s'il n'y en a pas.
%B	Nombre d'octets envoyés sans les en-têtes HTTP.
%h	Le nom de machine distante (ou l'adresse IP si `resolveHosts` vaut `false`).
%H	Le protocole utilisé dans la requête.
%m	La méthode HTTP de la requête.
%p	Le port local sur lequel la requête a été reçue.
%q	La chaîne de liste des paramètres de requête préfixée avec ? si des paramètres ont été transmis.
%r	La première ligne de la requête (la méthode et l'URI).
%s	Le code d'état HTTP de la réponse.
%S	L'identifiant de session utilisateur.
%t	La date et l'heure au format CLF (*Common Log Format*).
%u	Le nom de l'utilisateur s'il y a eu authentification, sinon '-'.
%U	L'URL de la requête formulée.
%v	Le nom du serveur.
%D	Le temps de traitement de la requête en millisecondes.
%T	Le temps de traitement de la requête en secondes.

En plus de ces séquences de caractères, l'attribut `pattern` peut utiliser des données contenues dans un en-tête de requête HTTP, dans un cookie, en tant qu'attribut de session ou en tant qu'attribut de requête, en utilisant le format suivant :

```
%{<nom>}[i|c|r|s]
```

`<nom>`fait référence au nom de l'élément à récupérer, les lettres `i`, `c`, `r` et `s` permettent de spécifier ou récupérer cette valeur :

- `i`= en-tête de requête HTTP
- `c`= cookie
- `r`= attribut de requête
- `s`= attribut de session
- Par exemple, la séquence `%{User-Agent}i` demande de récupérer l'en-tête de requête HTTP `User-Agent` qui contient le nom du navigateur Web utilisé par le client.

Il existe deux formats prédéfinis utilisables sous les intitulés `common` et `combined`. Ces deux formats sont des formats assez communément utilisés par les serveurs Web.

Le format `common` correspond à `%h %l %u %t "%r" %s %b`, et le format `combined` à `%h %l %u %t "%r" %s %b "%{Referer}i" "%{UserAgent}i"`.

La valeur par défaut de l'attribut `pattern` est `common`.

Exemple

Configuration de la valve dans le fichier server.xml

```
<Engine ... >
    ...
    <Valve className="org.apache.catalina.valves.AccessLogValve"

    directory="logs" prefix="tomcat_access." suffix=".txt"
    resolveHosts="false" fileDateFormat="yyyy_MM_dd"
    pattern="%t - %a %H %s - %r"/>
     ...
</Engine>
```

*Le nom du fichier généré est **tomcat_access.2006_04_26.txt** et contient les lignes suivantes après qu'un client a accédé à l'URL **http://localhost:8080/tomcat-docs** :*

```
[24/Apr/2006:19:09:15 +0200] - 127.0.0.1 HTTP/1.1 304 -
GET /tomcat-docs/ HTTP/1.1

[24/Apr/2006:19:09:15 +0200] - 127.0.0.1 HTTP/1.1 304 -
GET /tomcat-docs/images/jakarta-logo.gif HTTP/1.1

[24/Apr/2006:19:09:15 +0200] - 127.0.0.1 HTTP/1.1 304 -
GET /tomcat-docs/images/tomcat.gif HTTP/1.1

[24/Apr/2006:19:09:15 +0200] - 127.0.0.1 HTTP/1.1 304 -
GET /tomcat-docs/images/printer.gif HTTP/1.1
```

JDBCAccessLogValve

Ce filtre permet d'écrire le journal des accès dans une base de données.
Voici ses attributs :

`connectionURL` : format de l'URL de connexion à la base de données, spécifiquement au pilote JDBC d'accès à la base utilisée.

`driverName` : le nom de la classe du pilote JDBC d'accès à la base de données.

`resolveHosts` : permet de remplacer l'adresse IP du client par son nom de machine, si cet attribut vaut `true`.

`pattern` : le format des entrées du journal d'accès, les seules valeurs possibles sont les modèles `common` et `combined` utilisés avec **AccessLogValve**. La valeur par défaut est `common`.

`tableName` : le nom de la table de la base de données dans laquelle sont écrites les entrées du journal d'accès.

Exemple de mise en œuvre :

*La configuration dans le fichier **server.xml** :*

```
<Engine ... >
   ...
   <Valve className="org.apache.catalina.valves.JDBCAccessLogValve"
          connectionURL="jdbc:mysql://localhost:3306/ritomcat6?
          user=root&amp;password=secret"
          driverName="com.mysql.jdbc.Driver" tableName="AccessLog"
          resolveHosts="false" pattern="common" />

   ...
</Engine>
```

Cet exemple utilise la base de données MySQL 5. Se reporter à l'annexe A pour plus d'informations sur l'installation et la configuration de MySQL 5 et de ses outils.

*Le script SQL de création de la base de données et de la table, enregistré sous **C:\scripts\ritomcat.sql** :*

```
CREATE DATABASE `ritomcat` ;

USE `ritomcat` ;

CREATE TABLE `ritomcat`.`AccessLog` (
 `id` INTEGER UNSIGNED NOT NULL AUTO_INCREMENT,
 `remoteHost` CHAR(15) NOT NULL DEFAULT '',
 `user` CHAR(15),
 `timestamp` TIMESTAMP NOT NULL DEFAULT 0,
 `query` VARCHAR(255) NOT NULL DEFAULT '',
 `status` INTEGER UNSIGNED NOT NULL DEFAULT 0,
```

```
 `bytes` INTEGER UNSIGNED NOT NULL DEFAULT 0,
 `referer` VARCHAR(128),
 `userAgent` VARCHAR(128),
 PRIMARY KEY(`id`)
) ENGINE=InnoDB DEFAULT CHARSET=latin1;
```

Pour exécuter ce script, ouvrir une invite de commande et depuis le répertoire qui contient le script saisir la commande :

```
mysql -u root -p  C:\scripts\ritomcat.sql
```

Le mot de passe du compte administrateur de MySQL 5 (**root**) est demandé. Il est également possible d'utiliser l'outil **MySQL Query Browser** : choisir le menu **File - Open script...**, choisir le fichier et cliquer sur le bouton **Execute**.

Pour créer la base de données et les tables sans utiliser le script, c'est **MySQL Administrator** qu'il faut utiliser.

*Structure de la table dans l'outil **MySQL Administrator** :*

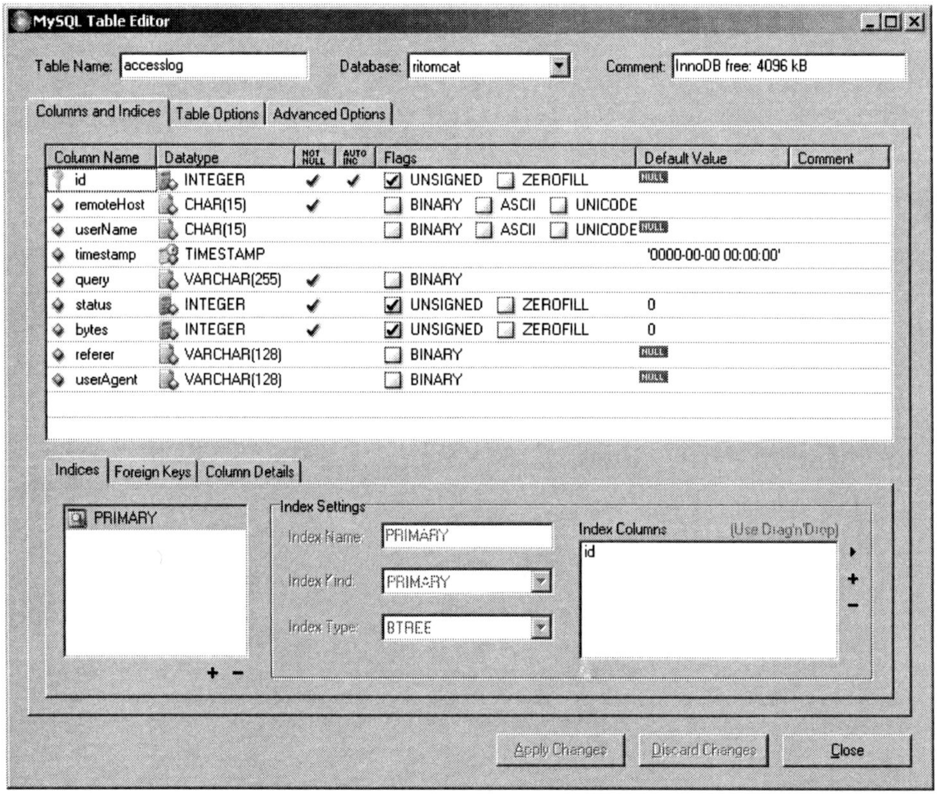

*Après un accès à l'URL **http://localhost:8080/docs**, voici le contenu de la base de données affiché dans l'outil **MySQL Query Browser** :*

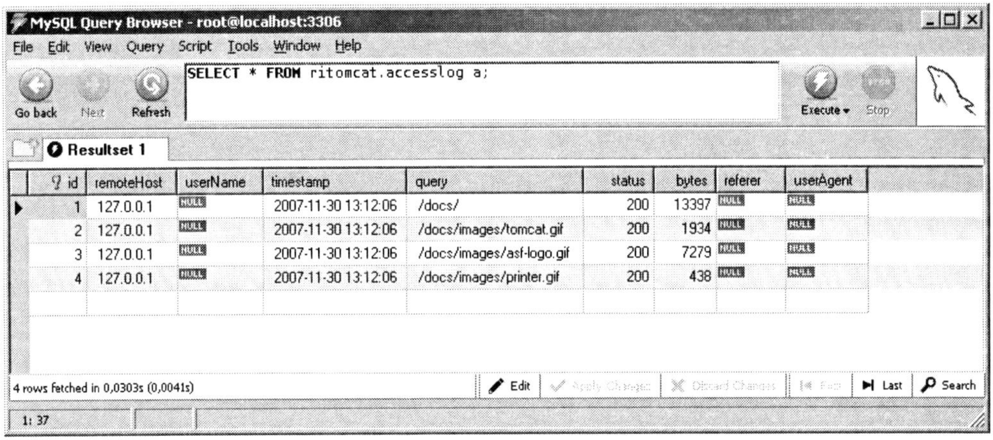

La structure de la table utilise le nom des champs par défaut attendus par la configuration de **JDBCAccessLogValve**. Il est cependant possible de spécifier ses propres valeurs de champs, mais il faudra ajouter des attributs de configuration supplémentaire sur l'élément `<Valve>` pour y faire référence. Voici la liste de ces attributs, ainsi qu'un rappel de leurs valeurs par défaut qui ont été utilisées dans l'exemple précédent :

- `bytesField` : valeur par défaut `bytes`.
- `queryField` : valeur par défaut `query`.
- `refererField` : valeur par défaut `referer`.
- `remoteHostField` : valeur par défaut `remoteHost`.
- `statusField` : valeur par défaut `status`.
- `timestampField` : valeur par défaut `timestamp`.
- `userField` : valeur par défaut `user`.
- `userAgentField` : valeur par défaut `userAgent`.

RemoteAddrValve et RemoteHostValve

Les filtres **RemoteAddrValve** et **RemoteHostValve** permettent de restreindre les accès au serveur, à un hôte, ou à une application en fonction de l'élément sur lequel il est positionné. **RemoteAddrValve** permet une restriction en fonction d'adresses IP, et **RemoteHostValve** en fonction de noms d'hôtes.

Le détail du fonctionnement de ces deux filtres est donné dans le chapitre La sécurité du serveur et des applications de cet ouvrage.

RequestDumperValve

Ce filtre est très intéressant pour le débogage et la résolution de problème puisqu'il permet d'écrire le contenu complet de la requête d'un client dans le journal associé à l'application qui reçoit la requête. Le seul attribut pour ce filtre est `className`.

Exemple

```
<Valve className="org.apache.catalina.valves.RequestDumperValve" />
```

Le fichier journal qui est associé à l'élément contenant ce filtre contient toutes les informations transmises dans la requête. Ce filtre est très pratique pour déterminer les problèmes liés à l'interaction entre un client et le serveur Tomcat 7. Attention, ce filtre remplit les fichiers journaux très rapidement.

SingleSignOn

Ce filtre permet d'implémenter le mécanisme d'authentification unique entre toutes les applications d'un hôte.

La mise en œuvre de ce filtre est décrite en détail dans le chapitre La sécurité du serveur et des applications concernant la sécurité.

I. L'élément <Listener>

L'élément de configuration `<Listener>` permet de définir un écouteur d'événements sur les éléments `<Server>`, `<Host>` ou `<Engine>`. Leur définition permet d'obtenir des informations sur le fonctionnement interne du serveur permettant ainsi sa supervision. Cet élément ne dispose que d'un seul attribut de configuration obligatoire, c'est `className`. Un écouteur d'événements est en fait une classe Java, c'est cette classe qui doit être référencée par `className`.

La configuration par défaut de Tomcat 7 contient deux écouteurs d'événements définis sur l'élément `<Server>`, ils permettent la supervision globale du serveur, ainsi que des ressources JNDI configurées dans celui-ci. Les éléments `<Listener>` par défaut de Tomcat 7 créent des ressources appelées **MBeans** qui sont des objets de supervision utilisés par l'API Java **JMX** (*Java Management Extension*). L'utilisation de **JMX** et des `<Listener>` est détaillée dans le chapitre Analyse et supervision.

Les écouteurs d'événements par défaut de Tomcat 7 :

```
<Server port="8005"shutdown="SHUTDOWN">
  <Listener
     className="org.apache.catalina.mbeans.ServerLifecycleListener"
  />
  <Listener
    className=
       "org.apache.catalina.mbeans.GlobalResourcesLifecycleListener"
 />
```

Il est possible de développer ses propres écouteurs d'événements en se basant sur un modèle fourni par Tomcat 7 (l'interface Java `org.apache.catalina.LifecycleListener`).

C. Les autres fichiers de configuration

En complément du fichier server.xml, Tomcat 7 utilise trois autres fichiers de configuration : **tomcat-users.xml**, **catalina.policy** et **web.xml**. Ils se situent tous les trois dans le répertoire **CATALINA_HOME/conf**, les deux premiers sont relatifs à la sécurité du serveur, le dernier quant à lui, définit des valeurs par défaut utilisées par les applications Web déployées dans le serveur.

1. Le fichier web.xml

Un fichier **web.xml** est un descripteur de déploiement d'application Web Java EE, il contient la configuration d'une application ainsi que des informations aidant le serveur à en faire l'installation. Le fichier **CATALINA_HOME/conf/web.xml** définit des paramètres de configuration utilisés par toutes les applications Web installées dans Tomcat 7, sauf si ces applications fournissent une configuration différente dans leur propre fichier **web.xml**.

Les modifications faites au contenu de ce fichier ont un impact sur toutes les applications installées dans le serveur, aussi, il faut être très vigilant lors de l'édition de ce fichier, une erreur de saisie pourrait avoir de graves conséquences. Le fait de fournir ces préférences par défaut dans ce fichier est un choix très pertinent de la part des concepteurs de Tomcat, puisqu'il possède la même syntaxe qu'un descripteur de déploiement d'application Web, ainsi, son contenu est facilement compréhensible pour les personnes habituées à travailler avec ce type de fichier.

Ce fichier de configuration commence par la déclaration de servlets spécifiques à Tomcat 7.

La première de ces servlets est appelée **DefaultServlet**, elle a pour responsabilité de servir les ressources statiques des applications Web telles que les pages HTML, images, etc. La servlet **DefaultServlet** possède un paramètre de configuration, `listings`, qui permet d'autoriser ou non l'affichage du contenu d'un répertoire si aucune page par défaut n'est configurée pour l'application contactée, ce qui est le cas par défaut.

*Déclaration de la servlet **DefaultServlet** :*

```
<servlet>
   <servlet-name>default</servlet-name>
   <servlet-class>
     org.apache.catalina.servlets.DefaultServlet
   </servlet-class>
   <init-param>
      <param-name>debug</param-name>
      <param-value>0</param-value>
   </init-param>
   <init-param>
      <param-name>listings</param-name>
      <param-value>true</param-value>
   </init-param>
   <load-on-startup>1</load-on-startup>
</servlet>
```

La deuxième servlet est la servlet **InvokerServlet**, elle permet de lancer l'exécution d'une servlet simplement à partir de sa classe Java et d'une URL associée ayant la syntaxe **http://<serveur>/<application>/servlet/<nom de classe de servlet>**. Ce mécanisme est désactivé par défaut (la déclaration est en commentaire) pour des raisons de sécurité, mais il peut être réactivé pour des besoins de tests ou de développement.

*Déclaration de la servlet **InvokerServlet** :*

```
<!--
<servlet>
   <servlet-name>invoker</servlet-name>
   <servlet-class>
      org.apache.catalina.servlets.InvokerServlet
   </servlet-class>
```

```
    <init-param>
        <param-name>debug</param-name>
        <param-value>0</param-value>
    </init-param>
    <load-on-startup>2</load-on-startup>
</servlet>
-->
```

Enfin, la troisième servlet est la **JspServlet**, c'est elle qui est responsable de la transformation des pages JSP en servlet, ainsi que de leur exécution, elle possède beaucoup de paramètres de configuration qui peuvent être ajoutés afin d'optimiser ce processus.

*Déclaration de la servlet **InvokerServlet** :*

```
<servlet>
    <servlet-name>jsp</servlet-name>
    <servlet-class>
        org.apache.jasper.servlet.JspServlet
    </servlet-class>
    <init-param>
        <param-name>fork</param-name>
        <param-value>false</param-value>
    </init-param>
    <init-param>
        <param-name>xpoweredBy</param-name>
        <param-value>false</param-value>
    </init-param>
    <load-on-startup>3</load-on-startup>
</servlet>
```

La suite de ce fichier contient les associations entre les URL et les servlets. Il s'agit de définir les URL traitées par ces servlets.

La servlet **InvokerServlet**, par exemple, traitera toutes les URL de la forme `/servlet/*`, pour pouvoir appeler les classes à partir de leur nom. C'est la présence de ce motif dans l'URL qui déclenchera l'appel de cette servlet, et la prise en charge par celle-ci de la requête.

*Association pour **InvokerServlet** :*

```
<!-- The mapping for the invoker servlet -->
<!--
<servlet-mapping>
```

```
    <servlet-name>invoker</servlet-name>
    <url-pattern>/servlet/*</url-pattern>
</servlet-mapping>
-->
```

La servlet **JspServlet** est associée au motif ***.jsp**, ce qui est normal puisqu'elle doit traiter et exécuter toutes les JSP des applications. À noter également que le motif ***.jspx** est également associé à la **JspServlet**, et qu'il est tout à fait possible de rajouter d'autres motifs personnalisés.

*Association pour **JSPServlet** :*

```
<!-- The mapping for the JSP servlet -->
<servlet-mapping>
    <servlet-name>jsp</servlet-name>
    <url-pattern>*.jsp</url-pattern>
</servlet-mapping>
<servlet-mapping>
    <servlet-name>jsp</servlet-name>
    <url-pattern>*.jspx</url-pattern>
</servlet-mapping>
```

La section suivante du fichier **web.xml** concerne la valeur par défaut pour l'expiration des sessions, la spécification Java EE définit une valeur par défaut de 30 minutes, et Tomcat 7 ne déroge pas à la règle. Cette valeur peut être modifiée et elle sera utilisée par toutes les applications Web du serveur qui ne redéfinissent pas explicitement cette valeur dans leur propre fichier **web.xml**.

Paramètre d'expiration des sessions :

```
<session-config>
   <session-timeout>30</session-timeout>
</session-config>
```

La section suivante du fichier définit les associations entre les types de fichiers et leurs extensions. Ceci a pour effet de renseigner un en-tête HTTP avec l'indication du type de ce fichier dans la réponse renvoyée au client. Grâce à cette information, le navigateur Web sait quel programme utiliser pour ouvrir ce fichier.

Définition des types de fichiers :

```
<mime-mapping>
   <extension>abs</extension>
   <mime-type>audio/x-mpeg</mime-type>
</mime-mapping>
<!-- Beaucoup d'autres associations... -->
<mime-mapping>
    <extension>zip</extension>
    <mime-type>application/zip</mime-type>
</mime-mapping>
```

Enfin, la dernière partie de ce fichier permet de configurer les pages d'accueil par défaut utilisées par les applications. Si une requête vers une application ne fait pas mention d'une ressource particulière, alors Tomcat 7 cherche une de ces pages dans le répertoire de cette application, la première trouvée est la première renvoyée au client. Si aucune page n'est trouvée, alors Tomcat 7 peut, selon la valeur du paramètre `listings` de la servlet **DefaultServlet**, afficher un message d'erreur, ou le contenu du répertoire de base de l'application.

Encore une fois, les applications sont susceptibles de modifier individuellement ce paramètre dans leur propre fichier web.xml.

Définition des pages d'accueil par défaut :

```
<welcome-file-list>
   <welcome-file>index.html</welcome-file>
   <welcome-file>index.htm</welcome-file>
   <welcome-file>index.jsp</welcome-file>
</welcome-file-list>
```

2. Le fichier tomcat-users.xml

Ce fichier est utilisé pour le mécanisme d'authentification par défaut de Tomcat 7. En effet, Tomcat 7 est fourni avec une configuration qui fait intervenir un gestionnaire d'authentification, un élément `<Realm>`, de type **MemoryRealm**. Ce gestionnaire d'authentification est associé au fichier **tomcat-users.xml** qui contient les définitions de noms d'utilisateur, de mots de passe et des rôles. Les applications de gestion de Tomcat 7, le manager et la console d'administration Web, utilisent ce fichier pour l'authentification.

Le fichier **tomcat-users.xml** contient deux types d'entrées, les entrées pour la définition des rôles, et les entrées pour la définition des utilisateurs.

L'application **manager** de Tomcat 7 n'est accessible que par les utilisateurs possédant le rôle `manager`, ce rôle est donc déclaré dans ce fichier. Ensuite, un utilisateur est configuré avec un nom et un mot de passe, puis il est associé au rôle `manager`, c'est l'utilisateur `admin`.

Voici donc le fichier **tomcat-users.xml** personnalisé avec ces entrées :

```
<?xml version='1.0' encoding='utf-8'?>
<tomcat-users>
    <role rolename="manager"/>
    <user username="admin" password="secret" roles="manager "/>
</tomcat-users>
```

Ce fichier peut être modifié pour y ajouter des rôles spécifiques à des applications supplémentaires et les utilisateurs associés, mais dans un environnement de production, il est préférable de remplacer ce mécanisme par une authentification basée sur un service d'annuaire LDAP ou une base de données, ce type de configuration est étudié au chapitre La sécurité du serveur et des applications.

3. Le fichier catalina.policy

Un des rôles de la machine virtuelle Java est d'assurer la sécurité des applications et du système d'exploitation sur lequel elles s'exécutent par un mécanisme interne appelé **gestionnaire de sécurité** (*SecurityManager*). Ce gestionnaire de sécurité permet de gérer des autorisations d'accès aux différentes ressources qu'un programme Java pourrait utiliser.

Par défaut, l'exécution de Tomcat 7 se fait sans gestionnaire de sécurité, c'est-à-dire que les applications Web déployées dans le serveur peuvent déclencher tout type d'actions, comme lire et écrire des fichiers, lancer des programmes, ouvrir des flux réseau, et même arrêter la machine virtuelle Java...

Pour démarrer Tomcat 7 en mode sécurisé, il suffit de lancer le serveur avec l'option **–security** sur le script **startup.bat** ou **startup.sh**, le gestionnaire de sécurité est activé, et tout ce qui n'est pas explicitement autorisé dans le fichier **catalina.policy**, est interdit. Le chapitre La sécurité du serveur et des applications revient plus en détail sur la configuration du gestionnaire de sécurité, et sur le format de ce fichier.

D. Configuration de ressources

La plate-forme Java EE propose un ensemble d'API de services mis en œuvre par un serveur d'applications, tels que l'accès aux bases de données ou encore la connectivité à des serveurs de messagerie électronique. Les ressources rendues disponibles par le serveur sont ensuite directement exploitables par les applications déployées dans ce serveur.

La configuration de ces ressources dans un serveur d'applications utilise un service particulier appelé service de nommage. Le principe du service de nommage est de proposer une structure pour organiser et nommer ces ressources, et de fournir un mécanisme de recherche de ces ressources pour les applications qui doivent les utiliser. Un service de nommage est mis en œuvre grâce à l'API JNDI.

JNDI est une API de service Java EE qui permet de fournir un mécanisme de recherche d'informations, en plus d'implémenter ce service de nommage de ressources, JNDI permet également la recherche d'informations dans des structures d'annuaires telles que les annuaires LDAP, ou les annuaires NIS (*Network Information Service*) sous UNIX. Le mécanisme de recherche implémenté dans les applications est indépendant de la structure dans laquelle la recherche se fait, la passerelle étant assurée par un pilote d'accès à un service de nommage ou d'annuaire particulier.

Tomcat 7 offre un support complet de l'API JNDI, permettant d'abord un enregistrement des ressources configurées via le fichier **server.xml**, mais également en fournissant une interface de recherche de ces ressources pour les applications.

Liaison et recherche JNDI

Lors de la configuration d'une ressource, l'administrateur du serveur fournit un nom pour cette ressource, appelé nom JNDI, cette opération est appelée liaison JNDI. Une fois la ressource configurée et nommée, elle est disponible à la recherche pour les applications. La recherche se fait en deux étapes : d'abord l'application obtient le point de départ du service de nommage JNDI appelé contexte initial JNDI, puis elle recherche la ressource qu'elle veut obtenir à partir de son nom JNDI, la ressource recherchée est obtenue sous forme d'un objet Java qui peut être maintenant manipulé par l'application.

Un service de nommage JNDI se présente sous forme d'une arborescence de ressources, le point de départ étant le contexte initial JNDI. Il est possible d'enregistrer les ressources directement à la racine du contexte initial, ou bien d'utiliser des sous-niveaux hiérarchiques, certains sont très courants comme par exemple **jdbc/** ou encore **mail/**.

Tomcat 7 utilise plusieurs éléments de configuration pour déclarer les ressources JNDI, notamment les éléments `<Resource>` et `<ResourceLink>`. Ces éléments peuvent être déclarés en tant qu'éléments enfants de `<GlobalNamingResources>`, `<Context>` du fichier **server.xml**, mais également en tant qu'éléments enfants du contexte par défaut, tout dépend de la visibilité que l'administrateur veut donner à ces ressources.

1. Visibilité et portée des ressources

Les ressources JNDI de Tomcat 7 peuvent être configurées à trois niveaux de portée différents. Elles sont disponibles soit pour :

- une seule et unique application, si elles sont déclarées dans un élément `<Context>`,
- l'ensemble des applications d'un hôte, si elles sont déclarées dans le contexte par défaut,
- tout le serveur, si elles sont configurées dans l'élément `<GlobalNamingResources>`.

Une ressource est déclarée avec l'élément de configuration `<Resource>`, dans le cas où cette déclaration se fait dans un élément `<Context>` ou le contexte par défaut, la ressource en question est directement visible par la ou les applications qui doivent utiliser le nom JNDI de cette ressource. Par contre, si cette déclaration se fait dans l'élément `<GlobalNamingResources>`, cette ressource n'est visible que par le serveur Tomcat 7 et il faudra la rendre explicitement visible pour une ou plusieurs applications en réalisant un lien vers cette ressource globale grâce à l'élément `<ResourceLink>`, c'est le nom JNDI de ce lien qui est utilisé par l'application.

Exemple

Déclaration d'une ressource globale, et d'un lien pour une application. L'application utilisera le nom local, c'est-à-dire ici `maRessourceLocale`.

```
<Server ... >
   <GlobalNamingResources>
     <!-- Déclaration d'une ressource globale -->
     <Resource name="maRessource" ... />
  </GlobalNamingResources>
  ...
  <Host ... >
     <Context ... >
     <!-- Déclaration d'un lien sur la ressource globale -->
    <ResourceLink name="maRessourceLocale"
                  global="maRessource" ... />
     </Context>
   </Host>
   ...
</Server>
```

Cette méthode est celle qui est aujourd'hui préconisée, et ce pour deux raisons. D'abord, l'élément `<GlobalNamingResources>` est dédié à accueillir les ressources JNDI, elles sont de ce fait centralisées. L'autre raison est que l'utilisation de ce mécanisme permet à l'application de ne pas imposer le nom JNDI de la ressource. En effet, l'application utilise le nom JNDI pour la recherche, ce nom est en fait celui de l'élément `<ResourceLink>` qui n'est utilisable que par cette application, le nom réel de la ressource peut être choisi par l'administrateur.

Les attributs obligatoires de l'élément `<Resource>` sont :

`name` : le nom JNDI à donner à cette ressource.

`type` : le type de donnée Java de cette ressource.

L'attribut facultatif `description` peut être utilisé pour décrire la ressource et son mode de fonctionnement par exemple.

L'attribut `auth` peut également être ajouté pour indiquer le mode d'authentification utilisé pour l'accès à cette ressource, si elle référence une base de données, par exemple, il peut être nécessaire de fournir un identifiant et un mot de passe. Si `auth` vaut `Container`, alors la configuration dans le serveur doit faire mention de ces données d'authentification, sinon `auth` vaut `Application` et c'est l'application qui doit fournir ces informations.

Exemple

La ressource `UserDatabase` *fait référence au fichier* ***tomcat-users.xml.***

```
<Resource name="UserDatabase" auth="Container"
          type="org.apache.catalina.UserDatabase"
          description="User database that can be updated and saved">
    ...
</Resource>
```

L'élément `<Resource>` seul n'est pas suffisant pour configurer une ressource, il faut également préciser des paramètres de configuration : dans l'exemple ci-dessus, un paramètre devrait faire référence au fichier **tomcat-users.xml**, et dans le cas d'une configuration d'accès à une base de données, il faut pouvoir fournir les paramètres d'accès à cette base (nom d'hôte, port...).

Exemple de déclaration d'une ressource :

```
<GlobalNamingResources>
...
    <Resource
       name="UserDatabase" auth="Container"
       type="org.apache.catalina.UserDatabase"
       factory="org.apache.catalina.users.MemoryUserDatabaseFactory"
       pathname="conf/tomcat-users.xml" />
</GlobalNamingResources>
```

Avec Tomcat 7, les paramètres sont donnés sous forme d'attributs supplémentaires sur l'élément `<Resource>`, le nom de l'attribut étant le nom du paramètre, et la valeur de l'attribut, la valeur du paramètre.

2. Pools de connexion et DataSource JDBC

La connectivité aux bases de données

La connexion aux bases de données en Java se fait grâce à l'API JDBC. Dans le principe, JDBC permet d'écrire des applications indépendamment de la base de données utilisée. JDBC nécessite donc d'utiliser une passerelle entre le programme et la base de données, le **pilote JDBC**.

Il existe plusieurs type de pilote JDBC, et ce pour la majorité des bases de données sur le marché.

Les pilotes de **type 1** sont des passerelles entre JDBC et ODBC (*Open DataBase Connectivity*) des systèmes Microsoft Windows. L'accès à la base de données par le programme se fait grâce à la partie Java du pilote JDBC, puis la configuration ODBC de Windows, les bibliothèques spécifiques ODBC, et enfin la base de données. Le grand nombre de couches logicielles traversées fait que les performances ne sont pas au rendez-vous !

Les pilotes de **type 2** sont des pilotes développés en utilisant à la fois les technologies Java et des librairies natives (donc dépendantes du système d'exploitation, comme des fichiers DLL, par exemple) pour se connecter à la base de données. La portabilité de ce type de pilote n'est pas possible entre les systèmes d'exploitation.

Les pilotes de **type 3** sont exclusivement développés en Java, mais ne peuvent pas se connecter directement à la base de données, ils utilisent un logiciel intermédiaire appelé middleware de base de données, qu'il faut installer, configurer et maintenir.

Enfin, les pilotes de **type 4** sont également exclusivement développés en Java, mais peuvent se connecter directement à la base de données : ils ne nécessitent rien de plus que le code qu'ils contiennent. Les avantages sont multiples, d'abord, le nombre de couches utilisées est réduit à son minimum, les appels vers la base de données sont donc plus rapides. De plus, étant 100% Java, ils sont totalement portables entre les architectures matérielles et les systèmes d'exploitation.

Les étapes de programmation pour l'écriture d'une application Java qui utilise JDBC sont les suivantes :

- Obtenir une connexion au serveur de base de données.
- Créer et préparer une requête SQL.
- Exécuter la requête SQL.
- Récupérer le jeu d'enregistrement (en cas de requête d'interrogation).
- Fermer la connexion au serveur de base de données.

Le pooling de connexion JDBC

Dans le cas des applications de type client/serveur chaque besoin de consultation des données dans la base nécessite la création d'une connexion. Ce mode de fonctionnement est très inadapté aux applications Web car les besoins de connexion sont plus fréquents, et le nombre de clients peut être beaucoup plus important. Enfin, la création des connexions à la demande est une opération très coûteuse en temps et en ressources processeur et mémoire.

Pour augmenter les performances et diminuer les temps de réponse, les applications Java EE utilisent un mécanisme du serveur d'applications appelé pooling de connexion, permettant de mieux gérer les connexions que par les applications directement.

Un pool de connexion JDBC est un service configurable d'un serveur d'applications qui rend disponible des connexions à une base de données, et qui est responsable de leur création et de leur éventuelle destruction, il est enregistré en tant que service JNDI du serveur.

L'utilisation d'un pool de connexion possède plusieurs avantages : d'abord, les applications n'ont plus la responsabilité de créer et de détruire les connexions, car c'est le serveur d'applications qui s'en charge, puis les connexions ne sont pas détruites à la fin de leur utilisation, elles sont renvoyées dans le pool de connexions pour être réutilisées. Ensuite, l'abstraction de l'application par rapport à la base de données est encore plus forte puisque si cette dernière change, c'est la configuration du pool de connexion qui est à modifier. Enfin, un même pool de connexion est utilisable par plusieurs applications simultanément, et le nombre de connexions qu'il rend disponible est facilement paramétrable.

Pour obtenir une connexion à la base, l'application doit :

- localiser le pool de connexion en faisant une recherche JNDI ;
- demander une connexion dans le pool.

Mécanisme d'interaction entre une application et un pool de connexion JDBC :

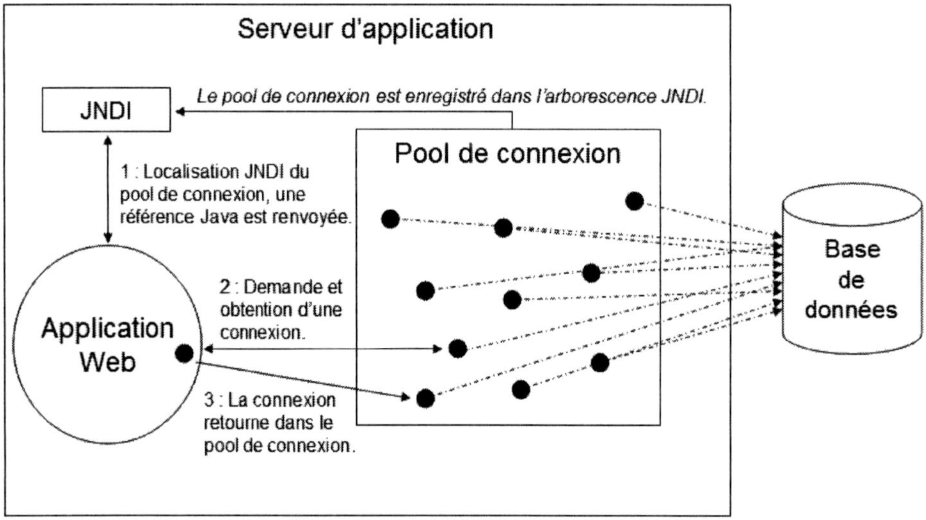

Configuration d'un pool de connexion JDBC avec Tomcat 7

Le mécanisme de pool de connexion JDBC de Tomcat 7 est basé sur la bibliothèque **commons-dbcp** du projet Jakarta.

Le pré-requis nécessaire au bon fonctionnement de ce système est la disponibilité d'un pilote JDBC pour la base de données à utiliser. Selon le type du pilote JDBC, sa procédure d'installation peut varier, mais aujourd'hui, la majorité des pilotes sont de type 4, et leur installation est aussi simple que de copier les fichiers **.jar** dont ils sont constitués dans le répertoire **CATALINA_HOME/lib** de Tomcat 7.

Pour pouvoir configurer un pool de connexion JDBC, il faut deux informations importantes, d'abord, le nom de la classe Java principale du pilote JDBC, et ensuite l'URL d'accès à la base de données. Ces informations sont différentes d'un pilote JDBC à un autre, et le seul moyen d'obtenir ces informations est de consulter la documentation du pilote JDBC.

La configuration d'un pool de connexion JDBC dans Tomcat 7 met en œuvre l'élément de configuration `<Resource>`. Cet élément requiert, parmi ses attributs, celui qui fait référence au type Java de la ressource qui est configurée. Le type Java d'un pool de connexion JDBC est **javax.sql.DataSource**.

En plus des attributs `name`, `auth`, et `type`, obligatoires pour `<Resource>`, il faut indiquer les quatre informations suivantes :

- Le nom de la classe Java du pilote JDBC (`driverClassName`) ;
- L'URL de connexion à la base de données (`url`) ;
- Le nom d'utilisateur (`username`) et le mot de passe associé (`password`), pour se connecter à la base.

Des informations de dimensionnement et fonctionnement interne du pool de connexions JDBC sont également disponibles, voici les principales :

`initialSize` : le nombre de connexions présentes dans le pool de connexions JDBC au démarrage de Tomcat 7. La valeur par défaut est `0`.

`maxActive` : définit le nombre maximum de connexions qui peuvent être actives simultanément dans le pool. La valeur par défaut est `8`.

`maxIdle` : définit le nombre maximum de connexions en attente dans le pool. La valeur par défaut est `8`.

`minIdle` : définit le nombre minimum de connexions en attente dans le pool. La valeur par défaut est `0`.

maxWait : le temps d'attente, exprimé en millisecondes, avant que le pool ne renvoie une erreur dans la mesure où si une connexion est demandée mais aucune n'est disponible. La valeur par défaut correspond à un temps d'attente indéfini.

Ces informations de dimensionnement du pool permettent d'augmenter les performances des applications qui utilisent ce pool. Le fait de définir une valeur maximum et minimum de connexions en attente, permet d'avoir un lot de connexions toujours disponibles pour les applications. Le nombre total maximum de connexions doit prendre en compte les capacités de la base de données à traiter ce nombre de connexions, ainsi que des considérations de licences...

En utilisant une connexion d'un pool, une application Web doit explicitement fermer les ressources lorsqu'elle a terminé de travailler, la fermeture de ces ressources provoque le retour de la connexion dans le pool. Si une application ne ferme pas ces ressources, à cause d'une erreur dans le code ou tout simplement par oubli de la part du programmeur, alors elle est conservée par l'application et ne retourne pas dans le pool, jusqu'à vidage complet de celui-ci.

Pour remédier à ce problème, trois paramètres de configuration permettent de forcer le retour des connexions inutilisées vers le pool.

removeAbandoned : permet d'activer ce mécanisme de nettoyage des connexions inutilisées. La valeur par défaut est true.

removeAbandonedTimeout : le temps, exprimé en secondes, au bout duquel une connexion maintenue par une application, est considérée comme inutilisée. Le délai par défaut est 300.

logAbandoned : permet d'écrire une trace des nettoyages dans les fichiers journaux de Tomcat 7. La valeur par défaut est false.

Mise en œuvre

Pour illustrer ce fonctionnement, voici la configuration complète pour une application simple qui affiche une liste d'employés dans un navigateur Web.

La base de données utilisée est MySQL 5, le nom de la base est **demo**, elle possède une table **employe** dont voici la structure :

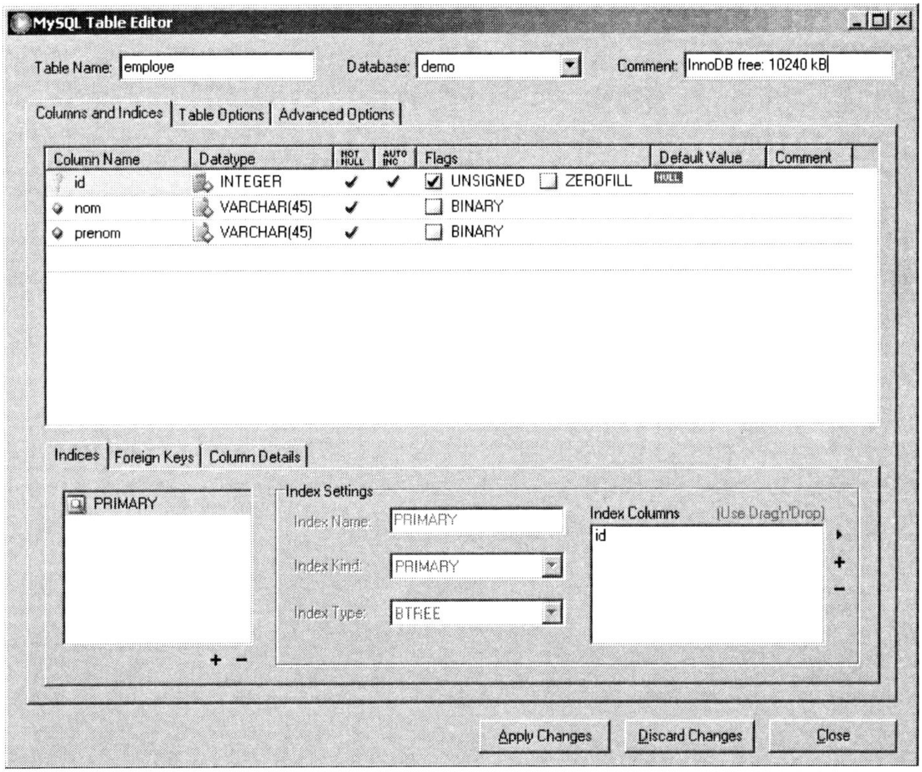

La configuration du pool de connexion JDBC pour l'accès à cette base est la suivante (dans le fichier **server.xml**).

Configuration :

```
<Server ... >
   <GlobalNamingResources>
      <Resource name="jdbc/GlobalDemo"
                type="javax.sql.DataSource"
                auth="Container"
                driverClassName="com.mysql.jdbc.Driver"
                url="jdbc:mysql://localhost:3306/demo"
                username="root" password="secret" />
   </GlobalNamingResources>
   <Service ... >
```

```
        <Engine ... >
           <Host ... >
              <!-- L'application qui utilise le pool de connexion -->
              <Context path="/ListeEmployes" docBase="ListeEmployes">
                 <ResourceLink name="jdbc/demo"
                               global="jdbc/GlobalDemo"
                               type="javax.sql.DataSource" />
              </Context>
           </Host>
        </Engine>
     </Service>
</Server>
```

Avant de pouvoir tester la configuration, il faut s'assurer que le pilote JDBC pour MySQL 5 est présent dans le répertoire **CATALINA_HOME/lib**.

Le pilote JDBC pour MySQL 5 est librement téléchargeable sur le site **http://www.mysql.com** et se nomme **mysql-connector-java-x.y.z-bin.jar**, ou x.y.z correspond au numéro de version du pilote, la version actuelle étant la **5.1.13**.

Le résultat affiché dans la fenêtre du navigateur :

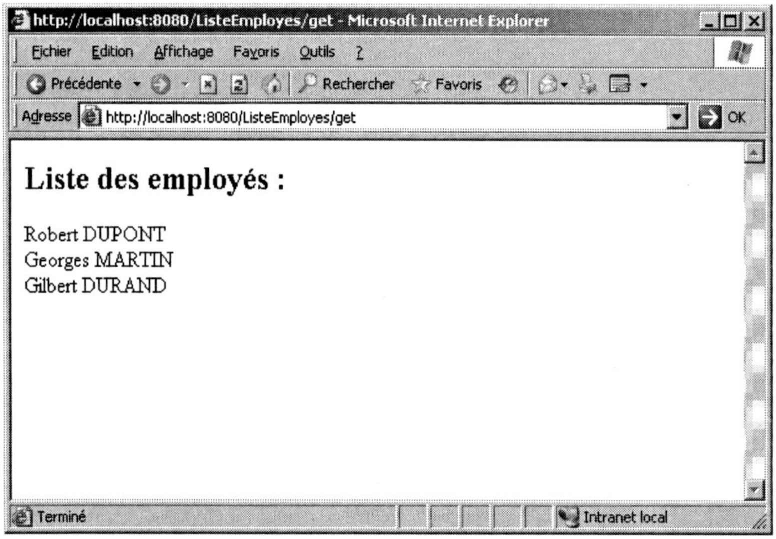

L'application contient une servlet qui procède d'abord à une localisation JNDI du pool de connexion, qui demande une connexion, puis qui exploite cette connexion pour interroger la base de données, pour finalement afficher la liste des employés vers le navigateur.

Localisation JNDI et récupération d'une connexion dans la servlet :

```
// Localisation JNDI...
Context initialContext = new InitialContext();
Context localContext = (Context)
   initialContext.lookup("java:comp/env/");

DataSource ds = (DataSource) localContext.lookup("jdbc/demo");
// Récupération d'une connexion...
Connection c = ds.getConnection();
```

*Déclaration de la ressource dans le descripteur de déploiement **web.xml** :*

```
...
<resource-ref>
   <res-ref-name>jdbc/demo</res-ref-name>
   <res-type>javax.sql.DataSource</res-type>
   <res-auth>Container</res-auth>
</resource-ref>
...
```

Il existe d'autres paramètres de configuration pour le gestionnaire de pool de connexion JDBC **Jakarta DBCP**.
Pour plus d'informations, voir l'url suivante :
http://jakarta.apache.org/commons/dbcp

3. Sessions JavaMail

JavaMail est l'API standard Java EE pour la création, l'envoi et la réception de messages électroniques. Tout comme JDBC ou JNDI, JavaMail permet d'écrire des programmes en restant indépendant du système sous-jacent.

L'implémentation par défaut de JavaMail supporte les protocoles de base de la messagerie électronique : SMTP, POP3 et IMAP4, des extensions peuvent être ajoutées pour supporter d'autres protocoles propriétaires.

Le support de JavaMail dans un serveur d'applications Java EE est généralement fourni sous la forme de sessions JavaMail configurées en tant que ressources JNDI. Une session JavaMail encapsule toutes les informations de configuration nécessaires à la connectivité avec un serveur de messagerie électronique. Une session JavaMail est un objet de type **javax.mail.Session**.

Une application Web Java EE peut tout à fait envoyer un message électronique en récupérant la session JavaMail dans le serveur, puis en composant et en envoyant le message.

Les bibliothèques de l'API JavaMail ne sont pas présentes par défaut dans le serveur Tomcat 7, il faudra donc les télécharger, puis les installer.

L'utilisation de JavaMail nécessite deux API, d'abord JavaMail, mais également **JAF** (*Java Activation Framework*) qui est une extension nécessaire à JavaMail.

JavaMail est disponible à l'adresse **http://java.sun.com/products/javamail/**

JAF est disponible à l'adresse **http://java.sun.com/products/javabeans/jaf/**

Une fois ces deux API téléchargées, il faut extraire le contenu des fichiers ZIP et copier les fichiers **mail.jar** (JavaMail) et **activation.jar** (JAF) dans le répertoire **CATALINA_HOME/lib**.

La configuration d'une session JavaMail dans Tomcat 7 se fait également grâce à l'élément `<Resource>` et ses attributs `name`, `auth` et `type`, dans ce cas `type` vaudra `javax.mail.Session`.

D'autres informations peuvent être nécessaires, ce sont toutes celles qui permettent la configuration de l'accès au serveur de messagerie. Elles sont fournies sous forme d'attributs de configuration supplémentaires sur `<Resource>`.

Ces informations de configuration sont les suivantes :

`mail.transport.protocol` : le protocole de messagerie à utiliser. Par défaut `SMTP`.

`mail.smtp.host` : le nom d'hôte du serveur de messagerie à utiliser. Par défaut, `localhost`.

`mail.smtp.port` : le port du serveur de messagerie, en fonction du protocole. Par défaut la valeur est `25`.

`mail.smtp.auth` : indique si le serveur de messagerie utilisé nécessite une authentification ou pas. La valeur par défaut est `false`.

`mail.smtp.user` : le nom d'utilisateur si une authentification est nécessaire. Il n'y a pas de valeur par défaut.

`mail.smtp.password` : le mot de passe si une authentification est nécessaire. Il n'y a pas de valeur par défaut.

Exemple de configuration :

```
<Server ... >
   <GlobalNamingResources>
   <Resource name="jdbc/GlobalMailSession"
             type="javax.mail.Session"
             auth="Container"
             mail.smtp.host="smtp.monentreprise.com"
             mail.smtp.auth="true"
             mail.smtp.user="elanglet"
             mail.smtp.password="secret" />
   </GlobalNamingResources>
   <Service ... >
      <Engine ... >
        <Host ... >
          <!-- L'application qui utilise la session JavaMail -->
          <Context path="/ListeEmployes" docBase="ListeEmployes">
             <ResourceLink name="mail/Session"
                          global="mail/GlobalMailSession"
                          type="javax.mail.Session" />
          </Context>
        </Host>
     </Engine>
  </Service>
</Server>
```

Une application qui veut utiliser un service de message électronique via une session JavaMail, doit utiliser le code suivant pour récupérer la session :

```
...
Context initialCtx = new InitialContext();
Context localCtx = (Context) initialContext.lookup("java:comp/env");
Session session = (Session) localCtx.lookup("mail/Session");
...
```

Enfin, l'application doit également déclarer, dans son descripteur de déploiement **web.xml**, cette ressource qu'elle utilise :

```
...
<resource-ref>
<res-ref-name>mail/Session</res-ref-name>
<res-type>javax.mail.Session</res-type>
<res-auth>Container</res-auth>
```

```
</resource-ref>
...
```

4. JavaBeans

Le dernier type de service configurable en tant que ressource JNDI est une fabrique d'objets Java. Ces objets sont très couramment utilisés par les programmeurs, ils contiennent des données sous forme compacte. Par exemple, plutôt que de devoir manipuler individuellement des données de type nom, prénom, adresse, téléphone, il est plutôt recommandé de créer un objet contenant toutes ces informations, il sera plus simple de manipuler un objet que plusieurs données.

Ces objets particuliers sont appelés **JavaBeans**. Un JavaBean contient des propriétés représentant les données, ainsi que des fonctions (appelées méthodes en Java) permettant de lire et de modifier ces données.

Par exemple, une propriété qui représente le prénom d'une personne s'écrirait comme ceci :

```
private String prenom;
```

Pour lire cette valeur, la méthode utilisée s'appelle **getPrenom()** :

```
public String getPrenom() {
    return prenom ;
}
```

Enfin pour modifier cette valeur, la méthode **setPrenom(String p)** :

```
public void setPrenom(String p) {
    prenom = p ;
}
```

Un JavaBean n'est ni plus ni moins qu'un composant Java qui contient un ensemble de ces propriétés et ces méthodes pour y accéder. La configuration d'un JavaBean, en tant que ressource JNDI dans Tomcat 7, permet à une application de récupérer un de ces JavaBean contenant des valeurs spécifiques déclarées dans la configuration.

L'élément de configuration `<Resource>` est encore utilisé, avec ses attributs `name`, `type` et `auth`, dans ce cas, `type` devra prendre le nom de la classe du JavaBean. Une propriété est indispensable dans ce type de configuration, il s'agit de `factory`, elle indique le nom de la classe qui fabrique les objets. Il est tout à fait possible d'écrire sa propre classe, cependant, Tomcat 7 en fournit une, son nom est **org.apache.naming.factory.BeanFactory**.

Voici un exemple simple.

La classe Java du JavaBean :

```
package fr.eni.editions.ritomcat.beans;

public class Personne {
     private String prenom;
     private String nom;

     public Personne() { }

     public String getNom() {
          return nom;
     }
     public void setNom(String n) {
          nom = n;
     }
     public String getPrenom() {
          return prenom;
     }
     public void setPrenom(String p) {
     prenom = p;
     }
}
```

La configuration dans le fichier server.xml :

```
<Server ... >
   <GlobalNamingResources>
      <Resource name="bean/GlobalPersonne"
      type="fr.eni.editions.ritomcat.beans.Personne"
      auth="Container"
      factory="org.apache.naming.factory.BeanFactory"
      nom="LANGLET"
      prenom="Etienne" />
   </GlobalNamingResources>
   <Service ... >
      <Engine ... >
         <Host ... >
            <!-- L'application qui utilise la session JavaMail -->
            <Context path="/ListeEmployes" docBase="ListeEmployes">
                <ResourceLink
                  name="bean/Personne"
                  global="bean/GlobalPersonne"
                  type="fr.eni.editions.ritomcat.beans.Personne" />
```

```
            </Context>
        </Host>
      </Engine>
   </Service>
</Server>
```

Pour récupérer cet objet, l'application doit utiliser le code suivant :

```
...
Context initialCtx = new InitialContext();
Context localCtx = (Context) initialCtx.lookup("java:comp/env");
Personne p = (Personne) localCtx.lookup("bean/Personne");
...
```

Et déclarer cette ressource dans son descripteur de déploiement **web.xml** :

```
...
<resource-env-ref>
   <resource-env-ref-name>
     bean/Personne
   </resource-env-ref-name>
   <resource-env-ref-type>
     fr.eni.editions.ritomcat.beans.Personne
   </resource-env-ref-type>
</resource-env-ref>
...
```

5. Entrées d'environnement

JNDI permet aussi une opération très simple consistant à déclarer des valeurs numériques, des chaînes de caractères... dans la configuration JNDI du serveur, et de les récupérer dans les applications. Ce mécanisme est très pratique pour faire partager des valeurs de configuration communes entre plusieurs applications, c'est d'ailleurs le moyen le plus simple, car ces applications sont indépendantes les unes des autres.

L'élément de configuration qui permet la création d'entrée d'environnement s'appelle `<Environment>`, il possède les attributs `name`, `type`, `description` et `value`, et peut se positionner aux mêmes emplacements que l'élément `<Resource>`.

L'attribut `name` permet d'attribuer le nom de cette entrée d'environnent, et `value` sa valeur. Le type spécifié peut être **java.lang.Boolean**, **java.lang.Byte**, **java.lang.Character**, **java.lang.Double**, **java.lang.Float**, **java.lang.Integer**, **java.lang.Long**, **java.lang.Short**, ou **java.lang.String**.

Syntaxe :

```
<Environment
        name="email"
        description="Adresse email de l'administrateur du serveur"
        type="java.lang.String"
        value="admin@monentreprise.com" />
```

Exemple de configuration :

```
<Server ... >
   <GlobalNamingResources>
      <Environment
         name="GlobalEmail"
         description="Adresse email de l'administrateur du serveur"
         type="java.lang.String"
         value="admin@monentreprise.com" />
   </GlobalNamingResources>
   <Service ... >
      <Engine ... >
         <Host ... >
            <!-- L'application qui utilise l'entrée d'env. -->
            <Context path="/ListeEmployes" docBase="ListeEmployes">
               <ResourceLink
                  name="email"
                  global="GlobalEmail"
                  type="java.lang.String" />
            </Context>
         </Host>
      </Engine>
   </Service>
</Server>
```

Le code à utiliser dans les applications pour récupérer la valeur est alors :

```
...
Context initialCtx = new InitialContext();
Context localCtx = (Context) initialCtx.lookup("java:comp/env");
String email = (String) localCtx.lookup("email");
...
```

L'ensemble des ressources et entrées d'environnement déclarées dans la section `GlobalNamingResources` sont visualisables avec l'application **manager** de Tomcat 7, en utilisant l'URL **http://localhost:8080/manager/resources**.

Chapitre 5 : Déploiement et gestion des applications

A. Introduction au déploiement et à la gestion des applications

Le serveur Tomcat 7 est un conteneur Web (ou moteur de servlet), à ce titre, il est uniquement capable de prendre en charge les applications Web Java EE (c'est-à-dire les applications développées à base de Servlet et de JSP).

Ces applications Web sont fournies sous forme de répertoires contenant les différentes ressources qui les constituent, ou bien sous forme d'archives de déploiement (fichiers .WAR) empaquetant ces ressources comme nous l'avons vu au chapitre Administration du serveur.

B. Déployer une application dans Tomcat 7

Il existe plusieurs méthodes permettant d'installer (on utilise également le terme déployer) une application dans Tomcat 7, selon les cas d'utilisation du serveur. En développement, il est appréciable de pouvoir installer une application en copiant simplement le fruit de son travail dans le répertoire adéquat de Tomcat 7, alors que sur un serveur de production, on préfère avoir un contrôle plus fin des différentes options d'installation, grâce à des d'outils d'administration.

1. Déploiement automatique d'applications

Le déploiement automatique d'applications Web, permet d'installer et de rendre disponible de nouvelles applications, sans avoir besoin de redémarrer le serveur. Cette configuration est idéale lorsque le serveur Tomcat 7 est utilisé en phase de développement, puisqu'elle permet aux développeurs de facilement tester leurs applications.

Le fichier server.xml de Tomcat 7 contient l'élément de configuration `<Host>`, cet élément, comme nous l'avons étudié au chapitre Administration du serveur, possède l'attribut `autoDeploy`, qui permet d'activer le déploiement automatique, ce qui est le cas par défaut.

```
<Host name="localhost" appBase="webapps" unpackWARs="true"
      autoDeploy="true" xmlValidation="false"
      xmlNamespaceAware="false">
      ...
</Host>
```

2. Utiliser le répertoire webapps/

La méthode la plus simple pour déployer une application Web JEE dans Tomcat 7, consiste simplement à déposer dans le répertoire **webapps/** de l'arborescence du serveur, le répertoire contenant l'application, ou bien l'archive d'application Web (fichier **.WAR**).

Si le déploiement automatique des applications est activé, le serveur déploie et rend l'application disponible sans qu'il soit nécessaire de le redémarrer. Au démarrage du serveur, toutes les applications présentes dans ce répertoire sont rendues disponibles par Tomcat 7 par la création automatique d'un contexte d'application Web, mais uniquement si l'attribut `deployOnStartup` de l'élément `<Host>` possède la valeur `true`. À noter également que cet élément `<Host>` possède également l'attribut `unpackWARs`, qui positionné à la valeur `true`, provoque la décompression des archives d'applications Web.

L'emplacement et le nom de ce répertoire peuvent être modifiés pour prendre en compte des contraintes d'organisation du système de fichier et des applications, il suffit alors de modifier l'attribut `appBase` de l'élément de configuration `<Host>` en spécifiant le nouveau répertoire.

3. L'élément <Context>

Pour rendre disponible une application Web, elle doit être associée à un contexte, ce contexte est automatiquement créé lorsque l'on installe une application en la copiant dans le répertoire **webapps/**.

Cependant, il est également possible de définir explicitement un contexte dans le fichier **server.xml**. Cette opération permet d'installer une application Web en dehors du répertoire **webapps/**, mais également de ne pas tenir compte du contenu de ce répertoire, et de se fier uniquement à la configuration écrite du serveur, ce qui est un gage de sécurité.

L'élément `<Context>` suivant permet de créer le contexte `/demo` pour l'application installée sous `C:\applications\demo`.

Exemple :

```
<Context path="/demo" docBase="C:\applications\demo"/>
```

4. Déploiement avec XML

La contrainte de la solution de déploiement précédente est qu'elle nécessite le redémarrage du serveur pour la prise en compte de la nouvelle application puisqu'il y a eu modification du fichier de configuration du serveur.

L'élément `<Context>` peut être défini dans un fichier XML séparé et utilisé pour faire un déploiement automatique de l'application. Comme précédemment, cette méthode requiert l'attribut `autoDeploy` de l'élément `<Host>` à `true` pour fonctionner. Une fois écrit, ce fichier doit être copié dans le répertoire **CATALINA_HOME/conf/<engine>/<host>/**, ou **<engine>** et **<host>** représentent respectivement le nom, indiqué par leurs attributs `name`, des éléments `<Engine>` et `<Host>` à utiliser pour déployer cette application.

Exemple : le fichier demo.xml qui permet d'installer l'application disponible dans C:\applications\demo sous le chemin de contexte /demo.

```
<Context path="/demo" docBase="C:\applications\demo"/>
```

Sur une installation par défaut de Tomcat 7, l'élément `<Engine>` porte le nom **Catalina**, et l'élément `<Host>` se nomme **localhost**, il faudra dans ce cas, copier le fichier **demo.xml** dans **CATALINA_HOME/conf/Catalina/localhost**.

Un avantage de cette méthode est qu'il est possible de déclarer les ressources JNDI, ou les liens vers les ressources dont l'application a besoin, dans l'élément `<Context>`, par exemple :

```
<Context path="/demo" docBase="C:\applications\demo">
   <ResourceLink name="jdbc/demo"
                 global="jdbc/GlobalDemo"
                 type="javax.sql.DataSource" />
</Context>
```

Utiliser une archive WAR étendue

Le déploiement avec un fichier de contexte XML offre une autre possibilité. En effet, il est possible d'intégrer ce fichier à une archive d'application Web afin que Tomcat 7 en tienne compte au moment du déploiement de l'application. Comme vu au chapitre Administration du serveur, l'élément de configuration `<Context>` peut contenir des sous-éléments très intéressants pour la configuration des ressources utilisées par l'application.

Ce fichier doit porter le nom **context.xml**, et doit se trouver dans le répertoire **META-INF** de l'application.

Il est à noter que ce fichier n'est exploitable que par le serveur Tomcat, les autres serveurs d'applications du marché ignorent totalement ce fichier.

C. L'application manager de Tomcat 7

L'application manager de Tomcat 7 est un outil de gestion des applications Web JEE qui permet de réaliser différentes tâches d'administration. Parmi les opérations possibles avec le manager, on compte :

- le déploiement d'une application ;
- l'obtention de la liste des applications actives, ainsi que leurs informations de sessions ;
- le rechargement d'une application Web, après des modifications ;
- l'obtention d'informations sur les ressources JNDI et les rôles de sécurité ;
- le démarrage et l'arrêt d'une application Web ;
- la suppression d'une application ;

Le manager est utilisable à partir de trois interfaces différentes :

- L'interface texte : les opérations d'administration sont passées à Tomcat 7 sous forme de requêtes HTTP en utilisant un navigateur Web par exemple.
- L'interface HTML : elle permet une navigation plus intuitive sous forme de liens hypertextes, et présente en permanence l'état des différentes applications.
- L'interface ANT : cette dernière interface permet l'écriture de scripts pour automatiser le déploiement des applications dans Tomcat 7.

ANT est un outil Open Source de la fondation Apache qui permet d'automatiser des tâches lors du développement d'application Java à partir de scripts écrits en XML. ANT permet entre autres la compilation des fichiers source, la construction des archives de déploiement, mais également des tâches pour déployer des applications sur certains serveurs d'applications. Pour plus d'informations, se reporter au chapitre Utiliser Tomcat pour le développement de cet ouvrage, et à l'adresse **http://ant.apache.org**.

Configuration de l'accès à l'application manager

Avant de pouvoir utiliser le manager, le serveur Tomcat 7 doit être configuré pour permettre l'accès à cet outil. La gestion des autorisations d'accès est implémentée en utilisant les gestionnaires de sécurité de Tomcat 7 : Les **Realms** (cf. chapitre La sécurité du serveur et des applications).

Selon le gestionnaire de sécurité utilisé (**Memory**, **UserDatabase**, **JDBC**, **JNDI** ou **JAAS**), la configuration est différente, mais le principe reste le même : attribuer le rôle d'accès manager à un utilisateur enregistré.

La configuration par défaut de Tomcat 7 utilise un gestionnaire de sécurité basé sur un fichier XML : **tomcat-users.xml**. Ce fichier se trouve dans le répertoire **CATALINA_HOME/conf** de l'installation du serveur Tomcat 7.

Ce fichier référence les différents rôles utilisés par les applications, ainsi que les utilisateurs qui peuvent obtenir ces rôles, selon la structure suivante :

```
<tomcat-users>
   <role rolename="tomcat"/>
   <role rolename="role1"/>
   <user username="tomcat" password="tomcat" roles="tomcat"/>
   <user username="both" password="tomcat" roles="tomcat,role1"/>
   <user<+>username="role1" password="tomcat" roles="role1"/>
</tomcat-users>
```

Pour autoriser l'accès au manager, il faut ajouter le rôle applicatif manager et créer un utilisateur disposant de ce rôle, ou donner ce rôle à un utilisateur existant.

Depuis Tomcat 7, l'application manager utilise des rôles différents selon le type d'accès souhaité à cette application.

Les rôles associés à l'application manager de Tomcat 7 :

- `manager-gui` : permet l'accès au manager en mode graphique HTML.
- `manager-script` : permet l'accès au manager en mode texte.

- `manager-jmx` : permet l'accès aux pages de supervision JMX et d'état du serveur uniquement.
- `manager-status` : permet l'accès à la page d'état du serveur uniquement.

Exemple

Ajout du rôle manager-gui au fichier ***tomcat-users.xml****, et création de l'utilisateur admin ayant pour mot de passe secret, qui bénéficie de ce rôle.*

```
<tomcat-users>
   <role rolename="manager-gui"/>
   <user username="admin" password="secret" roles="manager-gui"/>
</tomcat-users>
```

La modification de ce fichier de configuration nécessite un redémarrage du serveur. L'accès au manager est maintenant soumis à authentification.

1. L'interface texte

L'interface texte du manager s'utilise en émettant des requêtes HTTP, avec un navigateur Web par exemple. Les requêtes ont la syntaxe suivante :

`http://<hote>:<port>/manager/text/<commande>?<paramètres>`

Cette ligne de commande comporte les éléments suivants :

- `hote` : le nom de machine qui héberge le serveur Tomcat 7,
- `port` : le numéro de port TCP/IP sur le lequel le serveur Tomcat 7 accepte des connexions HTTP,
- `commande` : les différentes commandes du manager, parmi : `start`, `stop`, `list`, `deploy`, `install`, `remove`, `undeploy`, `reload`, `serverinfo`, `roles`, `sessions`, `resources`, `status`, et `jmxproxy`.
- `paramètres` : le ou les paramètres à passer aux différentes commandes ci-dessus. Ces paramètres sont différents selon les commandes utilisées, mais on trouve très fréquemment le paramètre `path` qui représente le contexte de l'application Web, ainsi que l'URL d'une application Web à installer.

a. Installer une application sous Tomcat 7

La commande deploy du manager est probablement celle qui possède la syntaxe la plus complexe, cette complexité est liée au grand nombre de méthodes possibles pour déployer une application dans Tomcat 7.

La syntaxe de la commande deploy est la suivante :

```
http://<hote>:<port>/manager/text/deploy?path=<contexte>?war=<ressource>
```

Dans cette commande, le paramètre path va permettre de spécifier le contexte d'installation de l'application. Le paramètre war, quant à lui, spécifie une ressource présente sur le serveur pour installer l'application.
Cette ressource peut être :

- une archive d'application Web (fichier .WAR) ;
- un répertoire contenant les données de l'application Web (Servlet, JSP, pages HTML...).

Installer une application à partir d'une archive WAR

```
http://<hote>:<port>/manager/text/deploy?path=<contexte>
&war=file:/chemin/vers/archive/archive.war
```

Exemple

Déploiement du fichier demo.war du répertoire C:\application du serveur, sous le contexte /demo.

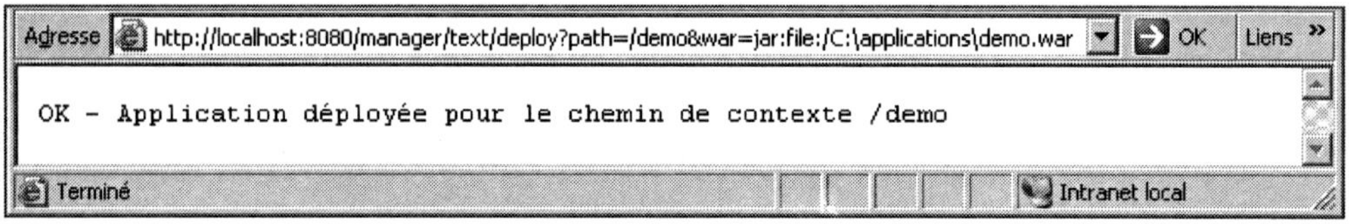

Le déploiement d'une archive WAR, provoque la copie de l'archive WAR dans le répertoire **webapps/** du serveur, ainsi que la décompression de cette archive dans le répertoire **webapps/** de Tomcat 7, seulement si l'attribut unpackWARs de l'élément <Host> possède la valeur true.

Dans le cas où unpackWARs vaut false, le serveur utilise directement les données contenues dans l'archive sans autre configuration nécessaire.

Installer une application à partir d'un répertoire

```
http://<hote>:<port>/manager/text/deploy?path=<contexte>&
war=file:/chemin/vers/repertoire
```

Exemple

Déploiement de l'application sous le contexte /demo, à partir des données contenues dans le répertoire C:\applications\demo du serveur :

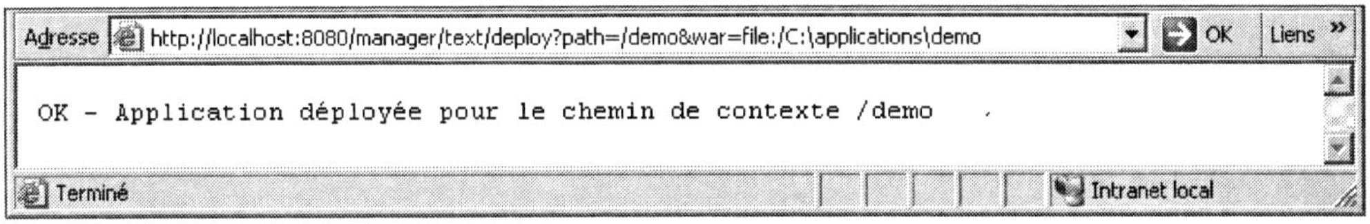

Dans ce cas d'utilisation, les données de l'application ne sont pas copiées dans le répertoire **webapps/** et Tomcat 7 utilise directement le répertoire fourni en paramètre.

b. Mise à jour d'une application

La mise à jour d'une application dans Tomcat 7 peut simplement se faire en désinstallant la version actuelle de l'application, puis en déployant la nouvelle. Cependant, les requêtes des utilisateurs émises à destination de cette application seront rejetées par le serveur pendant la période où l'application n'existe plus sur le serveur.

L'option `update` permet de spécifier à la commande `deploy` que l'application existe déjà dans le serveur, le manager va donc d'abord supprimer l'ancienne version pour ensuite installer la nouvelle.

Syntaxe :

```
http://<hote>:<port>/manager/text/deploy?path=<contexte>&
war=<ressource>&update=true
```

Exemple

Mise à jour de l'application demo avec une nouvelle version sous Tomcat 7.

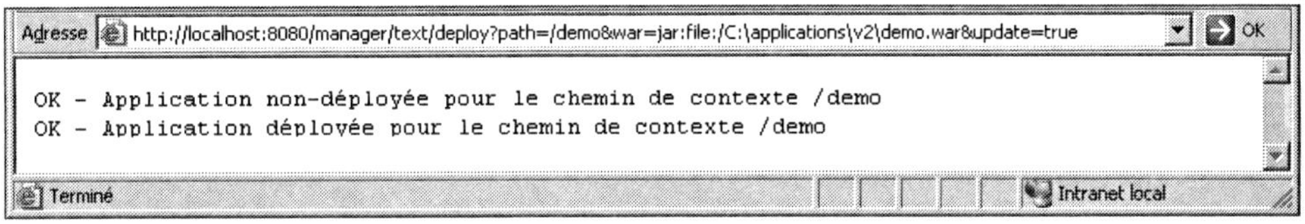

c. Démarrer et arrêter une application

Le démarrage et l'arrêt d'une application Tomcat 7 se font respectivement avec les commandes `start` et `stop` du manager, ces deux commandes utilisent le paramètre `path` pour spécifier le contexte de l'application Web.

Syntaxe :

```
http://<hote>:<port>/manager/text/start?path=<contexte>
```

et

```
http://<hote>:<port>/manager/text/stop?path=<contexte>
```

Exemple

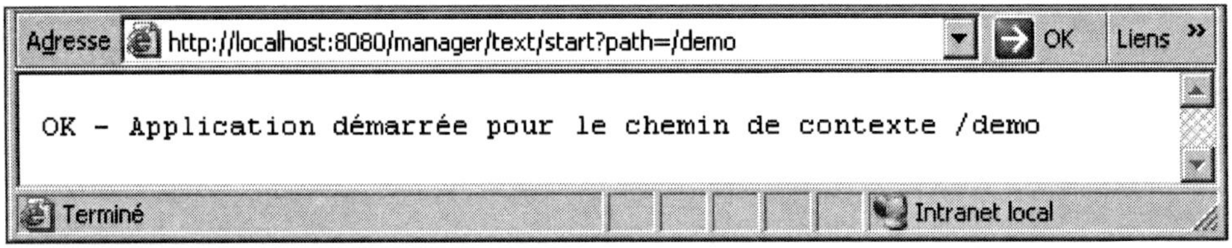

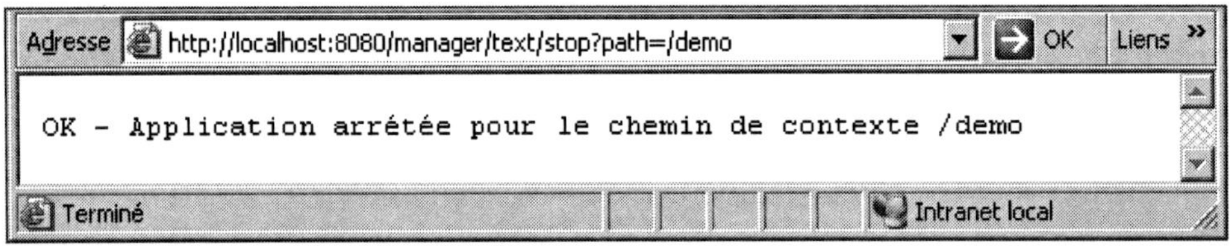

L'arrêt d'une application la rend inaccessible par les utilisateurs, mais elle est toujours déployée dans Tomcat 7, cette opération ne modifie en aucun cas la configuration du serveur pour cette application.

d. Recharger une application

La commande `reload` permet de recharger une application lorsque celle-ci n'a pas été configurée pour être rechargée automatiquement par Tomcat 7 (avec l'attribut `reloadable` à la valeur `true` sur l'élément `<Context>` du fichier **server.xml**).

Syntaxe :

```
http://<hote>:<port>/manager/text/reload?path=<contexte>
```

Exemple

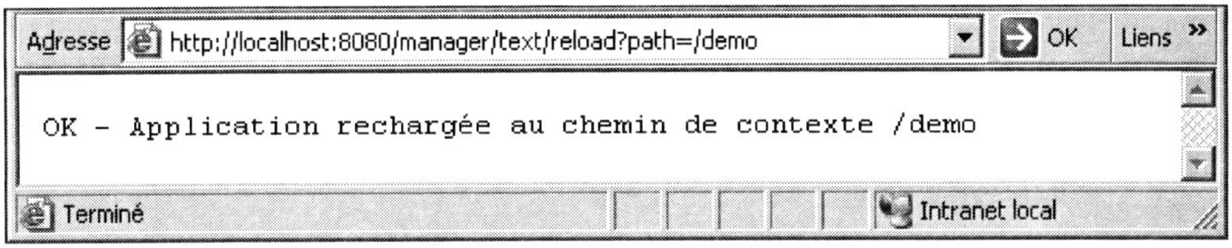

e. Supprimer une application

La commande `undeploy` permet de supprimer une application Tomcat 7.

Elle commence par arrêter l'application si cette dernière est en cours d'exécution, puis elle supprime toutes les ressources qui ont été créées par le déploiement de l'application. La suppression des données ne s'applique donc qu'aux éléments créés dans le répertoire **webapps/** du serveur, et aux fichiers de contexte XML.

f. Obtenir des informations

En plus de pouvoir gérer les applications, le manager de Tomcat 7 permet également d'obtenir un grand nombre d'informations sur la configuration du serveur et des ressources qu'il rend disponibles aux applications.

Lister les applications installées

La commande la plus simple du manager est probablement la commande `list`. Elle permet l'affichage de la liste des applications déployées dans le serveur, et donne des informations sur leurs états, et emplacements notamment.

Le format de chaque ligne affichée est le suivant :

```
contexte:état:sessions:docBase
```

`contexte` : représente le contexte de cette application Web

`état` : l'état courant de l'application (running ou stopped)

`sessions` : le nombre de sessions active sur l'application

`docBase` : le répertoire de base des données de l'application

Exemple

Affichage de la liste des applications déployées :

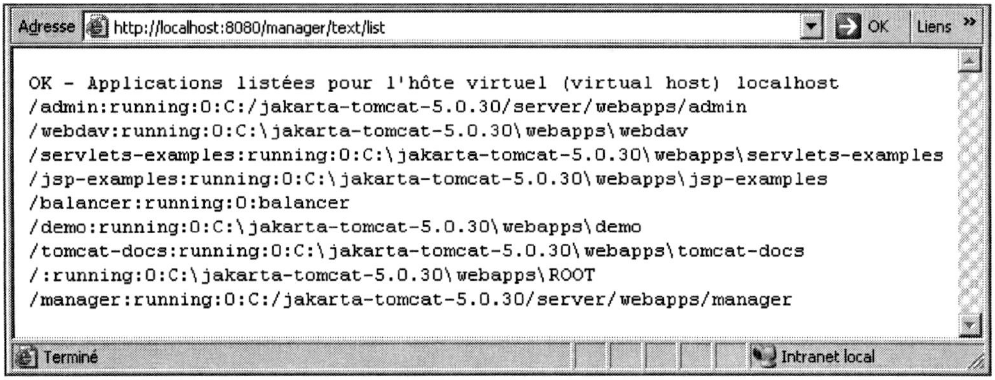

Lister les ressources JNDI configurées

Un serveur d'applications Java EE a la responsabilité de fournir un ensemble de services aux applications qu'il gère et rend disponible. Ces services sont configurés dans le serveur et enregistrés dans une arborescence appelée arborescence JNDI (voir le chapitre Administration du serveur sur la configuration des ressources).

Ces services sont de types différents et correspondent nécessairement à un type de données du langage Java. Par exemple, les ressources de connexions à un serveur de base de données sont de type **javax.sql.DataSource**.

La commande `resources` du manager permet d'obtenir la liste des ressources JNDI disponibles dans le serveur et faisant référence à ces services.

Syntaxe :

```
http://<hote>:<port>/manager/text/resources[?type=<type JNDI>]
```

En utilisant cette commande sans l'option `type`, le manager renvoie la liste de toutes les ressources disponibles dans le serveur, en affichant le nom JNDI de cette ressource, ainsi que le nom du composant du serveur Tomcat 7 qui permet de fournir cette fonctionnalité.

Exemple

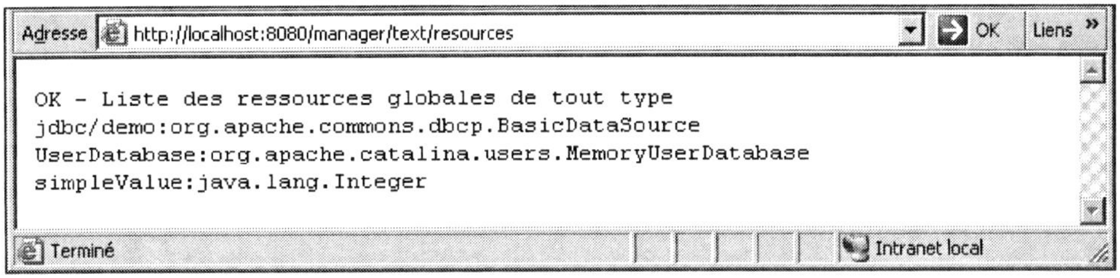

Dans l'exemple précédent, la ressource JNDI **jdbc/demo** est un service de connexions à un serveur de base de données, pour obtenir exclusivement les ressources de ce type, il faut utiliser l'option `type` de la commande `resources`.

Exemple

*Affichage de toutes les ressources JNDI de type **javax.sql.DataSource** (service de connexions aux bases de données).*

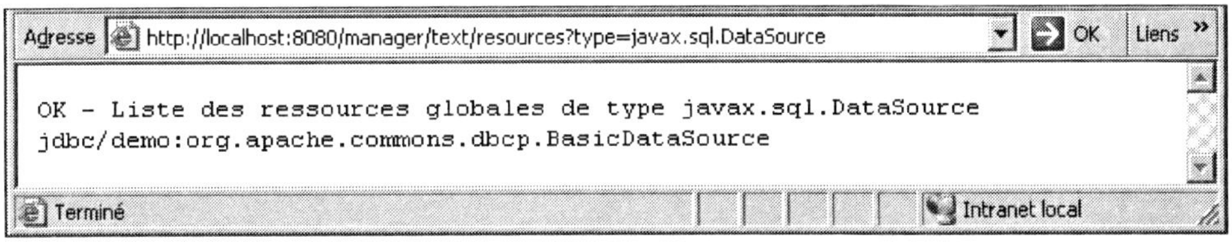

Obtenir les rôles de sécurité

Les restrictions d'accès aux applications Web Java EE sont exprimées aux travers de rôles de sécurité, auquel le serveur va associer un certain nombre d'utilisateurs, qui, par conséquent, auront accès aux ressources restreintes à ce rôle.

C'est notamment le mécanisme mis en place au début de cette partie pour restreindre l'accès au manager.

Syntaxe :

```
http://<hote>:<port>/manager/text/roles
```

Exemple

Affichage des rôles de sécurité déclarés dans la configuration de serveur Tomcat 7.

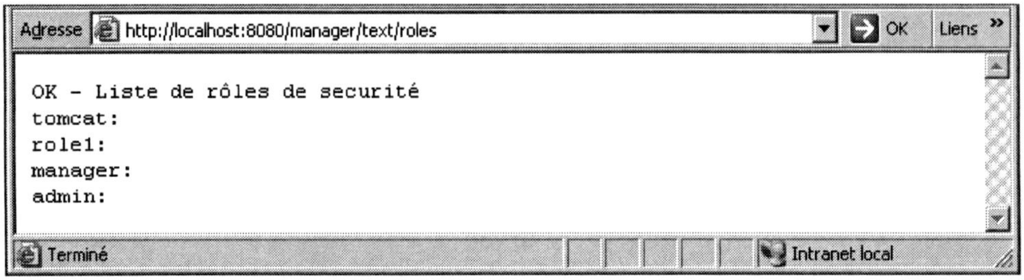

Afficher les informations système

La commande `serverinfo` du manager permet d'afficher les informations concernant le système d'exploitation ainsi que la machine virtuelle Java utilisée par le serveur Tomcat 7.

Syntaxe :

```
http://<serveur>:<port>/manager/text/serverinfo
```

g. Les messages d'erreurs du manager

Les messages affichés par le manager sont internationalisés, c'est-à-dire que la langue d'affichage est adaptée à la langue préférée configurée dans le navigateur Web. Le manager supporte un grand nombre de langues, le français et l'anglais naturellement, mais également l'allemand, l'espagnol et le japonais.

Les principaux messages d'erreur que l'on peut rencontrer sont les suivants :

```
ECHEC - L'application existe déjà dans le chemin <contexte>
```

Si une application est déjà déployée sous ce contexte, il faut alors supprimer cette application, choisir un autre chemin de contexte, ou bien procéder à une mise à jour de l'application.

```
ECHEC - Un chemin de contexte invalide <contexte> a été spécifié
```

Si le chemin de contexte spécifié par le paramètre `path` ne commence pas par le caractère /

```
ECHEC - Aucun contexte n'existe pour le chemin <contexte>
```

Si aucune application ne correspond au chemin de contexte spécifié par le paramètre `path`.

```
ECHEC - Un chemin de contexte null a été spécifié
```

Si l'on oublie le paramètre `path` alors qu'il est obligatoire.

Ces différentes erreurs laissent également des traces dans les fichiers journaux du serveur.

2. L'interface HTML

Depuis la version 4.1 de Tomcat, le manager possède également une interface Web pour la gestion des applications. Cette version HTML du manager permet une utilisation plus intuitive des commandes du manager, elle est accessible à l'adresse :

```
http://<hote>:<port>/manager/html
```

Exemple :

L'interface HTML du manager affichant les informations sur les applications.

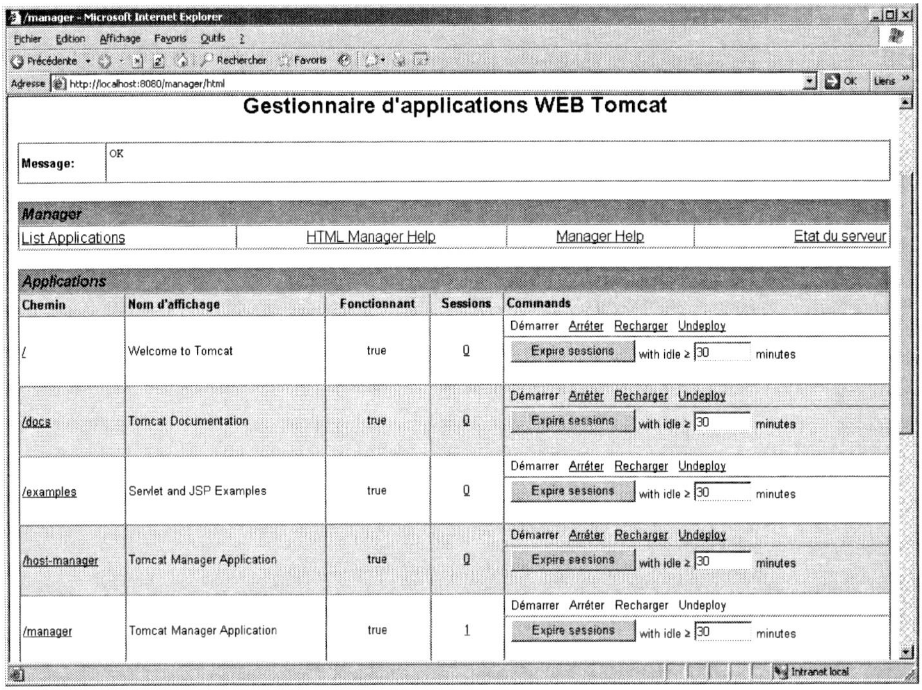

Grâce à cette première partie de l'écran du manager HTML, il est possible d'agir sur les applications déployées dans le serveur (arrêt, démarrage, redémarrage, suppression), ainsi que d'avoir des informations sur l'état des applications (état, nombre de sessions utilisateur).

a. Déployer des applications localement

La deuxième partie de l'interface du manager HTML permet de déployer des applications dans le serveur. Les applications peuvent être déployées à partir d'archives ou de répertoires présents localement sur le serveur, mais il est également possible de les installer à distance.

Exemple

L'interface du manager HTML pour le déploiement des applications.

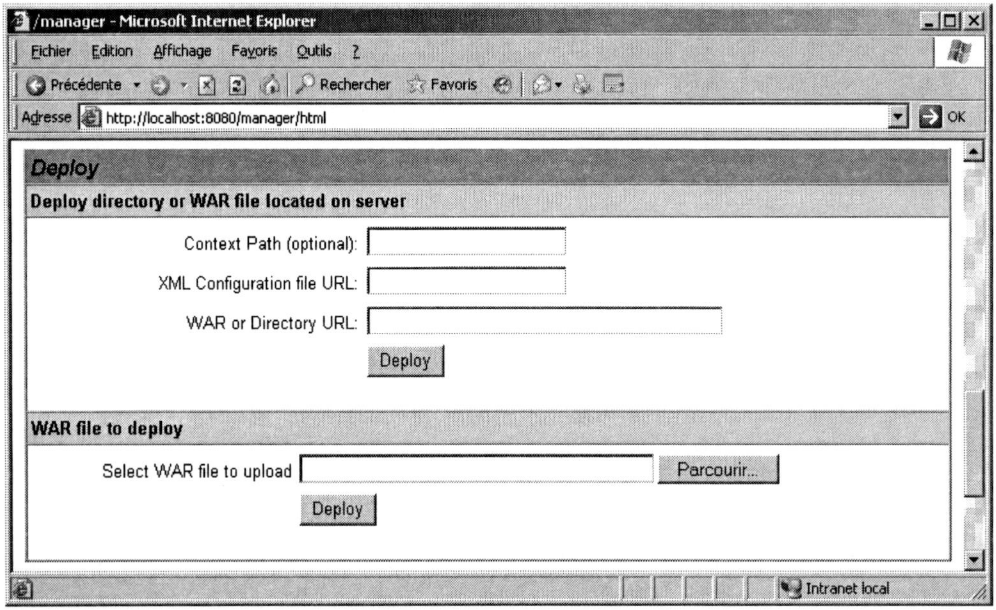

La première partie de cette interface permet de déployer l'application à partir d'une archive d'application Web, d'un répertoire d'application ou bien en utilisant un fichier de contexte XML.

Utiliser une archive WAR

Avec une archive WAR, il est simplement nécessaire de renseigner le contexte et le chemin vers le fichier WAR en utilisant la même syntaxe que pour l'interface texte du manager.

Exemple

Context Path (optional) : `/demo`

WAR or Directory URL : `jar:file:/C:\applications\demo.war`

Utiliser un répertoire

Tout comme précédemment, il faut préciser le contexte, ainsi que le chemin vers le répertoire en utilisant la même syntaxe que pour l'interface texte.

Exemple

Context Path (optional) : `/demo`

WAR or Directory URL : `file:/C:\applications\demo`

Utiliser un fichier de contexte XML

Avec un fichier de contexte XML, il suffit juste d'exprimer le chemin vers ce fichier XML avec la syntaxe suivante et d'indiquer le chemin du contexte de l'application Web :

```
file:/C:\chemin\vers\fichier\context.xml
```

Exemple

Context Path (optional) : `/demo`

XML Configuration file URL : `file:/C:\scripts\demo.xml`

> Avec la version HTML du manager, il n'est pas possible d'utiliser les options update et pause permettant les mises à jour d'applications.

b. Déployer des applications à distance

Une possibilité intéressante du manager HTML est le déploiement d'applications à distance. Avec cette nouvelle méthode d'installation, l'administrateur n'a plus besoin de copier les données de l'application sur le serveur avant de pouvoir procéder à son installation.

La deuxième partie de l'écran d'installation de ce manager HTML permet de parcourir son disque dur à la recherche d'une archive WAR grâce au bouton **Parcourir**. Une fois l'archive sélectionnée, cliquer sur le bouton **Deploy** provoque l'envoi du fichier WAR dans le répertoire **webapps/** du serveur.

L'installation se fait ensuite en utilisant comme nom de contexte, le nom du fichier WAR sans son extension. Ce fichier WAR peut également contenir le fichier **META-INF/context.xml** pour préciser les informations de déploiement au serveur.

3. L'interface ANT

En plus de la version HTML du manager, la version 4.1 de Tomcat a également ajouté le support de ANT pour l'administration des applications. Cette interface est toujours disponible dans Tomcat 7 et offre des possibilités d'administration puissantes au travers d'un langage de script basé sur XML.

Pour en savoir plus sur l'installation et l'utilisation de ANT, le chapitre Utiliser Tomcat pour le développement aborde l'utilisation de cet outil.

Dans la suite des exemples, **ANT_HOME** fait référence au répertoire d'installation de ANT.

Les tâches ANT sont fournies sous forme de classes Java, dans le cas de Tomcat 7, ces classes sont contenues dans l'archive de classes **CATALINA_HOME/lib/catalina-ant.jar**. Pour pouvoir utiliser ces tâches avec ANT, il faut copier cette archive de classes dans le répertoire **ANT_HOME/lib**.

Il faut ensuite associer ces classes Java à un nom de tâche, voici un extrait du fichier de script ANT, généralement appelé **build.xml**, montrant les instructions à utiliser pour faire cette déclaration.

```
<!-- Lister les applications -->
<taskdef name="list"
         classname="org.apache.catalina.ant.ListTask" />
<!-- Déploiement des applications -->
<taskdef name="deploy"
         classname="org.apache.catalina.ant.DeployTask" />
<!-- Suppresion des applications -->
<taskdef name="undeploy"
         classname="org.apache.catalina.ant.UndeployTask" />
<!-- Rechargement des applications -->
<taskdef name="reload"
         classname="org.apache.catalina.ant.ReloadTask"/>
<!-- Démarrage des applications -->
```

```
<taskdef name="start"
        classname="org.apache.catalina.ant.StartTask" />
<!-- Arrêt des applications -->
<taskdef name="stop"
        classname="org.apache.catalina.ant.StopTask" />
<!-- Informations sur les ressources -->
<taskdef name="resources"
        classname="org.apache.catalina.ant.ResourcesTask" />
<!-- Affichage des rôles de sécurité -->
<taskdef name="roles"
        classname="org.apache.catalina.ant.RolesTask" />
```

Les deux tâches qui suivent ne sont disponibles qu'a partir de la version 5.0.10 de Tomcat :

```
<!-- Informations sur le serveur -->
<taskdef name="serverinfo"
        classname="org.apache.catalina.ant.ServerinfoTask" />

<!-- Informations sur les sessions -->
<taskdef name="sessions"
        classname="org.apache.catalina.ant.SessionsTask" />
```

Une fois déclarée, ces tâches pourront être utilisées dans les différentes cibles d'exécution du script. Lors de l'utilisation des différentes commandes du manager, la syntaxe de chacune des commandes faisait apparaître un certain nombre de paramètres et d'options, ces tâches ANT utilisent également ces éléments de syntaxe.

Voici une portion de script ANT, montrant un exemple simple d'utilisation de la tâche **deploy** :

```
<deploy url="http://localhost:8080/manager" username="admin"
        password="secret" path="/demo"
        war="file:/C:\applications\demo.war"
/>
```

ANT gère la notion de projet, un projet est constitué d'un ensemble de cibles d'exécution, comme par exemple la compilation du code source, l'assemblage en archive WAR, ou bien le déploiement de l'application. Ces différentes cibles utilisent les très nombreuses tâches ANT disponibles en standard, ou bien les tâches additionnelles comme celles de Tomcat.

Voici un exemple complet de script ANT pour déployer l'application demo :

```
<?xml version="1.0" encoding="ISO-8859-1" ?>

<!-- Déclaration du projet, la cible par défaut est 'deployer' -->
<project name="Tomcat" default="deployer" basedir=".">

   <!-- Propriétés pour la connexion au manager -->
   <property name="manager.url"
             value="http://localhost:8080/manager" />
   <property name="manager.user" value="admin" />
   <property name="manager.password" value="secret"/>

   <!-- Propriétés de l'application -->
   <property name="app.context" value="/demo" />
   <property name="app.war" value="file:/C:\applications\demo.war" />

   <!-- Déclaration des tâches Tomcat -->
   <taskdef name="deploy"
            classname="org.apache.catalina.ant.DeployTask" />
   <taskdef name="reload"
            classname="org.apache.catalina.ant.ReloadTask" />
   <taskdef name="undeploy"
            classname="org.apache.catalina.ant.UndeployTask" />
   <taskdef name="list"
            classname="org.apache.catalina.ant.ListTask" />

   <!-- Cible pour le déploiement de l'application -->
   <target name="deployer" description="Déploiement vers Tomcat">
      <deploy url="${manager.url}" username="${manager.user}"
              password="${manager.password}" path="${app.context}"
              war="${app.war}"
      />
   </target>

   <!-- Arrêt de l'application -->
   <target name="recharger" description="Recharger...">
      <reload url="${manager.url}" username="${manager.user}"
             password="${manager.password}" path="${app.context}"
      />
   </target>

   <!-- Suppression de l'application -->
   <target name="supprimer" description="Supprimer...">
```

```
        <undeploy url="${manager.url}" username="${manager.user}"
                  password="${manager.password}"
                  path="${app.context}"
        />
    </target>
</project>
```

Pour lancer, par exemple, la cible d'exécution qui déploie l'application, il suffit d'ouvrir une invite de commande sur le système, se positionner dans le répertoire qui contient le script **build.xml**, et saisir la commande : `ant deployer` ou plus simplement `ant`, puisque la cible **deployer** est la cible par défaut.

Lancement du script et résultat de l'exécution :

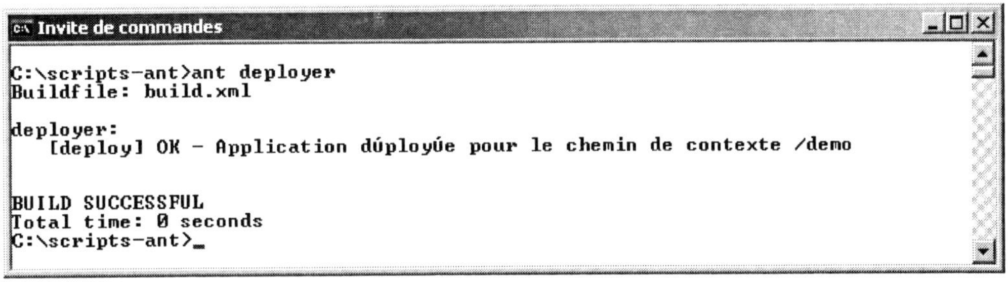

D. Le Deployer de Tomcat

Depuis sa version 5, Tomcat propose un nouvel outil pour la préparation et la gestion des applications : le **deployer**. Cet outil n'est pas fourni dans la distribution standard de Tomcat et une archive portant le nom **apache-tomcat-7.x.x-deployer.zip** doit être téléchargée séparément.

Le deployer permet entre autres de compiler, de valider, de déployer et de gérer les applications. Pour permettre tout ceci, la distribution du deployer contient :

- les tâches ANT spécifiques à Tomcat 7 utilisées dans la partie précédente avec le manager ;
- une tâche ANT supplémentaire pour valider la structure des applications Web avant leur déploiement ;
- un exemple de fichier de script ANT pour déployer et gérer les applications. Ce script peut utiliser un autre fichier (**deployer.properties**) qui contient toutes les valeurs de propriétés à modifier pour adapter le script à ses propres applications, ce fichier n'est pas fourni, et doit être écrit en fonction de ses besoins ;

- un compilateur de JSP (JaSPer) pour vérifier et précompiler les JSP.

1. Automatiser le déploiement des applications

Le script ANT **build.xml** fourni par le deployer se trouve à la racine de l'archive du deployer, le fichier **deployer.properties**, s'il est nécessaire, doit se trouver au même emplacement.

Il contient les cibles suivantes :

- `compile` (cible par défaut) : cette cible n'a pas besoin de pouvoir contacter un serveur Tomcat en cours d'exécution. Elle compile les JSP et valide l'application, les pages JSP compilées sont spécifiques au serveur Tomcat qui fournit le deployer et le code résultant ne peut pas être utilisé sur une autre version du serveur. Une fois validée et ses pages JSP compilées, l'application est assemblée en archive WAR.

Les fichiers source Java présents dans le répertoire **WEB-INF/classes** sont également compilés.

- `deploy` : déploie une application Web vers le serveur Tomcat
- `undeploy` : supprime une application Web
- `start` : démarre une application
- `reload` : recharge une application
- `stop` : arrête une application

Pour personnaliser le script, il faut fournir le fichier **deployer.properties** avec des définitions de propriétés spécifiques pour l'application à utiliser. Ce fichier doit se trouver dans le même répertoire que le fichier **build.xml**, et peut avoir les propriétés suivantes :

- `build` : le répertoire de travail pour le deployer : par défaut, le répertoire est créé dans le répertoire de la distribution du deployer selon le modèle suivant `${build}/webapp/${path}`.
- `webapp` : le répertoire qui contient les données de l'application à valider et à compiler. Par défaut, cette propriété vaut `myapp`.
- `path` : le contexte de l'application Web, par défaut `/myapp`.

- `url` : L'URL absolue vers le manager du serveur Tomcat pour lequel l'application est préparée, cette propriété n'est nécessaire que pour les cibles `deploy`, `undeploy`, `start` et `stop`, par défaut **http://localhost:8080/manager**.
- `username` : nom d'utilisateur pour se connecter au manager.
- `password` : mot de passe pour se connecter au manager.

Arborescence de l'application Demo :

```
/index.jsp
/WEB-INF/web.xml
/WEB-INF/classes/fr/eni/editions/tomcat/Demo.java
```

*Fichier **deployer.properties** personnalisé :*

```
webapp=C:/deployer/demo
build=C:/deployer/build
path=/test
```

*Arborescence de l'application générée sous **C:\deployer\build** :*

```
/webapp/test.war
/webapp/test/index.jsp
/webapp/test/WEB-INF/web.xml
/webapp/test/WEB-INF/classes/fr/eni/editions/tomcat/Demo.java
/webapp/test/WEB-INF/classes/fr/eni/editions/tomcat/Demo.class
/webapp/test/WEB-INF/classes/org/apache/jsp/index_jsp.java
/webapp/test/WEB-INF/classes/org/apache/jsp/index_jsp.class
```

Avec ces différentes cibles ANT fournies par défaut, le deployer permet de prendre en charge une application de sa sortie de l'outil de développement, jusqu'à son installation dans un serveur Tomcat.

Chapitre 6 : La sécurité du serveur et des applications

A. Introduction à la sécurité du serveur et des applications

La sécurité informatique est un très vaste sujet qu'il est, aujourd'hui, impossible de ne pas traiter dans un ouvrage comme celui-ci. L'objectif de ce chapitre est de présenter les différents moyens utilisables pour sécuriser un serveur Tomcat mais également les applications qu'il héberge, et garantir un accès fiable à ses services.

B. Authentification, autorisation et cryptage : le modèle de sécurité Java EE

L'authentification est le procédé qui permet de déterminer et de valider l'identité d'un client d'une application. Les technologies Java EE, et plus particulièrement la spécification Servlet, proposent un mécanisme pour gérer cette authentification, et ce, de manière standard entre les serveurs d'applications et les conteneurs Web, grâce à l'API JAAS.

Cependant, il est tout à fait possible que les concepteurs et développeurs d'une application implémentent leur propre mécanisme pour l'authentification, cependant en cas de modification du registre contenant les données d'authentification, l'application doit s'adapter, JAAS permet de s'affranchir de cette contrainte : c'est le serveur d'application qui fait l'interface avec le registre utilisateur.

Authentification

Un conteneur Web comme Tomcat possédant un moteur HTTP peut tout à fait utiliser les mécanismes d'authentification habituellement mis en œuvre par les serveurs Web : ce sont les mécanismes d'authentification HTTP ou schémas d'authentification HTTP. Le principe est le suivant : lorsqu'un client tente d'accéder à une ressource protégée d'un site ou d'une application Web, le serveur renvoie le code d'état HTTP **401** au navigateur, indiquant à celui-ci que la ressource demandée est protégée et que son accès est soumis à authentification. En réaction à ce code **401**, le navigateur affiche une boîte de dialogue de saisie d'informations d'identification au client : si l'authentification aboutit, la ressource est envoyée dans la réponse, sinon c'est le code d'état **403 (Forbidden)** associé à une page d'erreur qui est envoyée.

Pour implémenter ce mécanisme il faut utiliser un des trois schémas d'authentification HTTP :

- L'authentification de base (**BASIC**)
- L'authentification codée (**DIGEST**)
- L'authentification par certificat client (**CLIENT-CERT**)

L'authentification de base (**Basic Auth**), est, comme son nom l'indique, le schéma d'authentification le plus simple. Lorsque le client valide les informations d'identification saisies dans la boîte de dialogue que lui présente le navigateur, ces informations sont transmises simplement en étant encodées avec l'algorithme Base64. Cet algorithme est connu et il est très facile de récupérer les données en clair. Une fois que le client est authentifié, le navigateur conserve les informations d'authentification en cache et il n'y pas d'autre moyen que de fermer le navigateur pour déconnecter le client.

L'authentification codée (**Digest Auth**) offre les mêmes fonctionnalités que l'authentification de base, mais les informations d'authentification sont cryptées grâce à un mécanisme appelé hachage (en anglais, digest). Le principe est que l'élément qui a été crypté par hachage n'est pas décryptable : le hachage est irréversible.

Le processus d'authentification codée se déroule de la manière suivante :

- Le serveur envoie la demande d'authentification au navigateur client, avec cette demande, il transmet une chaîne de caractères qui sera utilisée par le processus de hachage.
- Le navigateur ajoute cette chaîne au mot de passe du client et fait le cryptage avec un algorithme de hachage, tel que **SHA** ou **MD5**.
- Le résultat du hachage est envoyé au serveur.
- Le serveur récupère le nom d'utilisateur et le mot de passe en clair à partir du registre d'authentification. Le serveur utilise ensuite la chaîne de hachage transmise au client pour faire le hachage.
- L'authentification aboutit uniquement si les deux valeurs de hachage, celle transmise par le client, et celle générée par le serveur sont strictement identiques.

À noter que ce mécanisme ne réalise le cryptage que pour l'authentification, les données qui transitent ensuite ne sont pas cryptées.

Enfin, l'authentification par certificat client (**Client-Cert Auth**) utilise les certificats HTTPS pour garantir au client l'identité d'un serveur si le certificat est signé par un organisme digne de confiance appelé autorité de certification (des sociétés telles que VeriSign par exemple). Le serveur envoie sa clé publique au client par un moyen ou par un autre, le client installe le certificat dans le navigateur, ensuite, les requêtes de ce client sont cryptées grâce à la clé publique du serveur, et sont décryptables uniquement par le serveur grâce à sa clé privée. Les données étant transmises en utilisant le protocole HTTPS, c'est le schéma d'authentification le plus sécurisé.

Malheureusement, aujourd'hui, tous ces mécanismes d'authentification ne sont pas supportés par tous les navigateurs Web. Dans le cas de la mise en œuvre de la sécurité dans un contexte Intranet, l'infrastructure matérielle et logicielle est maîtrisée : les postes de travail utilisateur peuvent être mis à jour pour supporter un schéma d'authentification plus qu'un autre or c'est difficilement envisageable dans un contexte Internet...

Aussi, dans la majorité des cas d'utilisation actuels, le schéma utilisé est l'authentification de base, mais les données ne sont pas véhiculées en HTTP mais en HTTPS pour crypter les flux échangés.

Un autre mécanisme d'authentification existe dans les spécifications servlet, il s'agit de l'authentification par formulaire (**Form-based Auth**). Dans ce cas, le navigateur n'intervient pas pour fournir un moyen à l'utilisateur de s'identifier, mais un formulaire HTML est utilisé par le serveur, il est présenté au client à partir du moment où celui-ci tente d'accéder à des données protégées.

Lorsque le formulaire est rempli et validé, les données d'authentification de l'utilisateur sont transmises à une servlet système du serveur d'applications, qui transmet ces données au serveur pour l'authentification dans le registre utilisateur. Ce mécanisme est très utilisé car il possède de nombreux avantages. D'abord le fait d'utiliser un formulaire HTML permet de personnaliser l'interface d'authentification, les données sont également facilement transmissibles en HTTPS, de ce fait, la sécurité repose à la fois sur une authentification par nom d'utilisateur et mot de passe, et sur le cryptage des données transmises. Un autre avantage est qu'il utilise les sessions HTTP, et qu'il est, du coup, très facile de déconnecter un client.

Autorisation

Le modèle de sécurité des applications Java EE utilise la notion d'utilisateur et de rôle pour gérer les autorisations d'accès. Le serveur d'applications qui gère le mécanisme, est lié au registre utilisateur qui contient les comptes utilisateurs, les rôles, ainsi que les associations entre ces comptes d'utilisateurs et les rôles auxquels ces utilisateurs peuvent prétendre.

Une application peut déclarer un ensemble de ressources protégées et uniquement accessibles aux utilisateurs disposant d'un rôle particulier. Un utilisateur obtient un rôle pendant son authentification : une fois son identité vérifiée, le serveur d'application ou le conteneur Web demande au registre utilisateur la liste des rôles pour cet utilisateur, ces rôles sont présentés pour l'accès à la ressource, et s'il y a correspondance, la ressource concernée est autorisée à l'utilisateur.

L'application déclare un ou plusieurs rôles pour restreindre les accès, l'association entre les rôles déclarés dans l'application, et les utilisateurs stockés dans le registre d'authentification, se fait en général au moment du déploiement de l'application. L'administrateur a également la possibilité de revenir sur cette association ultérieurement.

Cette séparation permet d'utiliser des registres d'authentification différents simplement par configuration du serveur d'applications, sans impact sur le code des applications.

Cryptage

Le cryptage des données entre un client et un serveur Web se fait en utilisant une variante du protocole HTTP qui transite dans un canal sécurisé grâce à un protocole réseau qui crypte les données.

SSL (*Secure Socket Layer*) est un protocole qui permet de transmettre des données de manière sécurisée entre un client et un serveur. Développé par la société Netscape Inc., SSL a été très rapidement adopté en tant que protocole standard de l'Internet.

Le protocole SSL repose sur deux mécanismes de sécurité, le cryptage à clé publique et le cryptage à clé symétrique.

Le cryptage à clé publique fait intervenir une paire de clé, la clé publique, qui est librement diffusée et disponible, et la clé privée qui est soigneusement conservée par son propriétaire. Tout ce qui est crypté avec la clé privée n'est décryptable qu'avec la clé publique, et inversement, tout ce qui est crypté avec la clé publique n'est décryptable qu'avec la clé privée.

Le cryptage à clé symétrique utilise le même mécanisme pour le cryptage et le décryptage des données. Cependant, il ajoute également un procédé permettant à un client de récupérer la clé publique du serveur en toute sécurité.

En effet, un pirate pourrait tout à fait se faire passer pour le serveur auquel le client souhaite se connecter, envoyer la clé publique au client, et récupérer des informations sensible sur ce dernier. Le mécanisme de cryptage par clé publique ne permet pas au client de s'assurer qu'il dialogue bien avec le bon serveur.

Dans le cryptage symétrique, les étapes d'échange de la clé publique entre le serveur et le client sont les suivantes :

- Le serveur commence par envoyer un certificat au client qui fait la demande de communication, ce certificat contient la clé publique du serveur, l'émetteur du certificat, et la durée de validité du certificat.
- Le client doit ensuite accepter le certificat en fonction de son authenticité. Un certificat peut être considéré authentique à partir du moment où il est délivré par un organisme digne de confiance appelé autorité de certification (**Certificate Authorities - CA**), comme les sociétés **VeriSign** ou encore **Thawte**. Si le certificat n'est pas valide, le client en est averti, libre à lui de continuer ou d'arrêter le dialogue, à ses risques et périls.
- À ce stade, les échanges entre le client et le serveur sont maintenant sécurisés par le mécanisme de cryptage à clé publique. La configuration du serveur peut, ou non, demander une authentification au client : les données d'authentification qui transitent sont cryptées.

Le protocole **HTTPS** (*HTTP over SSL*) est une implémentation de HTTP sur le protocole **SSL**. Une autre implémentation de protocole sécurisé a également vu le jour, il s'agit de **TLS** (*Transport Layer Security*). C'est la version standardisée de **SSL** par l'**IETF** (*Internet Engineering Task Force*), l'organisation la plus importante en matière de standardisation des protocoles de l'Internet. **TLS** s'appuie sur la version 3.0 de **SSL**. En général, les serveurs d'applications JEE peuvent utiliser **SSL** ou **TLS** pour sécuriser les flux HTTP.

Les technologies Java utilisent une implémentation des protocoles **SSL** et **TLS** dans la bibliothèque **JSSE** (*Java Secure Socket Extension*). Cette extension de la plate-forme Java fait partie intégrante du J2SE depuis la version 1.4, pour les versions précédentes, il faut télécharger cette extension sur le site de Sun Microsystems (**http://java.sun.com/products/jsse/**), et installer les fichiers de la bibliothèque dans le répertoire **JAVA_HOME/jre/lib/ext**.

1. La sécurité des applications Web Java EE

Pour permettre à une application Web Java EE d'utiliser les mécanismes décrits dans la partie précédente, il est nécessaire de la configurer en tant que telle. L'objectif est de définir quelles sont les ressources à protéger, à quels utilisateurs seront-elles rendues exclusivement accessibles, et comment les clients vont-ils s'identifier sur l'application.

Cette configuration se fait dans le descripteur de déploiement de l'application Web, le fichier **web.xml**.

L'élément de configuration XML <security-constraint> permet à la fois de déclarer les ressources à protéger avec l'élément enfant <web-resource-collection>, et les rôles qui auront accès à ces ressources, avec l'élément enfant <auth-constraint>. Ensuite, le mécanisme d'authentification est déclaré avec un autre élément XML : <login-config>. La section se termine avec la déclaration de tous les rôles de sécurité utilisés dans l'application, avec l'élément <security-role>.

L'exemple qui suit est un fragment de descripteur de déploiement (fichier **web.xml**) qui montre une configuration complète de sécurité Java EE.

```
<security-constraint>
   <display-name>Contraintes de sécurité</display-name>
   <web-resource-collection>
      <web-resource-name>Accès restreint</web-resource-name>
      <description></description>
      <url-pattern>/admin/*</url-pattern>
      <http-method>GET</http-method>
      <http-method>PUT</http-method>
      <http-method>HEAD</http-method>
      <http-method>TRACE</http-method>
      <http-method>POST</http-method>
      <http-method>DELETE</http-method>
      <http-method>OPTIONS</http-method>
   </web-resource-collection>
   <auth-constraint>
      <description></description>
      <role-name>administrateurs</role-name>
   </auth-constraint>
</security-constraint>
<login-config>
   <auth-method>FORM</auth-method>
```

```
   <realm-name>Authentification basé sur un formulaire</realm-name>
   <form-login-config>
      <form-login-page>/admin/login.jsp</form-login-page>
      <form-error-page>/admin/error.jsp</form-error-page>
   </form-login-config>
</login-config>
<security-role>
   <description></description>
   <role-name>administrateurs</role-name>
</security-role>
```

La section délimitée par `<web-resource-collection>` spécifie les ressources qui sont protégées, ici, l'élément `<url-pattern>` vaut `/admin/*`, ainsi toutes les ressources qui se trouvent dans le répertoire **admin** de l'application ont un accès restreint, et ce, quelle que soit la méthode HTTP utilisée par le client, car elles sont toutes déclarées avec des éléments `<http-method>`.

```
<web-resource-collection>
   <web-resource-name>Accès restreint</web-resource-name>
   <description></description>
   <url-pattern>/admin/*</url-pattern>
   <http-method>GET</http-method>
   <http-method>PUT</http-method>
   <http-method>HEAD</http-method>
   <http-method>TRACE</http-method>
   <http-method>POST</http-method>
   <http-method>DELETE</http-method>
   <http-method>OPTIONS</http-method>
 </web-resource-collection>
```

Ensuite, la section délimitée par `<auth-constraint>` permet de déterminer les rôles qui ont accès aux ressources protégées. Ici, seuls les utilisateurs bénéficiant du rôle `administrateurs` peuvent accéder au contenu du répertoire **admin**.

```
<auth-constraint>
    <description></description>
    <role-name>administrateurs</role-name>
</auth-constraint>
```

Voilà pour les contraintes de sécurité. Ensuite, la configuration continue par la définition du mécanisme d'authentification à utiliser. L'élément `<auth-method>` peut prendre les valeurs `BASIC`, `DIGEST`, `FORM` ou `CLIENT-CERT`, selon le type de schéma d'authentification HTTP souhaité. La suite de la configuration est liée au choix du schéma d'authentification, ici, l'authentification par formulaire requiert de spécifier la page qui contient le formulaire HTML, et la page d'erreur à renvoyer au client en cas d'échec. En cas de réussite, le client reçoit la ressource dont il a saisi l'URL.

```
<login-config>
   <auth-method>FORM</auth-method>
   <realm-name>Authentification basé sur un formulaire</realm-name>
   <form-login-config>
      <form-login-page>/admin/login.jsp</form-login-page>
      <form-error-page>/admin/error.jsp</form-error-page>
   </form-login-config>
</login-config>
```

Pour terminer, chacun des rôles utilisés dans l'application doit être déclaré dans une section `<security-role>`. Il faut autant de sections que de rôles à déclarer.

```
<security-role>
   <description></description>
   <role-name>administrateurs</role-name>
</security-role>
```

Pour utiliser l'authentification par formulaire, le formulaire HTML doit avoir certaines caractéristiques :

- il doit être posté à destination d'une servlet système spécifique : **j_security_check**
- le nom du champ de saisie du nom d'utilisateur doit être connu de cette servlet : **j_username**
- le nom du champ de saisie du mot de passe doit également être connu de cette servlet : **j_password**

Ce qui donne, par exemple, le formulaire suivant :

```
<html>
<head>
   <title>Identification</title>
<body>
   <form method="POST" action="j_security_check">
   <table>
      <tr>
         <th align="right">Nom d'utilisateur : </th>
         <td><input type="text" name="j_username"></td>
      </tr>
      <tr>
         <th align="right">Mot de passe : </th>
         <td><input type="password" name="j_password"></td>
      </tr>
      <tr>
         <td align="right">
             <input type="submit" value="Valider">
         </td>
         <td>
            <input type="reset" value="Annuler">
         </td>
      </tr>
   </table>
   </form>
</body>
</html>
```

Et le résultat de son affichage dans le navigateur Web :

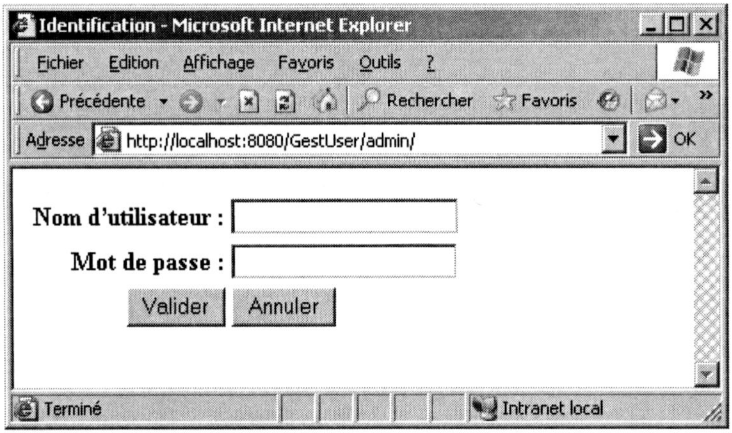

Pour utiliser les autres schémas d'authentification, la configuration est très simple puisqu'elle se limite simplement à spécifier le type du schéma dans la section `<login-config>`, par exemple pour une authentification HTTP de base :

```
<login-config>
   <auth-method>BASIC</auth-method>
   <realm-name>Authentification HTTP de base</realm-name>
</login-config>
```

Ce qui provoquerait l'affichage de la boîte de dialogue suivante lors de l'appel d'une ressource protégée (avec Microsoft Internet Explorer) :

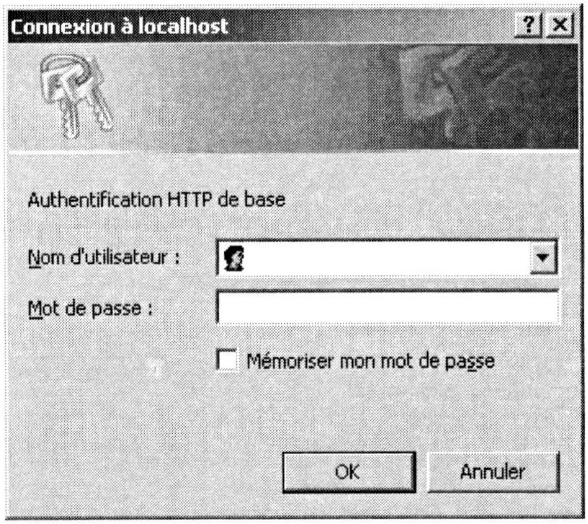

C. Les 'Realms' de Tomcat

La partie précédente de ce chapitre introduit le mécanisme d'authentification. Pendant cette phase d'authentification, le serveur est amené à comparer les données transmises par le client avec celles auxquelles il a accès, c'est justement le rôle des Realm de fournir un accès au registre utilisateur que le serveur doit utiliser.

La spécification Servlet définit un mécanisme standard de ces gestionnaires d'authentification, appelés également **Realm**, qui est complètement utilisé par Tomcat 7, il n'existe cependant pas d'implémentation concrète sous forme d'API de ce mécanisme. Un gestionnaire d'authentification est une interface de programmation définie par Tomcat 7 permettant d'accéder aux informations d'un utilisateur : son identifiant, son mot de passe, son ou ses rôles. Cette interface permet de créer des gestionnaires d'authentification très facilement remplaçables dans la configuration du serveur.

La version actuelle de Tomcat propose 5 types d'objets **Realm** différents :

In-Memory Realm : les informations d'authentification sont stockées dans un fichier XML qui est chargé au démarrage par Tomcat 7. La configuration par défaut d'un serveur Tomcat 7 utilise ce type de gestionnaire d'authentification, le fichier XML utilisé est le fichier **tomcat-users.xml**.

JDBC Realm : les informations d'authentification sont stockées dans une base de données relationnelle. La configuration de ce gestionnaire d'authentification contient les informations de connexion à la base de données, ainsi que des indications sur la structure des données.

DataSource Realm : comme pour le précédent, les données sont stockées dans une base de données, mais la configuration utilise cette fois-ci un pool de connexion JDBC défini dans le serveur.

JNDI Realm : ce type de gestionnaire d'authentification permet l'utilisation d'un service d'annuaire de type LDAP, sa configuration nécessite de donner des indications de connectivité et de structure de l'annuaire.

JAAS Realm : l'API JAAS spécifie mais n'implémente pas de mécanisme d'authentification, il faut donc implémenter un module d'authentification JAAS dont le rôle est d'authentifier les utilisateurs dans un registre particulier. JAAS permet donc d'utiliser pratiquement n'importe quel type de registre d'utilisateur, pour peu qu'un module d'authentification soit disponible, dans le cas contraire, il faudra le développer. Contrairement aux quatre autres objets Realm, Tomcat 7 ne fournit pas d'implémentation de **JAAS Realm** car ils sont trop spécifiques.

Comme indiqué au chapitre Administration du serveur sur la configuration du serveur, l'ajout d'un Realm dans Tomcat 7 se fait grâce à l'élément `<Realm>`, il peut être ajouté en tant qu'élément enfant de `<Engine>`, `<Host>` ou `<Context>`, en faisant attention à sa portée et visibilité. Pour tous ces gestionnaires d'authentification, c'est l'attribut de configuration `className` faisant référence à la classe Java du composant Realm, qui permet de choisir le gestionnaire approprié.

Dans l'exemple de configuration représenté par le schéma suivant :

- L'application au chemin de contexte **/app1** utilise le Realm 1.
- L'application au chemin de contexte **/app2** utilise le Realm 2.
- L'application au chemin de contexte **/app3** utilise le Realm 3.
- L'application au chemin de contexte **/app4** utilise le Realm 3.

Exemple de configuration avec plusieurs Realm :

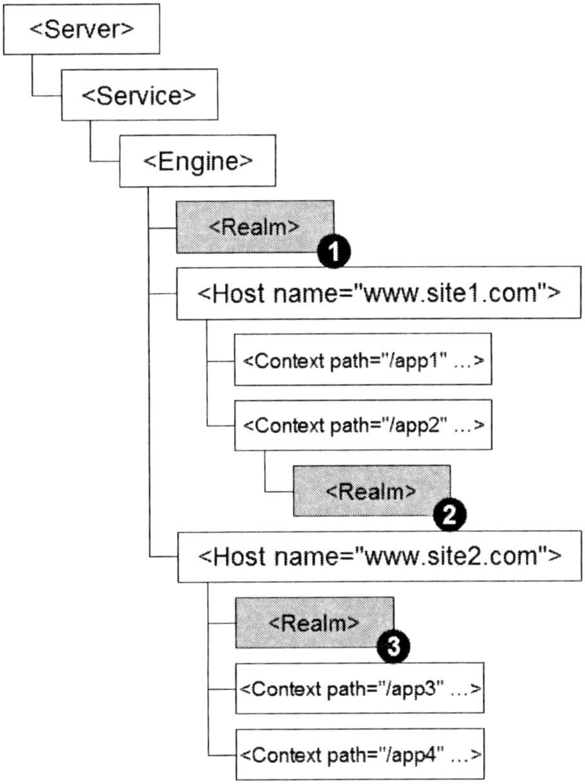

1. In-Memory Realm

Ce type de gestionnaire d'authentification utilise un fichier au format XML pour stocker les noms d'utilisateurs, mots de passe et les rôles. Il tire son nom du fait que la structure du fichier est chargée en mémoire au démarrage du serveur. C'est aussi le nom de la classe Java qui permettait sa mise en œuvre dans les premières versions du serveur Tomcat. Depuis Tomcat 4.1, la classe **MemoryRealm** est remplacée par la classe **UserDatabaseRealm**.

Dans la configuration par défaut d'un serveur Tomcat 7, le fichier XML utilisé par la classe **UserDatabaseRealm** est le fichier **CATALINA_HOME/conf/tomcat-users.xml**, sa structure contient deux types d'entrées : les définitions de rôles avec l'élément XML `<role>`, et les définitions de comptes utilisateurs avec l'élément XML `<user>`.

Les éléments <role> utilisent un seul attribut permettant de nommer le rôle : rolename.

Les éléments <user> utilisent, quant à eux, plusieurs attributs pour spécifier le nom d'utilisateur, avec username, le mot de passe de cet utilisateur, avec password, et le ou les rôles attribués à cet utilisateur avec roles, cet attribut étant facultatif.

*Exemple de fichier **tomcat-users.xml** :*

```
<?xml version='1.0' encoding='utf-8'?>
<tomcat-users>
   <role rolename="manager"/>
   <user username="admin" password="password" roles="manager"/>
</tomcat-users>
```

La configuration de ce gestionnaire d'authentification peut être facilement reprise de l'exemple fourni dans le fichier **server.xml** par défaut. La déclaration de l'élément <Realm> utilise le nom complet de la classe **UserDatabaseRealm** ainsi que le nom d'une ressource JNDI configurée dans la section **GlobalNamingResources** de ce fichier, cette ressource se nomme **UserDatabase**. Cette ressource JNDI permet d'indiquer le fichier XML à utiliser par cette classe.

Configuration complète du gestionnaire d'authentification par défaut de Tomcat 7 :

```
<Server ... >
   <GlobalNamingResources>
      <Resource
        name="UserDatabase"
        auth="Container"
        type="org.apache.catalina.UserDatabase"
        description="User database that can be updated and saved"
        factory="org.apache.catalina.users.MemoryUserDatabaseFactory"
        pathname="conf/tomcat-users.xml" />
   </GlobalNamingResources>
   <Service name="Catalina">
     <Engine name="Catalina" defaultHost="localhost">
        <Realm className="org.apache.catalina.realm.UserDatabaseRealm"
               resourceName="UserDatabase"/>
        ...
     </Engine>
   </Service>
</Server>
```

Un des inconvénients majeurs de ce gestionnaire d'authentification est d'utiliser un fichier dans lequel les mots de passe sont stockés en clair, la partie suivante propose d'utiliser des mots de passe cryptés pour garantir un peu plus la confidentialité des données d'authentification.

Utiliser des mots de passes cryptés

La première étape pour permettre l'utilisation des mots de passe cryptés dans le fichier **tomcat-users.xml** consiste à choisir l'algorithme de cryptage. Java propose deux algorithmes pour crypter ces mots de passe, grâce à la classe `javax.security.MessageDigest` : **SHA** et **MD5**.

L'algorithme **MD5** est très utilisé notamment dans le cryptage des mots de passe des comptes utilisateurs de système UNIX, il génère un message crypté sur 16 octets. **SHA** génère un message crypté sur 20 octets, il est donc plus sécurisant.

Une fois l'algorithme choisi, il faut ensuite générer le mot de passe crypté. Tomcat 7 fourni un script appelé **digest.bat** pour les systèmes Windows ou **digest.sh** pour UNIX, qui se trouve dans le répertoire **CATALINA_HOME/bin**, il s'utilise depuis une invite de commande avec la syntaxe suivante :

```
digest.(sh|bat) -a <algorithme> <mot de passe en clair>
```

Où algorithme peut prendre les valeurs md5 ou sha. Le résultat de cette commande affiche le mot de passe donné en clair, suivi du caractère : (deux-points) et de la version cryptée de ce mot de passe.

Exemple : génération d'un mot de passe crypté à partir de la chaîne « secret » :

```
C:\tomcat7\bin>digest.bat -a sha secret
secret:e5e9fa1ba31ecd1ae84f75caaa474f3a663f05f4
```

Le mot de passe crypté doit maintenant être saisi dans le fichier **tomcat-users.xml** pour l'utilisateur pour lequel il a été généré, par exemple, un nouvel utilisateur appelé **administrateur**, bénéficiant du rôle **manager**, peut accéder à la console d'administration de Tomcat 7.

```
<?xml version='1.0' encoding='utf-8'?>
<tomcat-users>
   <role rolename="manager"/>
    <user username="administrateur"
          password="e5e9fa1ba31ecd1ae84f75caaa474f3a663f05f4"
```

```
          roles="manager"/>
</tomcat-users>
```

Avant de pouvoir tester le fonctionnement de cette configuration, il faut réaliser une modification sur la déclaration de l'élément `<Realm>` : il faut y ajouter l'attribut `digest`, et lui donner comme valeur le nom de l'algorithme utilisé pour crypter le mot de passe. Lorsqu'un utilisateur s'authentifie, Tomcat crypte sa saisie de mot de passe avec l'algorithme spécifié par `digest`, et peut ensuite faire la comparaison avec la valeur stockée dans le fichier.

```
<Realm className="org.apache.catalina.realm.UserDatabaseRealm"
resourceName="UserDatabase" digest="sha"/>
```

La configuration peut maintenant être testée en accédant à la console d'administration (**http://localhost:8080/manager/html**) et en s'authentifiant avec le nom d'utilisateur **admin** et le mot de passe **secret**.

2. JDBC Realm

Les gestionnaires d'authentification de type **In-Memory**, comme celui présenté précédemment, présentent l'inconvénient de complètement charger la structure des fichiers XML associés en mémoire au démarrage du serveur. Si le fichier ne contient que très peu de comptes utilisateurs et de rôles, l'incidence est faible, par contre si le contenu du fichier est conséquent, le poids de ce fichier en mémoire est loin d'être négligeable. Dans ce cas, il vaut mieux privilégier un gestionnaire d'authentification lié à un registre utilisateur plus efficace.

Un gestionnaire d'authentification JDBC utilise une base de données relationnelle en tant que registre utilisateur pour stocker les informations d'authentification. Le fait d'utiliser ce type de registre a l'avantage d'être interrogeable à volonté sans qu'il soit nécessaire de charger des données dans la mémoire de Tomcat 7. De plus, les données sont moins facilement accessibles que lorsqu'elles sont stockées dans un fichier, l'accès à une base de données étant naturellement soumis à une authentification. Enfin, la modification des données dans cette base ne nécessite absolument pas de redémarrage du serveur.

Pour utiliser le composant **JDBCRealm**, la configuration de l'élément `<Realm>` doit faire référence à la classe **org.apache.catalina.realm.JDBCRealm**, avec son attribut `className`, mais il faut également posséder une structure de tables de base de données très précise, faire référence à cette structure dans la configuration, ainsi qu'aux informations de connexion à cette base de données.

La base de données utilisée par le composant **JDBCRealm** doit posséder deux tables, l'une pour stocker les paires nom d'utilisateur/mot de passe, et l'autre pour faire les références aux rôles à partir du nom d'utilisateur. Une seule et unique contrainte doit être respectée : le nom de colonne faisant référence au nom d'utilisateur doit être le même dans les deux tables.

Exemple de structure :

Nom de la table : **utilisateurs**

Nom de colonne	Type de données
nom_util	VARCHAR
mdp_util	VARCHAR

Nom de la table : **roles**

Nom de colonne	Type de données
nom_util	VARCHAR
nom_role	VARCHAR

Le script SQL de création de la base de données et des tables pour **MySQL 5** est le suivant :

```
CREATE DATABASE `auth_tomcat`;
USE `auth_tomcat`;
CREATE TABLE `auth_tomcat`.`utilisateurs` (
  `nom_util` varchar(45) NOT NULL,
  `mdp_util` varchar(45) NOT NULL,
  PRIMARY KEY (`nom_util`)
) ENGINE=InnoDB DEFAULT CHARSET=latin1;
CREATE TABLE `auth_tomcat`.`roles` (
  `nom_util` varchar(45) NOT NULL,
  `nom_role` varchar(45) NOT NULL
) ENGINE=InnoDB DEFAULT CHARSET=latin1;
```

Il faut ensuite insérer des données dans ces tables, par exemple, pour créer l'utilisateur **administrateur** avec le mot de passe **secret**, et ayant le rôle **manager**, il faut utiliser les requêtes suivantes avec les outils de **MySQL 5** :

```
INSERT INTO `auth_tomcat`.`utilisateurs`
   VALUES('administrateur','secret');

INSERT INTO `auth_tomcat`.`roles`
   VALUES('administrateur','manager-gui');
```

La configuration du serveur dans le fichier **server.xml** fait intervenir l'élément `<Realm>` avec les attributs suivants, en plus de l'attribut `className` :

`driverName` : le nom de la classe du pilote JDBC nécessaire pour la connexion à la base de données.

`connectionURL` : l'URL de connexion JDBC utilisée pour accéder à la base de données.

`connectionName` : le nom d'utilisateur nécessaire à la connexion à la base de données.

`connectionPassword` : le mot de passe associé à ce nom d'utilisateur.

`userTable` : le nom de la table de base de données qui contient les identifiants utilisateur et leur mot de passe.

`userNameCol` : le nom de la colonne qui contient le nom d'utilisateur, la valeur doit faire référence à une colonne présente dans les deux tables.

`userCredCol` : le nom de la colonne qui contient les mots de passe utilisateur dans la table identifiée par `userTable`.

`userRoleTable` : le nom de la table de base de données qui contient l'association entre les noms d'utilisateur et les rôles.

`roleNameCol` : le nom de la colonne dans la table identifiée par `userRoleTable` qui contient le nom du rôle.

Voici la configuration de l'élément `<Realm>` à partir de la structure de base de données présentée précédemment :

```
<Realm  className="org.apache.catalina.realm.JDBCRealm"
        driverName="com.mysql.jdbc.Driver"
        connectionURL="jdbc:mysql://localhost:3306/auth_tomcat"
        connectionName="tomcat" connectionPassword="secret"
        userTable="utilisateurs"
        userNameCol="nom_util"
```

```
        userCredCol="mdp_util"
        userRoleTable="roles"
        roleNameCol="nom_role" />
```

Avant de tester la configuration, il faut s'assurer que le pilote JDBC d'accès à la base de données choisi se trouve dans le répertoire **CATALINA_HOME/lib**.

Après redémarrage du serveur, le compte **administrateur** ajouté doit permettre de s'authentifier sur l'application de gestion des applications de Tomcat 7, puisqu'il possède le rôle **manager**.

Utiliser des mots de passe cryptés

Comme pour le gestionnaire d'authentification In-Memory, il est possible d'utiliser des mots de passe cryptés avec les algorithmes MD5 et SHA, permettant ainsi d'augmenter la confidentialité des données de la base de données.

Il y deux méthodes possibles, la première consiste à utiliser la procédure décrite pour le gestionnaire d'authentification In-Memory, faisant intervenir le script **digest.bat** ou **digest.sh**, et à utiliser le mot de passe généré pour l'insertion du compte utilisateur dans la table.

La deuxième méthode est dépendante des possibilités de la base de données utilisée. Une majorité des bases de données du marché propose des fonctions de cryptage : il faut que ces fonctions utilisent les algorithmes **MD5** ou **SHA**. La base de données MySQL 5, utilisée dans les exemples précédents, possède ces deux fonctions.

Insertion d'un utilisateur avec son mot de passe crypté en MD5 :

```
INSERT INTO `auth_tomcat`.`utilisateurs`
   VALUES('administrateur', MD5('secret'));
```

Insertion d'un utilisateur avec son mot de passe crypté en SHA :

```
INSERT INTO `auth_tomcat`.`utilisateurs`
   VALUES('administrateur', SHA('secret'));
```

Il faut également modifier la configuration de l'élément `<Realm>` dans le fichier **server.xml** pour indiquer l'algorithme utilisé, grâce à l'attribut `digest`. L'attribut `digest` peut prendre les valeurs `md5` ou `sha` selon l'algorithme.

Configuration du `<Realm>` pour utiliser des mots de passe cryptés en SHA :

```
<Realm  className="org.apache.catalina.realm.JDBCRealm"
        driverName="com.mysql.jdbc.Driver"
        connectionURL="jdbc:mysql://localhost:3306/auth_tomcat"
        connectionName="tomcat" connectionPassword="secret"
        userTable="utilisateurs"
        userNameCol="nom_util"
        userCredCol="mdp_util"
        userRoleTable="roles"
        roleNameCol="nom_role"
        digest="sha" />
```

Dans les exemples ci-dessus, l'accès à la base de données se fait avec le compte **tomcat**, ce compte doit être créé et autorisé à consulter, et exclusivement consulter, les données de la base utilisée par le **JDBCRealm**. Il est peu recommandé d'utiliser le compte administrateur de la base de données pour éviter de compromettre la sécurité de celle-ci, le mot de passe du compte apparaissant en clair dans la configuration.

Pour ajouter un compte utilisateur avec MySQL 5, il y a plusieurs possibilités. La première consiste à utiliser une requête SQL sur la table de MySQL 5 qui contient les comptes utilisateurs.

Ajouter un compte utilisateur dans MySQL 5 :

*Ce compte est identifié par le nom d'utilisateur **tomcat** et le mot de passe **secret**, à noter que ce compte dispose uniquement du privilège de sélection (**SELECT**) sur toutes les tables (*) de la base **auth_tomcat**. Les commandes à saisir sont en gras.*

```
mysql> GRANT SELECT ON auth_tomcat.*
    -> TO 'tomcat'@'localhost' IDENTIFIED BY 'tomcat';
Query OK, 0 rows affected (0.01 sec)

mysql> FLUSH PRIVILEGES;
Query OK, 0 rows affected (0.00 sec)
```

Il est également possible d'utiliser l'outil graphique **MySQL Administrator** pour ajouter un compte.

L'interface de MySQL Administrator pour l'ajout des utilisateurs et des privilèges :

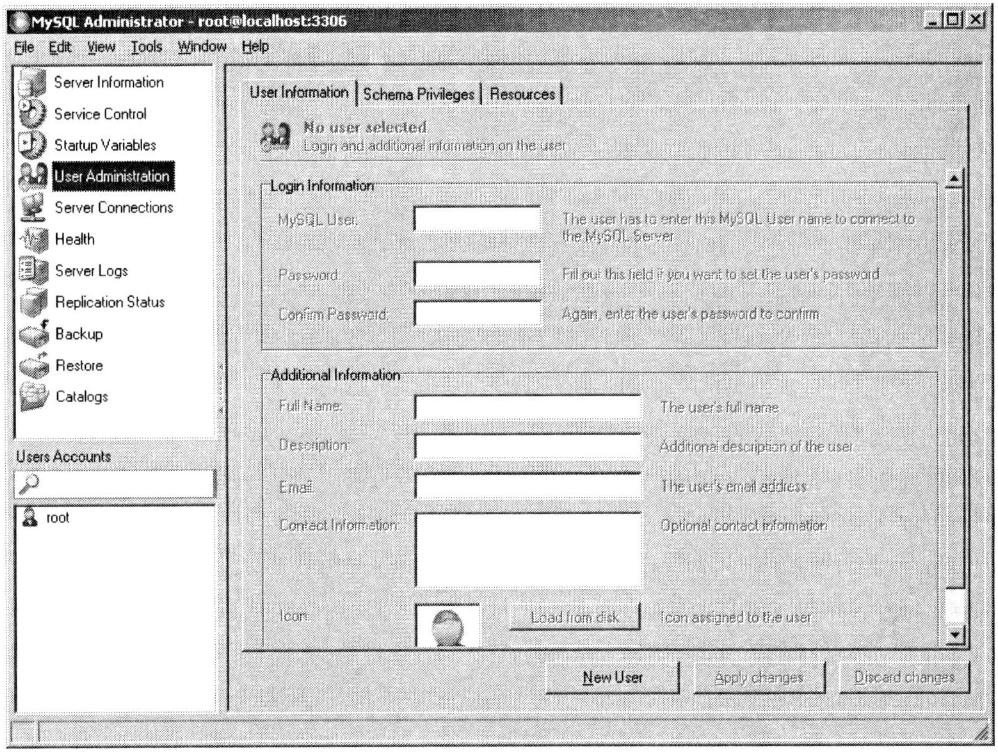

Pour ajouter l'utilisateur **tomcat** avec MySQL Administrator, voici les étapes à suivre :

- Dans la zone **Users Accounts**, faire un clic droit et choisir **Add New User**.
- Dans l'onglet **User Information** de l'écran principal, saisir le nom d'utilisateur **tomcat** dans le champ **MySQL User**, et le mot de passe **secret** dans les champs **Password** et **Confirm Password**.
- Cliquer sur le bouton **Apply changes** en bas à droite, le nom d'utilisateur apparaît dans la zone **Users Accounts**.
- Faire un clic droit sur l'utilisateur **tomcat** choisir **Add Host From Which The User Can Connect**, et saisir le nom de machine hébergeant le serveur Tomcat 7, dans cet exemple, MySQL 5 et Tomcat 7 sont sur la même machine : saisir **localhost**.
- Sélectionner l'onglet **Schema Privileges** de l'écran principal.
- Sélectionner la base de données **auth_tomcat** dans la zone **Schemata**.

→ Faire passer le privilège **SELECT** de la zone **Available Privileges** vers la zone **Assigned Privileges** à l'aide de la flèche.

→ Cliquer sur **Apply changes** pour valider les modifications.

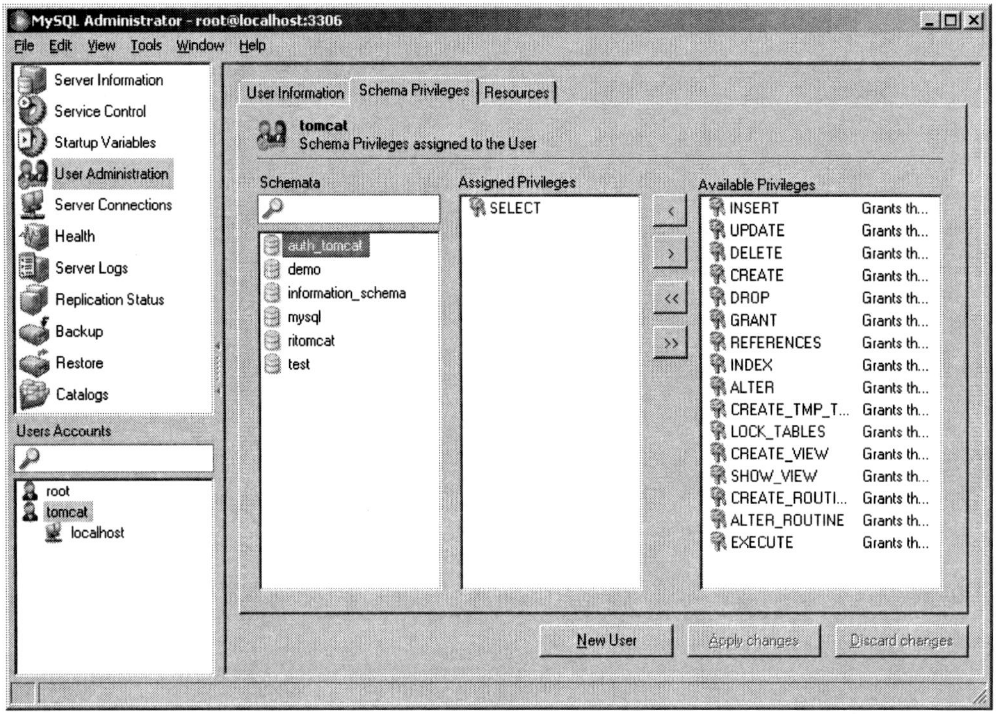

La configuration terminée doit apparaître de la manière suivante dans l'interface de **MySQL Administrator** :

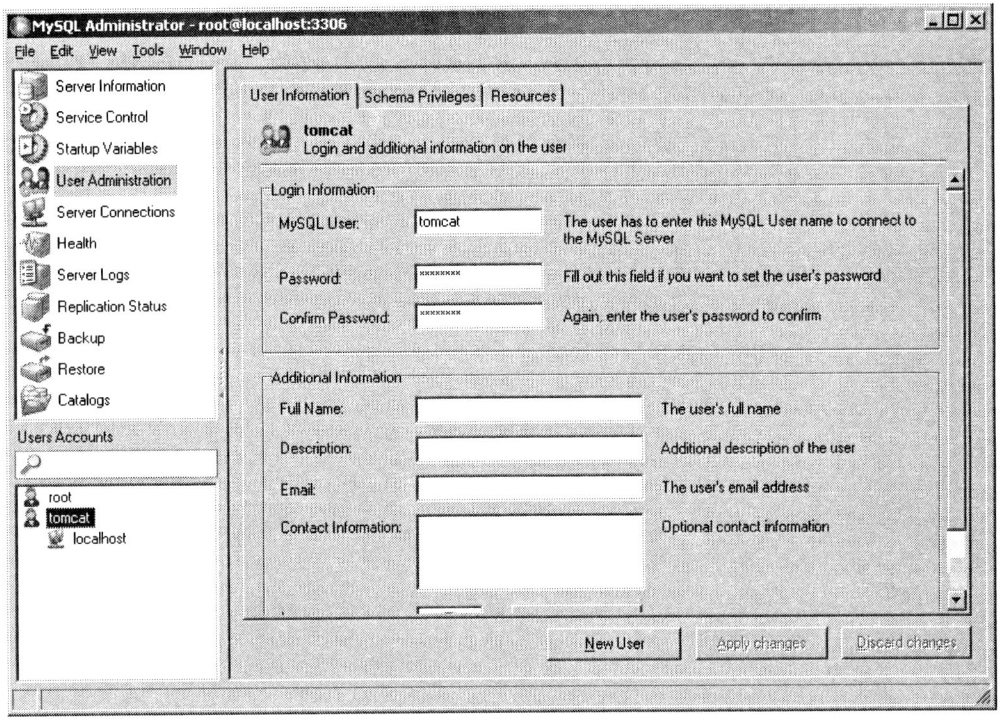

3. DataSource Realm

Il existe une variante du **JDBCRealm** permettant d'utiliser un pool de connexions JDBC pour se connecter à la base de données, il s'agit du composant **DataSourceRealm**. La configuration de ce gestionnaire d'authentification est exactement identique à la configuration du gestionnaire d'authentification précédent, la seule différence réside dans la manière d'indiquer les informations de connexion à la base de données. Plutôt que d'utiliser une connexion directe avec une URL JDBC, le **DataSourceRealm** utilise un pool de connexion qui doit être configuré dans la section **GlobalNamingResource** du fichier **server.xml**.

L'avantage du **DataSourceRealm** par rapport au **JDBCRealm** est notable dans le cas où les applications ont beaucoup de procédures d'authentification à réaliser, le fait d'utiliser ce mécanisme de recyclage des connexions permet d'augmenter les performances en diminuant les temps de réponse de ces applications.

Voici les attributs de l'élément <Realm> pour ce gestionnaire d'authentification.

className : le nom de la classe d'implémentation est org.apache.catalina.realm.DataSourceRealm.

dataSourceName : le nom JNDI de la ressource configurée et faisant référence au pool de connexion à utiliser.

digest : permet de spécifier l'algorithme de cryptage utilisé si les mots de passe cryptés sont mis en œuvre.

userTable : le nom de la table de base de données qui contient les identifiants utilisateur et leur mot de passe.

userNameCol : le nom de la colonne qui contient le nom d'utilisateur, la valeur doit faire référence à une colonne présente dans les deux tables.

userCredCol : le nom de la colonne qui contient les mots de passe utilisateur dans la table identifiée par userTable.

userRoleTable : le nom de la table de base de données qui contient l'association entre les noms d'utilisateur et les rôles.

roleNameCol : le nom de la colonne dans la table identifiée par userRoleTable qui contient le nom du rôle.

Voici une configuration complète utilisant le **DataSourceRealm** :

Configuration :

```
<Server ... >
  <GlobalNamingResources>
   <Resource
      name="jdbc/AuthTomcat"
      auth="Container"
      type="javax.sql.DataSource"
      driverName="com.mysql.jdbc.Driver"
      url="jdbc:mysql://localhost:3306/auth_tomcat"
      username="tomcat"
      password="secret" />
  </GlobalNamingResources>
  <Service name="Catalina">
     <Engine name="Catalina" defaultHost="localhost">
       <Realm className="org.apache.catalina.realm.DataSourceRealm"
              dataSourceName="jdbc/AuthTomcat"
              userTable="utilisateurs"
              userNameCol="nom_util"
              userCredCol="mdp_util"
```

```
            userRoleTable="roles" roleNameCol="nom_role" />
      ...
    </Engine>
  </Service>
</Server>
```

Tout comme pour le précédent gestionnaire d'authentification, un pilote JDBC est nécessaire. La vérification du bon fonctionnement de cette configuration peut se faire comme précédemment, en sécurisant l'accès à l'application de gestion des applications.

Le composant **DataSourceRealm** permet également d'utiliser des mots de passe cryptés, la procédure est identique à celle déjà décrite précédemment, et la configuration doit posséder l'attribut `digest` pour indiquer l'algorithme de cryptage utilisé.

Enfin, il est également recommandé de créer un utilisateur spécifique pour se connecter à la base de données.

4. JNDI Realm

Parmi les services présents dans les systèmes d'informations d'entreprise, le service d'annuaire est probablement celui le plus fréquemment rencontré. Les systèmes UNIX ont d'abord eu recours au service **NIS** (*Network Information System*) développé par Sun Microsystems au début des années 80, puis, plus récemment, les systèmes Microsoft Windows dans leurs versions serveurs 2000 et 2003, ont proposé une implémentation différente avec le service **Active Directory**.

Le standard actuel des services d'annuaire est le protocole **LDAP** (*Lightweight Directory Access Protocol*). Le protocole LDAP permet la recherche d'informations dans un serveur d'annuaire LDAP. L'étude du protocole LDAP et du fonctionnement des serveurs LDAP dépasse largement le cadre de cet ouvrage, mais voici quelques informations simples pour comprendre le fonctionnement de cette technologie.

Un serveur d'annuaire LDAP est une base de données organisée comme un carnet d'adresses ou un annuaire téléphonique, il peut contenir des données diverses telles que les informations concernant les employés d'une société, des listes de contacts professionnels, des inventaires...

En se connectant à se type de serveur avec le protocole LDAP, il est possible de faire des recherches sur ces données et de les récupérer sous forme d'enregistrements LDAP. Chaque enregistrement est identifié par un nom unique appelé nom distinctif (**DN - Distinguished Name**), un nom distinctif est une liste de paires clés/valeurs séparées par des virgules, et qui se comporte comme un chemin d'accès vers une information précise.

Voici un exemple de nom distinctif faisant référence à l'utilisateur **rdupont** appartenant à un groupe appelé **users** dans l'entreprise identifiée par **monentreprise.com**, dans ce DN, **monentreprise.com** est appelé nom distinctif de base.

```
cn=rdupont,ou=users,o=monentreprise.com
```

En utilisant ce nom distinctif dans une recherche, il est possible de récupérer toutes les informations associées à l'utilisateur **rdupont**, ces informations sont fournies dans la structure de l'annuaire sous forme d'attributs LDAP.

L'API Java JNDI permet la connectivité avec les serveurs d'annuaires LDAP, mais d'autres types d'annuaires sont utilisables grâce à la notion de pilote, tout comme avec JDBC. JNDI est fournie avec un pilote générique pour accéder aux serveurs d'annuaire LDAP, mais d'autres pilotes peuvent être utilisés.

Pour plus d'informations sur la technologie JNDI :
http://java.sun.com/products/jndi

Le gestionnaire d'authentification **JNDIRealm** de Tomcat 7 permet d'utiliser un service d'annuaire LDAP pour stocker les informations d'authentification des utilisateurs. Comme avec les gestionnaires d'authentification utilisant les bases de données, la syntaxe de l'élément `<Realm>` doit contenir les informations de connexion à l'annuaire, ainsi que des indications sur la structure des données dans cet annuaire.

La classe d'implémentation du composant **JNDIRealm** est **org.apache.catalina.realm.JNDIRealm**.

Voici les attributs de l'élément `<Realm>` nécessaires pour une configuration de **JNDIRealm**.

`connectionURL` : l'URL de connexion au serveur d'annuaire.

`connectionName` : le nom d'utilisateur pour la connexion au serveur d'annuaire. Si cet attribut n'est pas spécifié, c'est le compte de l'utilisateur qui s'authentifie qui est utilisé pour se connecter à l'annuaire.

`connectionPassword` : le mot de passe associé à ce nom d'utilisateur.

`contextFactory` : le nom de la classe Java utilisée comme contexte initial JNDI. Par défaut, la classe du pilote générique LDAP est utilisée (**com.sun.jndi.ldap.LdapCtxFactory**).

`digest` : permet de spécifier l'algorithme éventuellement utilisé pour crypter les mots de passe.

`userPassword` : le nom de l'attribut LDAP qui fait référence au mot de passe de l'utilisateur.

`userPattern` : spécifie un motif de recherche LDAP pour localiser les enregistrements des utilisateurs. Ce motif utilise la variable **{0}** pour représenter le nom d'utilisateur fourni lors de l'authentification.

`roleName` : le nom de l'attribut LDAP qui fait référence au nom du rôle.

`roleSearch` : spécifie un motif de recherche LDAP pour la localisation des rôles d'un utilisateur. Ce motif utilise la variable **{0}** pour représenter le nom distinctif de l'utilisateur et **{1}** pour représenter le nom fourni lors de l'authentification.

`roleBase` : spécifie l'élément à partir duquel doit commencer la recherche des rôles, par défaut, elle démarre à la racine de l'annuaire.

`roleSubtree` : si cet attribut est positionné à `true`, alors la recherche des rôles est récursive dans l'arborescence, et ce à partir du point indiqué par `roleBase`. La valeur par défaut est `false`.

Pour illustrer le fonctionnement et la configuration de ce gestionnaire d'authentification, voici un exemple complet utilisant l'annuaire LDAP Open Source OpenLDAP, plus d'informations concernant l'installation, la configuration et l'utilisation de OpenLDAP sont disponibles en Annexe B.

Dans l'exemple qui suit, l'organisation (**o - organization**) se nomme **monentreprise.com**, il y dans cette organisation, deux unités organisationnelles (**ou - organizational Unit**) qui correspondent à des groupes d'éléments. L'unité organisationnelle **utilisateurs** contient des entrées LDAP de type **person** caractérisant les utilisateurs, tandis que **roles** contient les entrées de type **groupOfUniqueNames**, **admin** et **manager** qui correspondent aux deux rôles utilisés par Tomcat 7. Les entrées de type **groupOfUniqueNames** font référence à d'autres entrées LDAP, ici, les membres uniques (**uniqueMember**) de ces rôles sont les membres de l'unité organisationnelle **utilisateurs** en fonction des rôles à leur donner.

Structure de l'annuaire :

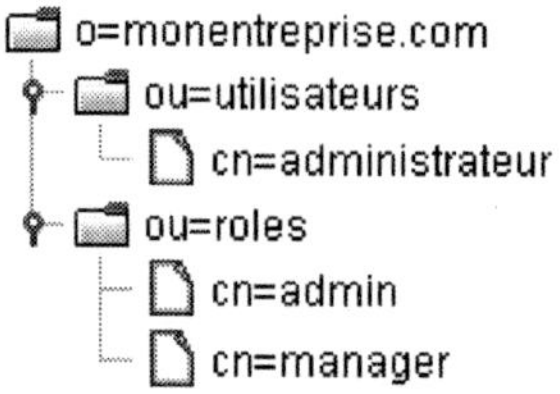

Traditionnellement, les structures d'annuaires LDAP sont exportables dans des fichiers en utilisant un format standard, le format **LDIF** (*Lightweight Data Interchange Format*). Ces fichiers permettent une sauvegarde et une restauration des données LDAP.

Le fichier LDIF de la structure de données présentée précédemment contient les informations suivantes :

```
version: 1
dn: o=monentreprise.com
objectClass: organization
objectClass: top
o: monentreprise.com

dn: ou=utilisateurs,o=monentreprise.com
objectClass: organizationalUnit
objectClass: top
ou: utilisateurs

dn: cn=administrateur,ou=utilisateurs,o=monentreprise.com
objectClass: person
objectClass: top
cn: administrateur
sn: administrateur
userPassword:: cGFzc3dvcmQ=

dn: ou=roles,o=monentreprise.com
objectClass: organizationalUnit
objectClass: top
ou: roles

dn: cn=admin,ou=roles,o=monentreprise.com
objectClass: groupOfUniqueNames
objectClass: top
```

```
cn: admin
uniqueMember: cn=administrateur,ou=utilisateurs,o=monentreprise.com

dn: cn=manager,ou=roles,o=monentreprise.com
objectClass: groupOfUniqueNames
objectClass: top
cn: manager
uniqueMember: cn=administrateur,ou=utilisateurs,o=monentreprise.com
```

Pour importer ce fichier dans l'annuaire, deux méthodes sont utilisables : soit les outils en ligne de commande standards livrés avec l'annuaire, soit un outil graphique tierce-partie.

*Importation du fichier **c:\scripts\monentreprise.com.ldif** depuis la ligne de commande :*

```
C:\Program Files\OpenLDAP>ldapadd -f monentreprise.com.ldif -x -D
"cn=Manager,o=monentreprise.com" -w secret
```

La configuration du `<Realm>` dans le fichier **server.xml** doit maintenant faire référence à toutes ces informations ainsi qu'aux données de connexion au service d'annuaire.

Les données de connexion sont variables selon la configuration du serveur LDAP.

La recherche des rôles se fait dans l'unité organisationnelle **roles : roleBase="ou=roles,o=monentreprise.com"**.

L'attribut LDAP faisant référence au nom du rôle est **cn : roleName="cn"**.

Dans chaque rôle, les utilisateurs sont référencés par l'attribut **uniqueMember**, la valeur de cet attribut doit être le nom distinctif de l'utilisateur authentifié (la variable **{0}) : roleSearch="(uniqueMember={0})"**.

L'attribut faisant référence au mot de passe utilisateur est **userPassword : userPassword="userPassword"**.

Enfin, la recherche des utilisateurs se fait dans l'unité organisationnelle **utilisateurs**, avec le nom saisi (la variable {0}) lors de l'authentification :
userPattern="cn={0},ou=utilisateurs,o=monentreprise.com"

La configuration complète de l'élément `<Realm>` est alors la suivante :

```
<Realm className="org.apache.catalina.realm.JNDIRealm"
       connectionURL="ldap://localhost:389"
       connectionName="cn=Manager,o=monentreprise.com"
```

```
        connectionPassword="secret"
        roleBase="ou=roles,o=monentreprise.com"
        roleName="cn"
        roleSearch="(uniqueMember={0})"
        userPassword="userPassword"
        userPattern="cn={0},ou=utilisateurs,o=monentreprise.com"
/>
```

Comme pour l'accès à une base de données, il est nécessaire de créer un compte d'interrogation de l'annuaire avec le moins de privilèges possibles car son identifiant et son mot de passe apparaissent en clair dans la configuration du serveur.

Par défaut, l'annuaire OpenLDAP autorise à tout utilisateur de l'annuaire, l'accès en lecture seul à ses données. Ce mode de fonctionnement est très permissif et il convient de limiter les accès.

5. JAAS Realm

Le gestionnaire d'authentification JAAS Realm utilise l'API Java JAAS pour authentifier un utilisateur. Cette API est intégrée en standard dans la plate-forme Java SE depuis la version 1.4. L'utilisation de JAAS permet de concevoir des modules d'authentification capables de se connecter à quasiment tous les types de registres de stockage d'informations envisageables.

À partir du moment où le registre est intégré à un logiciel propriétaire non standard, ou bien si la structure d'annuaire LDAP ou de base de données relationnelle ne permet pas d'utiliser les gestionnaires d'authentification présentés précédemment, le composant **JAASRealm** est la solution.

Il existe sur le marché des modules d'authentification JAAS prêts à l'emploi, mais il est également possible de programmer son propre module d'authentification à partir des classes fournies par JAAS (**javax.security.auth.spi.LoginModule** et **javax.security.Principal**).

L'étude de la conception et du fonctionnement de ces modules dépassant le cadre de cet ouvrage, plus d'informations, et notamment des tutoriaux sur JAAS sont disponibles sur le site de la technologie JAAS : **http://java.sun.com/products/jaas/**.

La configuration du gestionnaire d'authentification JAAS se fait en quatre étapes :

- Obtenir ou écrire un module d'authentification JAAS.
- Configurer le module d'authentification.
- Configurer l'élément `<Realm>` dans le fichier **server.xml**, dans ce cas l'attribut `className` vaut `org.apache.catalina.realm.JAASRealm`.

Obtenir ou écrire un module d'authentification JAAS

L'API JAAS propose en standard un certain nombre de modules d'authentification notamment pour utiliser une base de compte locale UNIX ou Windows NT, mais il existe un autre module très utilisé car il permet l'authentification des utilisateurs dans un domaine Windows 2000 en utilisant l'Active Directory. Ce module est disponible en libre téléchargement à l'adresse **http://free.tagish.net/jaas/index.jsp**.

Un module d'authentification est principalement composé de trois classes, qu'il faut écrire s'il est nécessaire de concevoir son propre module d'authentification :

- La classe principale du module : elle permet la connectivité avec le registre utilisateur choisi.
- La classe qui représente les utilisateurs, elle est basée sur **javax.security.Principal**.
- La classe qui représente les rôles, elle est basée sur **javax.security.Principal**.

Les classes du module d'authentification doivent être accessibles à Tomcat 7, elles doivent donc se trouver sous **CATALINA_HOME/lib** et doivent être fournies sous forme d'archive (.jar).

Configurer le module d'authentification

Les modules d'authentification nécessitent un fichier de configuration, souvent nommé **jaas.config**. Ce fichier permet d'activer le module ainsi que de passer des options de configuration, il doit faire référence au nom du module, à la classe du module et éventuellement aux options de configuration. Chaque module possède ses propres valeurs, en général documentées, pour ce fichier.

Voici un exemple de fichier **jaas.config**, utilisant le module d'authentification pour les domaines Windows 2000 :

```
JAASLogin {
   com.tagish.auth.win32.NTSystemLogin required
   returnNames=true
   returnSIDs=false
   defaultDomain="MONDOMAINE";
};
```

Avec Tomcat 7, les fichiers **jaas.config** sont généralement copiés dans le répertoire **CATALINA_HOME/conf**.

Le nom de ce fichier doit ensuite être passé en valeur de l'option de démarrage **java.security.auth.login.config** de la Machine Virtuelle Java, avec Tomcat 7 cela se fait en ajoutant la ligne suivante dans le script **CATALINA_HOME/bin/catalina.bat** sous Windows et **CATALINA_HOME/bin/catalina.sh** sous Unix/Linux :

```
set JAVA_OPTS=%JAVA_OPTS% -Djava.security.auth.login.config=...
```

Configurer l'élément `<Realm>` dans le fichier server.xml

La dernière étape consiste à déclarer l'élément <Realm> et fournir les attributs nécessaires à l'utilisation de ce type de gestionnaire d'authentification. Les attributs supplémentaires à `className` sont les suivants :

`appName` : le nom d'application qui est passé au contexte d'authentification, cette valeur doit être la même que celle déclarée dans le fichier de configuration du module, soit dans l'exemple ci-dessus, **JAASLogin**.

`roleClassNames` : le nom de la classe qui représente les rôles, s'il y en a plusieurs, il faut les séparer avec des virgules.

`userClassNames` : le nom de la classe qui représente les comptes utilisateur, s'il y en a plusieurs, il faut les séparer avec des virgules.

L'élément `<Realm>` pour utiliser le module d'authentification pour les domaines Windows 2000 :

```
<Realm className="org.apache.catalina.realm.JAASRealm"
   appName="JAASLogin"
   userClassNames="com.tagish.auth.win32.typed.NTUserPrincipal"
   roleClassNames="com.tagish.auth.win32.typed.NTGroupPrincipal" />
```

D. Configurer Tomcat pour le Single Sign-On

Chaque application web possède une portée d'authentification qui lui est propre, c'est-à-dire que l'authentification d'un utilisateur sur une application ne lui donne aucun droit sur une autre. Par exemple, en supposant qu'un utilisateur bénéficie des rôles nécessaires pour accéder à deux applications distinctes, s'il s'authentifie sur l'une et qu'il souhaite basculer sur l'autre, il devra se réauthentifier.

Ce comportement par défaut est intéressant pour des raisons de sécurité, mais il peut être nécessaire d'implémenter un mécanisme d'authentification unique, **Single Sign-On**, entre plusieurs applications, notamment dans les environnements de type portail, ou plusieurs applications doivent être accessibles à partir du même identifiant.

1. La 'Valve' d'authentification unique

Pour mettre en œuvre l'authentification unique, Tomcat 7 utilise un composant Valve configuré sur l'hôte hébergeant les applications entre lesquelles l'authentification unique est à installer, il n'est donc pas possible de mettre en œuvre l'authentification unique entre des applications configurées dans des hôtes (élément de configuration `<Host>`) différents. De plus, toutes les applications doivent utiliser le même gestionnaire d'authentification, il doit donc y avoir un élément `<Realm>` configuré sous l'élément `<Host>` ou sous l'élément `<Engine>`.

La configuration à réaliser dans le fichier **server.xml** est très simple dans la mesure où les attributs de configuration de l'élément `<Valve>` à utiliser sont limités.

Exemple

```
<Host name="localhost" ...>
   ...
   <Valve className="org.apache.catalina.authenticator.SingleSignOn"
    />
   ...
</Host>
```

Cependant plusieurs contraintes sont à prendre en considération lors de la mise en œuvre de ce mécanisme.

D'abord, une fois authentifié, l'utilisateur va obtenir ses rôles de façon définitive, à chaque demande d'une application, ses rôles seront présentés au gestionnaire d'authentification et ils doivent lui permettre d'accéder à l'application.

Ensuite, la déconnexion de l'utilisateur sur une application, lui fait perdre sa session sur l'ensemble des applications.

Enfin, ce mécanisme utilise les cookies HTTP pour transmettre une information permettant d'associer les requêtes de chaque utilisateur avec leur identité sur le serveur, il faut donc que les navigateurs Web utilisés soient configurés pour accepter les cookies.

E. Sécurisation avec SSL

Les considérations actuelles en terme de sécurité informatique font qu'il est très souvent nécessaire de requérir à des mécanismes de cryptage des flux échangés entre un serveur et les clients qui s'y connectent. Dans un environnement Web, c'est le protocole HTTPS qui permet un tel cryptage, les données qui transitent habituellement sur le protocole HTTP, vont grâce à HTTPS, être cryptées.

Le début de ce chapitre introduit au fonctionnement des protocoles de sécurité utilisables avec HTTP, tels que SSL et TLS.

Tomcat 7 dispose nativement d'un connecteur supportant HTTPS, cependant la vocation première d'un serveur d'applications ou d'un conteneur JEE est d'héberger des applications, les moteurs de communication HTTP et HTTPS ne sont donc pas aussi performant que ceux des serveurs Web.

Un moyen simple d'utiliser ce protocole sécurisé avec Tomcat 7, consiste à prendre en charge la connectivité HTTPS avec un serveur Web frontal à Tomcat, comme le serveur Apache, ou encore le serveur IIS de Microsoft. Cette configuration permet de bénéficier des performances du serveur Web, ainsi que des très nombreuses options de configuration de ces serveurs concernant la sécurité, Tomcat 7 étant un peu moins configurable concernant HTTPS, qu'un serveur Web.

Ce type de configuration est expliqué un peu plus loin dans cette partie.

1. Génération des certificats et clés de cryptage

Pour crypter les échanges entre clients et serveur, HTTPS utilise une clé publique et une clé privée, tout ce qui est crypté avec la clé privée, n'est décryptable qu'avec la clé publique, et inversement. La clé publique est diffusée au client, la clé privée reste sur le serveur, et l'administrateur veillera tout particulièrement à protéger cette clé, bien qu'elle soit protégée par un mot de passe.

Au-delà de l'aspect cryptage de flux entre le serveur et ses clients, il faut également un moyen de s'assurer de l'authenticité du serveur, en effet, rien ne garantit au client que le serveur avec lequel il va échanger des données sensibles, est bien celui qu'il prétend être !

Pour garantir l'authenticité d'un serveur, les techniques de cryptage introduisent la notion de certificat. Un certificat obtenu par un client lui permet de vérifier l'identité d'un serveur, et d'obtenir, s'il accepte le certificat, la clé publique du serveur, dans ce cas, les échanges sécurisés pourront avoir lieu.

Les certificats peuvent être générés par l'administrateur du serveur, mais, dans ce cas, rien ne garantit au client que le serveur n'est pas un serveur pirate, toutes les données du certificat peuvent être falsifiées... C'est là qu'interviennent les autorités de certification.

Une autorité de certification est une société habilitée à délivrer des certificats de cryptage : avant de délivrer ce certificat, l'autorité de certification aura fait toutes les vérifications nécessaires concernant l'authenticité du demandeur du certificat ainsi que sur ses intentions concernant l'utilisation de ce certificat.

Il existe plusieurs autorités de certification, comme par exemple la société VeriSign qui est la plus connue. Les navigateurs Web actuels disposent d'une liste des autorités de certification, de sorte que lorsqu'un navigateur reçoit un certificat émis par ces sociétés, ils ne posent aucunes questions concernant l'authenticité du certificat reçu.

Il est cependant possible pour un administrateur de générer lui-même un certificat, mais les utilisateurs ne sont pas en mesure de vérifier l'authenticité de ce certificat, tout dépend du degré de confiance entre les deux parties, et du degré de confidentialité des données échangées.

La génération d'un certificat pour les technologies Java se fait avec un outil fourni par le JDK, l'outil **Keytool**. Cet outil en ligne de commande permet de générer un certificat signé par l'émetteur mais pas par une autorité de certification. Cette commande se trouve dans le répertoire **JAVA_HOME/bin**.

L'ensemble des clés générées est stocké dans un fichier particulier appelé **keystore**, ou entrepôt de stockage des clés, ce fichier doit être protégé par un mot de passe. De plus, un mot de passe doit être fourni pour la clé privée du serveur : avec Tomcat 7, il est nécessaire que ces deux mots de passe soient identiques !

Pour générer un certificat auto-signé, l'outil **keytool** s'utilise de la manière suivante :

JAVA_HOME doit être remplacé par sa valeur en fonction de l'installation du JDK.

```
<Host name="localhost" ...>
   ...
   <Valve className="org.apache.catalina.authenticator.SingleSignOn"
    />
   ...
</Host>
```

Par défaut, le fichier de stockage des clés est généré dans le répertoire personnel de l'utilisateur qui saisit cette commande, et le fichier s'appelle **.keystore**. Il est possible de modifier le nom et l'emplacement de ce fichier en utilisant l'option **–keystore**.

Exemple

Changement du nom et de l'emplacement du fichier de stockage des clés.

```
keytool -genkey -alias monserveur
-keyalg RSA -keystore C:\security\monfichier.keystore
```

Une fois la commande validée, il faut renseigner les informations qui vont permettre de signer le certificat. La première chose consiste à donner un mot de passe pour le fichier de stockage des clés, ensuite, toutes les informations concernant l'identité de la société qui génère le certificat, et enfin, le mot de passe du certificat : il est important que ce mot de passe soit le même que celui du fichier de stockage des clés.

*Interaction avec la commande **keytool** ; les informations à donner :*

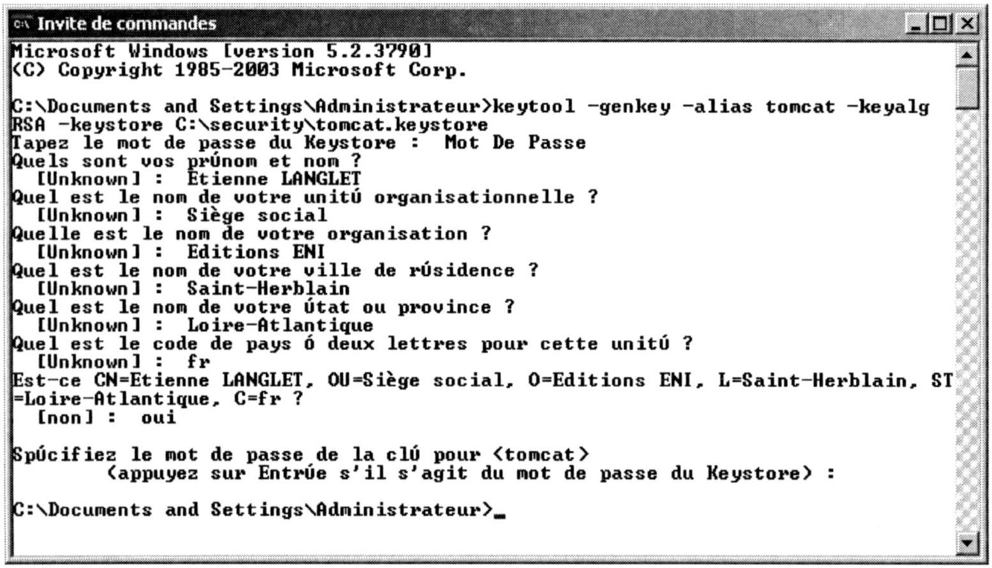

```
Invite de commandes
Microsoft Windows [version 5.2.3790]
(C) Copyright 1985-2003 Microsoft Corp.

C:\Documents and Settings\Administrateur>keytool -genkey -alias tomcat -keyalg
RSA -keystore C:\security\tomcat.keystore
Tapez le mot de passe du Keystore :  Mot De Passe
Quels sont vos prúnom et nom ?
  [Unknown] :  Étienne LANGLET
Quel est le nom de votre unitú organisationnelle ?
  [Unknown] :  Siège social
Quelle est le nom de votre organisation ?
  [Unknown] :  Editions ENI
Quel est le nom de votre ville de rúsidence ?
  [Unknown] :  Saint-Herblain
Quel est le nom de votre útat ou province ?
  [Unknown] :  Loire-Atlantique
Quel est le code de pays ó deux lettres pour cette unitú ?
  [Unknown] :  fr
Est-ce CN=Etienne LANGLET, OU=Siège social, O=Editions ENI, L=Saint-Herblain, ST
=Loire-Atlantique, C=fr ?
  [non] :  oui

Spúcifiez le mot de passe de la clú pour <tomcat>
        (appuyez sur Entrúe s'il s'agit du mot de passe du Keystore) :

C:\Documents and Settings\Administrateur>_
```

Pour obtenir un certificat signé par une autorité de certification, la procédure est assez différente. La première étape consiste à créer le certificat et une demande de certificat (**CSR** - *Certificate Signing Request*), qui sera utilisée par l'autorité de certification pour signer le certificat.

Il faut pour ceci utiliser la commande **keytool** avec la syntaxe précédente, attention simplement au fait qu'ici, il est nécessaire de donner l'URL de son site Internet (par exemple, **www.monentreprise.com**) dans la zone de saisie nom et prénom, si ce certificat doit être utilisé sur Internet.

```
keytool -genkey -alias tomcat -keyalg RSA -keystore
   C:\security\www_monentreprise_com.keystore
```

Ensuite la demande de certificat est créée avec la commande suivante :

```
keytool -certreq -keyalg RSA -alias tomcat
  -file www_entreprise_com.csr
  -keystore C:\security\www_enterprise_com.keystore
```

Le fichier **www_monentreprise_com.csr** contient la demande de certification. Il faut maintenant se rendre sur le site Internet de l'autorité de certification choisie et suivre les instructions permettant d'obtenir un certificat : la procédure peut prendre plusieurs jours.

Une fois que l'autorité de certification a renvoyé le certificat, il faut l'importer dans le fichier de stockage des clés. La première chose à faire est de télécharger le certificat racine de l'autorité de certification sur son site Internet, puis enfin d'importer les fichiers.

Importation du certificat racine de l'autorité de certification :

```
keytool -import -alias root -keystore
   C:\security\www_monentreprise_com.keystore -trustcacerts -file
   <fichier de certificat racine>
```

Importation du nouveau certificat signé par l'autorité de certification :

```
keytool -import -alias tomcat -keystore
   C:\security\www_monentreprise_com.keystore -trustcacerts -file
   <le fichier du certificat>
```

2. Configuration du connecteur HTTPS

Le serveur Tomcat 7 propose, dans sa configuration par défaut, un connecteur HTTPS préconfiguré : cette configuration est mise en commentaire dans le fichier **server.xml**, aussi il est très simple d'activer ce connecteur. Cependant, il peut être nécessaire d'adapter certaines de ces directives, notamment en ce qui concerne le mot de passe de l'entrepôt de stockage des clés, et l'emplacement du fichier qui représente cet entrepôt.

Le connecteur HTTPS de Tomcat 7 utilise l'élément de configuration `<Connector>`, voici sa déclaration commentée dans le fichier **server.xml** par défaut :

```
<!-- Define a SSL Coyote HTTP/1.1 Connector on port 8443 -->
<!--
<Connector port="8443"
           enableLookups="false" disableUploadTimeout="true"
           acceptCount="100" scheme="https" secure="true"
           clientAuth="false" sslProtocol="TLS" />
-->
```

Cet élément `<Connector>` possède les mêmes attributs que les autres connecteurs, mais il en a également qui lui sont propres.

`keystoreFile` : permet d'indiquer le chemin du fichier de stockage des clés si un autre fichier que celui utilisé par défaut est utilisé, le chemin peut être absolu ou relatif à **CATALINA_HOME**. Le fichier par défaut se nomme **.keystore** et se trouve dans le répertoire personnel de l'utilisateur qui génère ce fichier.

`keystorePass` : le mot de passe du fichier de stockage des clés. La valeur par défaut est changée.

`sslProtocol` : le protocole de cryptage utilisé par HTTPS. Les recommandations sont les suivantes : si une Machine Virtuelle Java de Sun Microsystems est utilisée alors donner la valeur `TLS` à cet attribut, si la Machine Virtuelle Java est fournie par IBM, alors utiliser `SSL`.

`clientAuth` : permet d'indiquer si les clients qui veulent utiliser ce connecteur doivent ou non disposer d'un certificat client. La valeur par défaut est `false`.

`truststoreFile` : le fichier utilisé pour valider les certificats clients.

`truststorePass` : le mot de passe de ce fichier.

Voici la configuration à utiliser avec le certificat auto-signé généré à l'étape précédente :

```
<Connector port="8443"
        enableLookups="false" disableUploadTimeout="true"
        acceptCount="100" scheme="https" secure="true"
        clientAuth="false" sslProtocol="TLS"
        keystoreFile="c:\security\www_monentreprise_com.keystore"
        keystorePass="Mot De Passe" />
```

À l'exemple fourni dans le fichier server.xml par défaut, sont simplement ajoutés les attributs faisant référence au fichier de stockage des clés et à son mot de passe.

Une fois le connecteur configuré, le serveur Tomcat 7 doit être accessible via HTTPS, par exemple **https://localhost:8443**.

3. Utiliser le serveur Web Apache comme serveur frontal HTTPS

La configuration idéale en termes de performance et de fiabilité, comme précisé précédemment, consiste à utiliser le moteur HTTPS d'un serveur Web à la place de celui de Tomcat 7. Il existe deux implémentations d'Apache pour fonctionner sur HTTPS : **Apache-SSL** et Apache utilisant le module **mod_ssl**.

La configuration d'Apache pour fonctionner sur HTTPS dépasse le cadre de cet ouvrage, cependant la procédure est donnée en détail dans l'ouvrage **Apache (version 2) : Installation, administration et sécurisation** dans la collection Ressources Informatiques aux Editions ENI.

Voici la portion du fichier **httpd.conf** d'Apache permettant la configuration de HTTPS avec **mod_ssl** :

```
LoadModule ssl_module modules/mod_ssl.so
...
Listen 443
...
AddType application/x-x509-ca-cert .crt
AddType application/x-pkcs7-crl .crl
...
<VirtualHost _default_:443>
   SSLEngine on
   SSLOptions +StdEnvVars +ExportCertData
   SSLCipherSuite
     ALL:!ADH:!EXPORT56:RC4+RSA:+HIGH:+MEDIUM:+LOW:+SSLv2:+EXP
   SSLCertificateFile /usr/apache2/conf/ssl/ritomcat6.crt
   SSLCertificateKeyFile /usr/apache2/conf/ssl/ritomcat6.key
</VirtualHost>
```

Dans la mise en œuvre conjointe d'Apache et Tomcat 7 pour utiliser HTTPS, il y a des options de configuration indispensables à ajouter si les deux serveurs communiquent grâce à **mod_jk**. Ces options permettent de transférer les informations HTTPS d'Apache vers Tomcat 7 car les applications peuvent avoir besoin d'accéder à ces informations, telles que l'identifiant SSL par exemple.

Voici les directives supplémentaires à ajouter pour **mod_jk** dans le fichier **httpd.conf** d'Apache :

```
JkExtractSSL On
JkHTTPSIndicator HTTPS
JkSESSIONIndicator SSL_SESSION_ID
JkCIPHERIndicator SSL_CIPHER
JkCERTSIndicator SSL_CLIENT_CERT
```

Ces directives permettent à Apache de créer les variables d'environnement nécessaires à **mod_jk** pour obtenir et propager les informations SSL.

F. Restrictions d'accès

Un autre aspect de la sécurité est l'interdiction pure et simple d'accéder à des ressources. Selon la configuration, il est possible d'interdire l'accès au serveur complet, à un hôte particulier de ce serveur, ou simplement à une application.

1. Utiliser les 'Valves'

Tomcat 7 utilise le mécanisme de filtre évoqué au chapitre Administration du serveur pour implémenter des restrictions d'accès en fonction du nom d'hôte ou des adresses IP des clients qui se connectent. Les composants Valve utilisés sont respectivement implémentés avec les classes **org.apache.catalina.valves.RemoteHostValve** et **org.apache.catalina.valves.RemoteAddrValve**.

Ces deux filtres utilisent les mêmes attributs `allow` et `deny`.

L'attribut `allow` prend une liste d'adresses IP ou de noms de machines, selon le type du filtre, si cet attribut est spécifié, un client qui se connecte doit impérativement appartenir à la liste spécifiée par `allow`, sinon sa requête est rejetée. Par contre, si l'attribut `allow` n'est pas spécifié, toutes les requêtes clientes sont acceptées sauf si elles correspondent à une condition définie par `deny`.

L'attribut `deny` prend, lui aussi, une liste d'adresses IP ou de noms de machines. Si cet attribut est spécifié, un client qui se connecte ne doit pas appartenir à la liste spécifiée par `deny`, sinon sa requête est rejetée. Si cet attribut n'est pas spécifié, alors la politique d'acceptation est entièrement gérée par `allow`.

a. Restriction par adresse IP

Les adresses IP sont spécifiées intégralement ou bien en utilisant des caractères de remplacement. Il est possible de spécifier plusieurs adresses ou plages d'adresses en les séparant par des virgules.

Exemple

*L'accès est autorisé uniquement pour l'adresse locale (**127.0.0.1**), et les machines d'adresse **10.x.x.x**.*

```
<Valve className="org.apache.catalina.valves.RemoteAddrValve"
       allow="127.0.0.1,10.*" />
```

b. Restriction par nom de machine

De la même manière que pour la restriction par adresse IP, les noms d'hôtes peuvent être spécifiés intégralement ou bien en utilisant des caractères de remplacement.

Pour fonctionner correctement, le serveur Tomcat 7 doit faire une résolution DNS inverse, il est donc nécessaire que l'attribut `resolveHost` de l'élément `<Connector>` ait la valeur `true`. De plus, il faut prendre garde à spécifier tous les noms possibles pour une machine si elle possède plusieurs noms.

Exemple

*L'accès est autorisé uniquement pour les machines du réseau **eni-editions.fr**.*

```
<Valve className="org.apache.catalina.valves.RemoteHostValve"
       allow="*.eni-editions.fr" />
```

G. Le gestionnaire de sécurité : utiliser Tomcat en mode sécurisé

Les Machines Virtuelles Java disposent d'une classe Java particulière appelée **SecurityManager**, et ce depuis les versions 1.2. Cette classe est un gestionnaire de sécurité qui permet de restreindre l'exécution de certaines classes et d'interdire l'accès aux ressources du système aux classes Java qui s'exécutent, et ce, avec un très grand degré de contrôle sur les classes et les ressources, il est donc possible d'interdire l'accès à un fichier ou à un programme particulier par exemple.

L'activation du gestionnaire de sécurité est particulièrement recommandé sur les serveurs d'applications, en effet, si par exemple, un composant Java utilise la méthode Java **System.exit()** permettant l'arrêt de l'environnement d'exécution, c'est la Machine Virtuelle Java du serveur Tomcat 7 qui s'arrête, il faut donc à tout prix éviter ceci.

Lorsqu'il est activé, le gestionnaire de sécurité interdit tout, il utilise des fichiers de configuration qui déterminent les autorisations d'accès aux ressources. Ces fichiers portent en général l'extension **.policy**.

Un fichier **policy** possède la syntaxe suivante :

```
grant [codeBase <code>] {
   permission <classe> [<nom>, <liste d'actions autorisées>];
};
```

La directive `codeBase` permet de spécifier l'emplacement du code pour lequel cette autorisation s'applique, si elle n'est pas indiquée, cette autorisation s'applique à toutes les classes sans exceptions. La directive `permission` doit faire référence à une classe Java qui matérialise le type d'accès autorisé à ce code, ainsi qu'une liste d'actions possibles, si aucune action n'est précisée, elles sont toutes autorisées.

Exemple

*La directive suivante permet d'autoriser tout le code du répertoire **JAVA_HOME/lib/ext**, à lire (et uniquement lire) le fichier **C:\tmp\fichier.txt**.*

```
grant codeBase "file:${java.home}/lib/ext/*" {
   permission java.io.FilePermission "C:\\tmp\\fichier.txt", "read";
};
```

Il y a plusieurs moyens d'exprimer la valeur de l'attribut `codeBase`, selon l'emplacement du code :

`file:/C:/moncode/` : permet de faire référence aux classes Java de ce répertoire, les sous-répertoires et fichiers JAR de ce répertoire ne sont pas inclus par ce motif.

`file:/C:/moncode/*` : permet de faire référence aux classes Java et aux fichiers JAR de ce répertoire, les sous-répertoires ne sont pas inclus par ce motif.

`file:/C:/moncode/-` : permet de faire référence aux classes Java et aux fichiers JAR de ce répertoire, ce motif implique également les sous-répertoires.

Il est possible de faire référence à du code en y accédant par HTTP, dans ce cas le motif doit commencer par **http://** au lieu de **file:/**.

Les types de permissions sont indiqués par des classes Java, ainsi dans l'exemple précédent, la classe **java.io.FilePermission** fait référence aux autorisations d'accès aux fichiers.

Voici les principales permissions définies en standard dans la plate-forme Java J2SE, d'autres produits peuvent ajouter des classes de permission supplémentaires, c'est le cas de Tomcat 7 qui ajoute une classe pour contrôler les accès à son arborescence JNDI.

`java.security.AllPermission` : permet de tout autoriser.

`java.security.SecurityPermission` : autorise l'accès aux différentes fonctionnalités du langage Java, et notamment le **SecurityManager**.

`java.io.SerializablePermission` : autorise la sérialisation et la persistance des données Java.

`java.lang.reflect.ReflectPermission` : autorise l'utilisation des fonctionnalités de réflexion dans le code Java.

`java.lang.RuntimePermission` : permet l'accès aux éléments d'exécution. Cette permission permet notamment d'autoriser les méthodes qui agissent sur la Machine Virtuelle Java, comme l'arrêt de cette dernière, le lancement d'un programme...

`java.net.NetPermission` : autorise les fonctions réseaux.

`java.net.SocketPermission` : autorise la création de sockets clients pour émettre des requêtes réseau, la création de sockets serveurs pour lire des requêtes entrantes.

`java.util.PropertyPermission` : autorise l'accès aux propriétés systèmes chargées dans la Machine Virtuelle Java lors de son démarrage.

La liste complète des permissions et des actions qui peuvent leur être associées, est disponible à l'adresse suivante :

http://java.sun.com/j2se/1.5.0/docs/guide/security/permissions.html

Pour activer le gestionnaire de sécurité, il faut ajouter une option de démarrage à la Machine Virtuelle Java, l'option **–Djava.security.manager**, le fichier d'autorisation par défaut chargé par le gestionnaire de sécurité s'appelle **java.policy** et se trouve dans le dossier **JAVA_HOME/lib/security**.

Plus d'informations sur le gestionnaire de sécurité et sur l'écriture de fichiers d'autorisations personnalisés sont disponibles sur le site de Sun Microsystems à l'adresse suivante : **http://java.sun.com/j2se/1.5.0/docs/guide/security/**

1. Lancer Tomcat en mode sécurisé

Dans le cas de Tomcat 7, l'activation du gestionnaire de sécurité est déjà prévu dans le script **CATALINA_HOME/bin/startup.bat** ou **CATALINA_HOME/bin/startup.sh**, pour l'activer il faut invoquer ce script avec l'option **–security**.

```
CATALINA_HOME/bin/startup.bat -security
```

Le fichier d'autorisation qui est utilisé par le gestionnaire de sécurité est le fichier **CATALINA_HOME/conf/catalina.policy**.

2. Configuration du gestionnaire de sécurité pour Tomcat

Le fichier **catalina.policy** se découpe en trois parties, d'abord les autorisations d'accès pour les classes Java du JDK, ensuite les autorisations pour le code de Tomcat 7, et enfin les autorisations pour les applications Web. Il est très rare d'avoir à modifier le contenu des deux premières sections, par contre, il peut être nécessaire d'ajouter des autorisations pour les applications.

Le fichier d'autorisation **catalina.policy** permet aux applications de s'exécuter et de lire et écrire des fichiers se trouvant dans leurs répertoires personnels, par contre il ne leur est pas possible de :

- créer un chargeur de classe,
- d'ouvrir une socket réseau, ce qui est nécessaire pour se connecter à une base de données ou à un serveur de messagerie par exemple,
- de lire et écrire des fichiers qui se trouvent en dehors de leurs répertoires.

La fin du fichier **catalina.policy** contient des exemples d'autorisation pour les applications.

Exemple

*Autorisation pour l'accès à une base de données MySQL 5, située sur la machine d'adresse IP **10.1.1.1** et qui écoute les connexions sur son port par défaut (**3306**).*

```
grant codeBase "file:${catalina.home}/webapps/-" {
   permission java.net.SocketPermission "10.1.1.1:3306", "connect";
};
```

À noter que cette autorisation s'applique à toutes les applications car `codeBase` fait référence au répertoire de base des applications.

Plus finement, cette autorisation peut s'appliquer pour une seule application :

```
grant codeBase "file:${catalina.home}/webapps/ListeEmployes/-" {
   permission java.net.SocketPermission "10.1.1.1:3306", "connect";
};
```

Cependant ce n'est pas suffisant pour permettre à cette application de se connecter à la base de données, il faut également qu'elle puisse lire le fichier JAR du pilote JDBC utilisé, il faut donc ajouter une permission de lecture sur ce fichier.

Exemple

*Ajout de la permission de lecture sur le fichier JAR du pilote JDBC pour MySQL 5, se trouvant dans le répertoire **CATALINA_HOME/lib**.*

```
grant codeBase "file:${catalina.home}/webapps/ListeEmployes/-" {
   permission java.net.SocketPermission "10.1.1.1:3306", "connect";
   permission java.io.FilePermission"${catalina.home}/lib/mysql
   -connector-java-5.1.13-bin.jar", "read";
};
```

En cas de problème pour définir les autorisations d'accès, il est possible d'activer un mode de débogage du gestionnaire de sécurité. Attention car le débogage génère énormément de messages et il faudra parcourir des milliers de lignes de code avant de trouver la ligne intéressante : la technique consiste à rechercher le mot **denied**.

Pour activer le débogage, il suffit d'ajouter une option de démarrage à la Machine Virtuelle Java dans le fichier **CATALINA_HOME/bin/catalina.bat** ou **CATALINA_HOME/bin/catalina.sh**, juste après les lignes de commentaires situées en début de fichier.

Syntaxe pour le fichier catalina.bat (Windows) :

```
set CATALINA_OPTS=%CATALINA_OPTS% -Djava.security.debug=all
```

Syntaxe pour le fichier catalina.sh (Unix/Linux) :

```
CATALINA_OPTS=$CATALINA_OPTS -Djava.security.debug=all
```

À noter qu'ici toutes les traces de débogage sont activées, il est souvent suffisant de remplacer la valeur `all` par la valeur `access,failure`.

Pour conclure, même si la configuration du gestionnaire de sécurité est longue et fastidieuse, l'activer est un gage de sécurité très important pour son serveur et les applications.

H. Autres considérations de sécurité

Même si la communauté de développeurs de Tomcat 7 prend un soin tout particulier à la sécurisation de son serveur, il existe toujours un risque, aussi faible soit-il, de voir le serveur détourné de sa vocation première par un pirate. Dans ce cas, le pirate peut avoir la main sur le système et exécuter des commandes sous l'identité de l'utilisateur qui a lancé Tomcat 7, il est donc recommandé d'exécuter Tomcat 7 sous l'identité d'un utilisateur ayant le moins de privilèges possibles.

Lancer Tomcat avec un compte utilisateur non-administrateur ne peut se faire que si le serveur n'utilise pas de port TCP/IP dont le numéro est inférieur à 1024, ce qui est le cas par défaut.

1. Exécuter Tomcat 7 avec un compte sans privilèges

a. Configuration sous Windows

Sous Windows, il faut créer un compte avec les outils d'administration du système, pour éviter de lui donner des permissions par héritage, il faut également s'assurer que cet utilisateur n'appartient à aucun groupe. Une fois le compte créé, le serveur peut être lancé avec la commande suivante :

```
C:\>runas /user:tomcat C:\apache-tomcat-7.0.5\bin\startup.bat
```

Si Tomcat 7 est installé pour s'exécuter en tant que service Windows, il faut éditer les caractéristiques de ce service pour qu'il s'exécute avec le compte utilisateur spécifié.

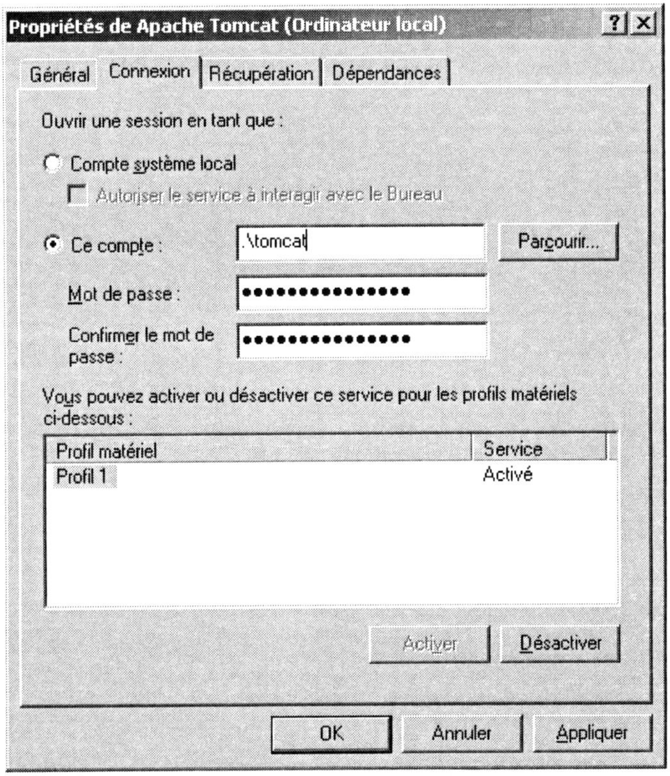

Le système Microsoft Windows peut utiliser deux types de système de fichiers : NTFS et FAT32. Le premier dispose d'une gestion des permissions très fine, alors que le second en est totalement dépourvu. Les systèmes serveurs d'entreprise utilisent majoritairement NTFS.

Pour permettre à l'utilisateur sans privilège de démarrer correctement le serveur, il faut lui donner les droits nécessaires. La procédure est la suivante :

- Sur le répertoire d'installation de Tomcat 7, faire un clic droit et choisir **Propriétés**.
- Sélectionner l'onglet **Sécurité**.
- Ajouter l'utilisateur à la liste et lui donner le contrôle total du répertoire.

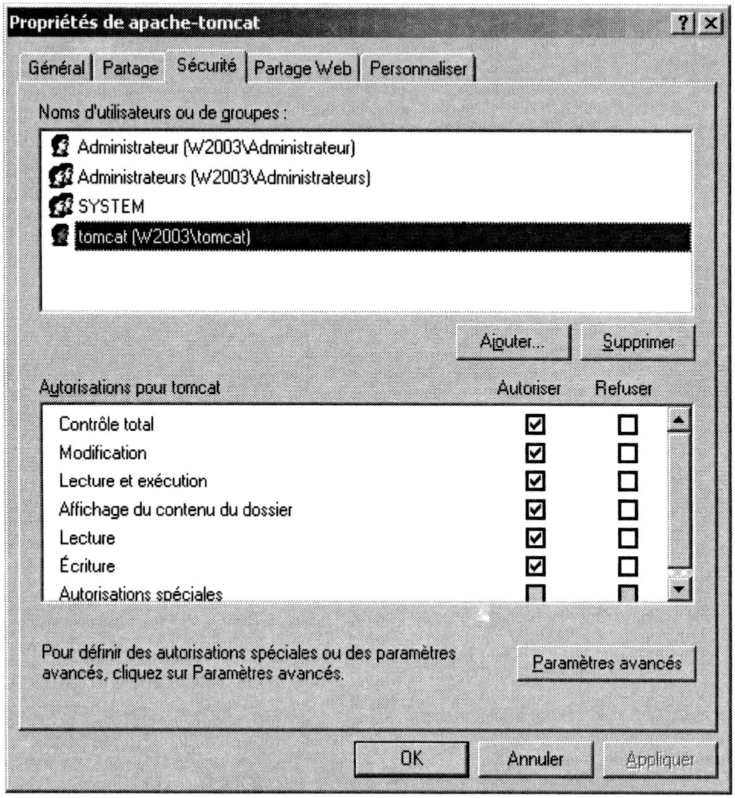

Il peut être également judicieux de supprimer les autres comptes ayant des droits sur ce répertoire de sorte qu'il n'y ait que l'utilisateur sans privilège qui puisse lancer le serveur.

b. Configuration sous Linux

Il y plusieurs possibilités pour créer un nouveau compte utilisateur sous Linux, soit utiliser les outils graphiques ou bien utiliser les commandes en ligne. Dans la mesure où les outils graphiques varient d'une distribution à une autre, seules les commandes en ligne sont données dans les exemples qui suivent.

Un utilisateur Linux doit nécessairement appartenir à un groupe, il est donc important de créer un groupe particulier pour ce nouveau compte utilisateur.

Voici les différentes étapes de création du compte utilisateur sans privilèges, les commandes doivent être exécutées en tant que **root**.

D'abord, créer le nouveau groupe pour cet utilisateur :

```
[root@localhost ~]# groupadd tomcat
```

Ensuite créer le compte utilisateur en l'ajoutant au groupe précédemment créé :

```
[root@localhost ~]# useradd -g tomcat tomcat
```

Enfin, assigner un mot de passe au compte utilisateur :

```
[root@localhost ~]# passwd tomcat
```

Il faut également donner les permissions à cet utilisateur sur le répertoire d'installation du serveur et ses sous-répertoires.

```
[root@localhost ~]# chown -R tomcat:tomcat /usr/apache-tomcat-7.0.5
```

Enfin, le démarrage du serveur se fait avec la commande suivante :

```
[root@localhost ~]# /bin/su tomcat $CATALINA_HOME/bin/startup.sh
```

Si un script de démarrage automatique a été créé pour Tomcat 7 comme présenté au chapitre Le serveur Apache Tomcat 7 : installation et configuration, il faut également penser à modifier les commandes qui y sont invoquées.

Le script de démarrage pour Tomcat 7 :

Ceci est le script utilisé au chapitre Le serveur Apache Tomcat 7 : installation et configuration, les lignes modifiées apparaissent en gras.

```
#! /bin/sh
# Script de démarrage pour Tomcat 7
#
# chkconfig: 2345 90 10
# description: Tomcat est un conteneur Web Java EE
# processname: tomcat7

export CATALINA_HOME=/usr/apache-tomcat-7.0.5
export JAVA_HOME=/usr/jdk1.5.0_14
case "$1" in
  start)
    # Démarrage echo "Démarrage de Tomcat 7."
    /bin/su tomcat $CATALINA_HOME/bin/startup.sh >/dev/null 2>&1
    ;;
  stop)
    # Arrêt
    echo "Arrêt de Tomcat 7."
    /bin/su tomcat $CATALINA_HOME/bin/shutdown.sh >/dev/null 2>&1
    ;;
```

```
  restart)
    # Re-démarrage
    echo "Re-démarrage de Tomcat 7."
    /bin/su tomcat $CATALINA_HOME/bin/startup.sh >/dev/null 2>&1
    sleep 10
    /bin/su tomcat $CATALINA_HOME/bin/shutdown.sh >/dev/null 2>&1
    ;;
  *)
    # Usage
    echo "Usage: $0 start|stop|restart"
    ;;
esac
```

Quel que soit le système, il faut s'assurer que l'utilisateur qui lance le serveur a la visibilité des variables d'environnement JAVA_HOME et CATALINA_HOME.

Chapitre 7 : Analyse et supervision

A. Les fichiers journaux de Tomcat 7

1. Les fichiers journaux de Tomcat 7

a. Le système de journalisation de Tomcat 7

La bibliothèque **Commons-logging** fait partie du projet Jakarta de la fondation Apache. Le projet **Jakarta Commons** contient un ensemble de bibliothèques de développement Java très variées. **Commons-logging** est une bibliothèque permettant la prise en charge de la journalisation des applications, il existe d'autres API de programmation Java pour la journalisation, comme **Log4j**, un autre projet Apache, et **java.util.logging**, une API standard incluse dans le JDK.

La caractéristique de **Commons-logging** est d'offrir une interface de programmation unifiée permettant d'utiliser de manière transparente les fonctionnalités de journalisation natives à cette bibliothèque, mais également celles de **Log4j** et de **java.util.logging**.

Tomcat 7 utilise l'implémentation **java.util.logging** par défaut, mais le problème de cette API est qu'elle ne peut utiliser qu'une seule configuration par Machine Virtuelle Java. Les développeurs de Tomcat 7 ont donc développé une extension de cette API appelée **JULI** (*Java Util Logging Interface*).

Le système de journalisation de Tomcat 7 utilise le fichier de configuration **logging.properties** qui se trouve dans le répertoire **CATALINA_HOME/conf**. C'est le fichier de configuration principal du serveur mais les applications déployées dans le serveur peuvent fournir leur propre fichier **logging.properties** dans leur répertoire **WEB-INF/classes**.

b. Structure du fichier logging.properties

La première partie du fichier **logging.properties** permet de spécifier les gestionnaires de fichiers journaux (les handlers), la seconde, quant à elle, les éléments qui écrivent dans ces fichiers (les loggers).

Les handlers

Les handlers peuvent écrire à destination d'un fichier texte ou vers la sortie standard. Les handlers qui écrivent dans un fichier utilisent la classe Java **org.apache.juli.FileHandler**, la sortie standard, quant à elle, s'appelle **java.util.logging.ConsoleHandler**.

Pour déclarer un **handler**, il faut d'abord lui donner un nom, ce nom doit être composé d'un préfixe construit à partir d'un chiffre et de lettres, comme par exemple **1catalina**, auquel on ajoute le nom de la classe du handler, ce qui donnera par exemple **1catalina.org.apache.juli.FileHandler**. Le début du fichier **logging.properties** contient la propriété **handlers**, qui fait référence à tous les gestionnaires de journaux utilisés dans le fichier. La propriété **.handlers** permet de référencer le gestionnaire principal pour le serveur.

Une fois nommés, les handlers doivent être configurés grâce à des attributs. Certains de ces attributs sont communs aux deux types, et d'autres sont spécifiques à chacun.

*Liste des attributs de configuration communs à **org.apache.juli.FileHandler** et **java.util.logging.ConsoleHandler** :*

`level` : permet de spécifier le niveau de journalisation. Les valeurs possibles, des messages les plus graves aux plus anodins, sont : `SEVERE`, `CONFIG`, `INFO`, `WARN`, `FINE`, `FINEST` ou `ALL`. Le fait de positionner le niveau de journalisation à `INFO` affiche tous les messages de type `INFO`, `WARN`, et `SEVERE`.

`formatter` : permet d'indiquer une classe Java pour formater le contenu du fichier. Les valeurs possibles sont `java.util.logging.SimpleFormater` (par défaut) et `java.util.logging.XMLFormater`, pour générer une sortie au format XML.

*Liste des attributs de configuration spécifiques à **org.apache.juli.FileHandler** :*

`prefix` : permet de spécifier le préfixe du nom du fichier. La valeur par défaut est `juli.`.

`suffix` : permet de spécifier le suffixe du nom du fichier. La valeur par défaut est `.log`.

`directory` : permet d'indiquer le répertoire dans lequel sera stocké le fichier. L'emplacement par défaut est **CATALINA_HOME/bin/logs**.

À noter que la rotation des fichiers journaux s'effectue toutes les nuits à minuit, et les noms des fichiers générés ont la syntaxe suivante :

```
<prefix><date><suffix>
```

Où `date` est exprimé selon le motif **AAAA-MM-JJ**.

Exemple de configuration simple :

Les fichiers produits sont nommés :
CATALINA_HOME/logs/listeEmployes.AAAA-DD-JJ.txt

```
handlers = 1le.org.apache.juli.FileHandler
1le.org.apache.juli.FileHandler.prefix = listeEmployes.
1le.org.apache.juli.FileHandler.suffix = .txt
1le.org.apache.juli.FileHandler.directory = ${catalina.base}/logs
1le.org.apache.juli.FileHandler.level = FINE
```

Les loggers

Les éléments de Tomcat 7 qui peuvent utiliser le système de journalisation sont `<Engine>`, `<Host>` et `<Context>`.

Pour faire référence à un `<Engine>` ou à un `<Host>`, c'est la valeur de son attribut de configuration `name` dans le fichier **server.xml** qui va servir à l'identifier.

Par exemple, le nom utilisé sur l'élément `<Engine>` du fichier **server.xml** par défaut est **Catalina** ; pour faire référence à cet élément, il faut donc écrire :

`org.apache.catalina.core.ContainerBase.`**`[Catalina]`**

Pour ce qui est de l'élément `<Host>`, son nom est localhost ; ce qui donne :

`org.apache.catalina.core.ContainerBase.`**`[Catalina].[localhost]`**

Deux attributs de configuration sont disponibles, `level` et `handlers`.

L'attribut `level` permet de spécifier le niveau de journalisation, les valeurs possibles sont les mêmes que pour les `handlers`. Le niveau de journalisation sur les handlers permet de filtrer les types de messages qui seront écrits, alors que le niveau de journalisation sur les loggers détermine réellement les messages qui seront écrits. Ce double emploi est très utile car plusieurs loggers peuvent utiliser `handlers`.

L'attribut `handlers` permet de spécifier le composant ou une liste de composants **handler** à appliquer à ce composant.

Pour ce qui est des applications, la déclaration est différente. Il faut préciser le nom des classes Java ou un ensemble de classes. Par exemple, l'application illustrée sur le schéma suivant contient les classes Java :

- fr.eni.editions.ritomcat6.servlet.InteroServlet
- fr.eni.editions.ritomcat6.bean.Employee
- fr.eni.editions.ritomcat6.admin.servlet.AddUserServlet

Arborescence de l'application :

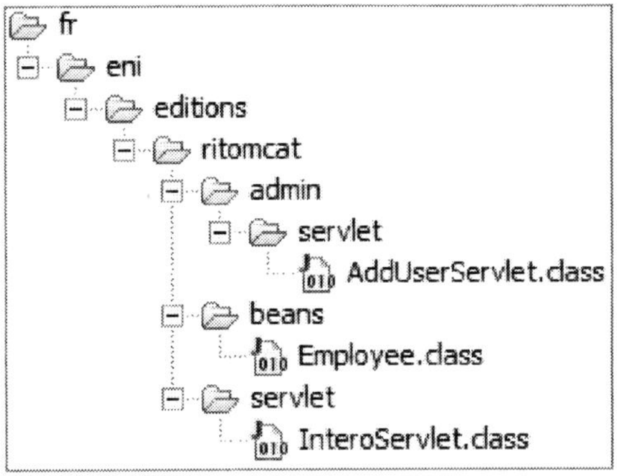

Il est possible de définir un logger sur une classe précise :

```
fr.eni.editions.ritomcat.servlet.InteroServlet.level = INFO
fr.eni.editions.ritomcat.servlet.InteroServlet.handlers =
1le.org.apache.juli.FileHandler
```

Ou sur un ensemble de classes :

```
fr.eni.editions.ritomcat.level = INFO
fr.eni.editions.ritomcat.handlers = 1le.org.apache.juli.FileHandler
```

Dans ce deuxième exemple, toutes les classes de l'application sont définies dans le logger.

La configuration simple complète : les lignes rajoutées sont en gras.

```
handlers = 1test.org.apache.juli.FileHandler
1test.org.apache.juli.FileHandler.prefix = listeEmployes.
1test.org.apache.juli.FileHandler.suffix = .txt
1test.org.apache.juli.FileHandler.directory = ${catalina.base}/logs
1test.org.apache.juli.FileHandler.level = FINE
fr.eni.editions.ritomcat.level = INFO
fr.eni.editions.ritomcat.handlers = 1le.org.apache.juli.FileHandler
```

Cette configuration peut être ajoutée au fichier **CATALINA_HOME/conf/logger.properties**, ou bien être écrite dans un fichier **logger.properties** qui devra se trouver dans le répertoire **WEB-INF/classes** de l'application.

c. Le fichier logging.properties par défaut

Le fichier **CATALINA_HOME/conf/logging.properties** est par défaut configuré pour générer les journaux suivants :

- un journal global pour le serveur qui s'affiche simultanément dans la console MS-DOS du serveur sous Windows et dans le fichier **CATALINA_HOME/logs/catalina.AAAA-MM-JJ.log**.
- un journal pour l'hôte par défaut **(localhost)** dans le fichier **CATALINA_HOME/logs/localhost.AAAA-MM-JJ.log**.
- un journal pour chacune des applications d'administration du serveur, comme par exemple le manager et la console d'administration. Les fichiers générés portent le nom de l'application.

En conclusion, ce nouveau système de journalisation est très prometteur et déjà beaucoup plus intéressant que l'ancien système utilisant les éléments `<Logger>`. En effet, il n'était pas par exemple possible précédemment de définir plusieurs journaux sur un même élément, le fait que ce nouveau système soit basé sur un standard Java est également un gage de pérennité et de stabilité. Enfin, proposer une alternative telle que **Log4j** permet d'aller un peu plus loin dans la mise en place d'un système de journalisation.

Pour plus d'informations sur **Log4j** et sa configuration :
http://logging.apache.org/log4j

B. Tester la montée en charge du serveur

Après avoir correctement configuré son serveur, un administrateur se doit de tester la charge que celui-ci sera amené à subir lorsqu'il sera définitivement installé en production. Évaluer la charge qu'un serveur supportera n'est pas chose facile, mais quelques techniques exposées dans ce chapitre devraient permettre une première évaluation, l'objectif étant de garantir les meilleures performances possibles du serveur et des applications.

En tous cas, il est nécessaire d'avoir recours à des outils permettant de simuler cette charge et d'en mesurer les impacts sur les différents composants du serveur, afin d'intervenir, le cas échéant, sur sa configuration.

Il existe beaucoup d'outils de test de montée en charge sur le marché, comme l'outil commercial **LoadRunner** de la société **Mercury**. Le monde du logiciel libre n'est pas en reste, et **Apache JMeter** est un produit qui monte et qui mérite que l'on s'y intéresse.

1. Apache JMeter

Apache JMeter est un outil, écrit entièrement en Java, permettant de tester les performances des différents éléments d'une infrastructure multitiers. JMeter est capable de générer des tests sur les serveurs Web en HTTP et HTTPS, sur les serveurs de base de données avec JDBC, sur les serveurs d'annuaire avec LDAP et sur des serveurs FTP. En plus de supporter ces différents protocoles réseaux, JMeter fournit également un ensemble de composants de collecte et de mesure des résultats des tests exécutés.

Étant écrit en Java, il requiert une Machine Virtuelle Java pour fonctionner. La version installée pour le serveur Tomcat peut amplement faire l'affaire, mais il vaut mieux éviter d'exécuter JMeter et Tomcat 7 sur les mêmes machines, afin de ne pas fausser les tests.

JMeter est librement téléchargeable sur le site **http://jakarta.apache.org/jmeter**, et est fourni sous forme d'archive ZIP ou d'archive TAR pour les systèmes Unix. La version actuelle de JMeter est la **2.4**.

Installer JMeter nécessite simplement la décompression de l'archive dans un répertoire du système qui est utilisé pour lancer les tests. Il faut évidemment, au préalable, s'assurer qu'un JRE ou un JDK soit installé correctement et que la variable d'environnement **JAVA_HOME** pointe vers son répertoire d'installation.

Dans la suite de l'ouvrage, JMETER_HOME fait référence au répertoire dans lequel l'archive de l'outil a été décompressée.

Le lancement de JMeter se fait en utilisant le script **jmeter.bat** sous Windows, et **jmeter** sous Unix et Linux, ces scripts se trouvent sous **JMETER_HOME/bin**. Au démarrage, l'interface est assez sommaire et présente deux parties, le plan de test (Test Plan) et le plan de travail (WorkBench). Le plan de test contient la liste des composants utilisés pour le test, comme les échantillons, les moniteurs de résultats... Le plan de travail contient des éléments qui ne sont pas utilisés par le plan de test et qui peuvent être préconfigurés et rajoutés par simple glisser-déplacer vers le plan de test, il s'agit d'un espace de stockage temporaire.

*Interface de **JMeter** au démarrage :*

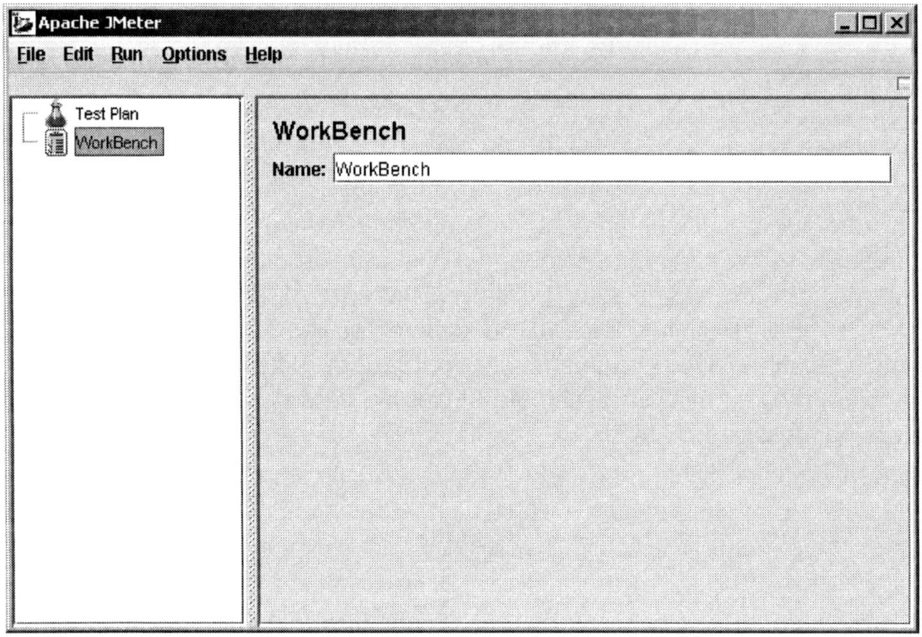

a. Écrire des plans de test Web avec JMeter

Avant d'écrire des plans de test avec JMeter, il est nécessaire de configurer le serveur et ses ressources dans des conditions qui soient les plus proches possibles d'un environnement de production. Il faut également travailler avec des jeux de données significatifs ; en effet, les résultats seront complètement faussés si les tests sont menés avec trois enregistrements en base de données alors qu'elle sera amenée à en contenir plusieurs milliers en situation réelle !

Un plan de test Web consiste à tester et « stresser » un serveur en utilisant HTTP ou HTTPS, c'est ce type de plan de test qu'il faut utiliser avec Tomcat 7 mais également avec le serveur Web, qui peut être positionné en frontal.

Voici les étapes clés de la construction d'un plan de test Web :

- Définir un groupe de threads : l'objectif de cette première étape est de simuler le nombre de requêtes que le serveur va absorber, ainsi que l'intervalle de temps pendant lequel elles seront générées. Un thread est finalement associé à un utilisateur potentiel, qui navigue sur l'application.

- Écrire la configuration du serveur : il faut ensuite configurer l'accès au serveur une bonne fois pour toutes en indiquant le nom de machine sur lequel il se trouve, son numéro de port ainsi que le protocole qui sera utilisé (HTTP ou HTTPS).
- Écrire les requêtes HTTP : les requêtes HTTP vont permettre de simuler la navigation de l'utilisateur dans l'application. Chaque requête correspond à une demande de ressources de la part de l'utilisateur.
- Ajouter un ou des composants de mesure : JMeter dispose en standard de plusieurs composants de mesure qui sont tous différents et complémentaires. Il faudra donc choisir les plus appropriés en fonction des paramètres à mesurer.
- Enregistrer et lancer le test : JMeter utilise des fichiers d'extension .jmx pour stocker ses plans de test.

Définir un groupe de threads

Voici la procédure à suivre pour ajouter un groupe de threads (**Thread Group**) au plan de test :

➔ Faire un clic droit sur **Test Plan**.

➔ Choisir **Add - Thread Group**.

La page de configuration du groupe de thread apparaît dans la partie principale de l'écran.

Cet écran permet de préciser le nombre de threads ainsi que l'intervalle de temps pendant lequel ils seront démarrés, avec le champ **Ramp-Up Period** ; ainsi si le nombre de threads vaut 100 et que l'intervalle de temps vaut 5, cela fait une moyenne de 20 threads démarrés par secondes. Si l'intervalle de temps vaut 0, alors tous les threads sont démarrés en même temps.

Il est possible de rejouer cette séquence plusieurs fois ou à l'infini, avec le champ **Loop Count**. Enfin, un calendrier (**Scheduler**) est disponible pour programmer un test en différé.

Le calendrier s'utilise en spécifiant une heure de début (**Start Time**) et une heure de fin pour le test (**End Time**). Si une durée pour le test est spécifiée avec **Duration**, alors la valeur **End Time** est ignorée ; de même, si un compte à rebours pour le démarrage est spécifié avec **Startup delay**, la valeur **Start Time** est ignorée.

Écran de configuration du groupe de thread :

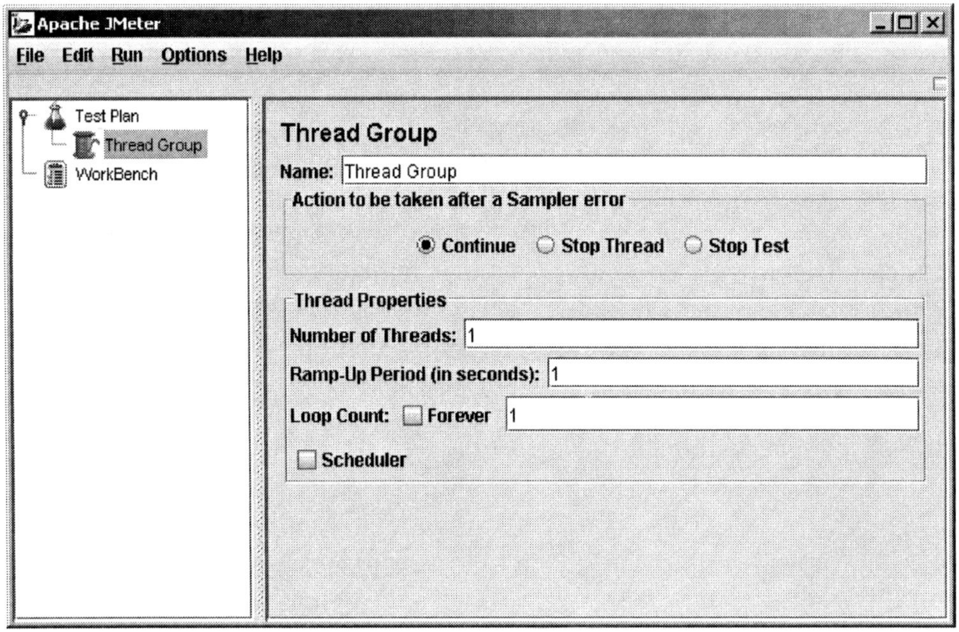

Écrire la configuration du serveur

Une fois le groupe de threads ajouté, il faut définir les paramètres du serveur à contacter pour ces threads ; pour cela :

- Faire un clic droit sur **Thread Group**.
- Choisir **Add - Config Element - HTTP Request Defaults**.

L'élément apparaît en tant qu'élément enfant du groupe de threads.

Les valeurs à donner ici sont le protocole utilisé, **http** ou **https**, le nom ou l'adresse IP du serveur, et son numéro de port. Il est également possible d'ajouter des paramètres de requêtes ; dans ce cas, ils seront transmis avec toutes les requêtes vers ce serveur.

Écran de configuration du serveur à contacter :

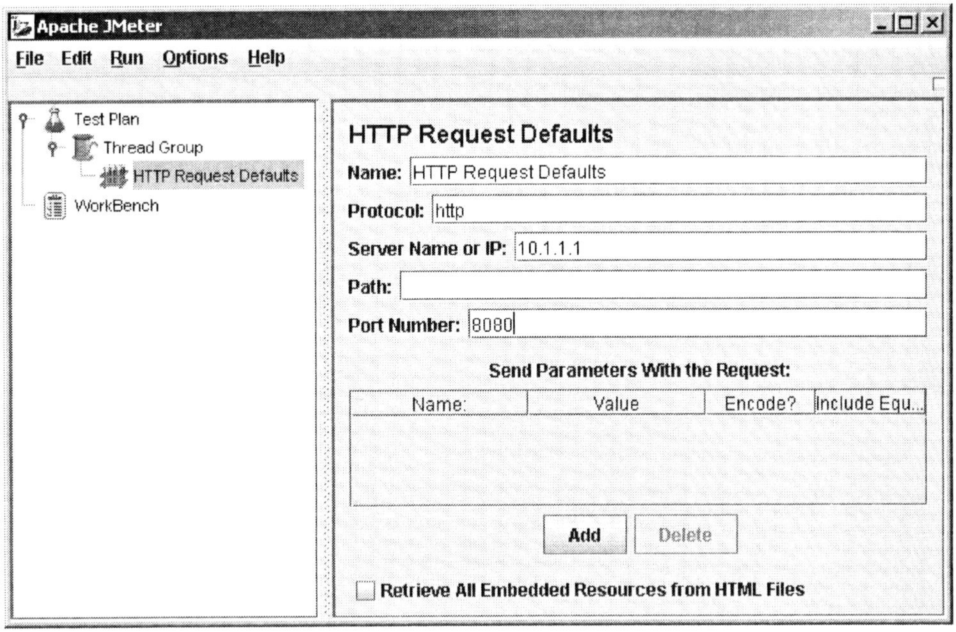

Écrire les requêtes HTTP

Le moment est maintenant venu d'écrire les requêtes HTTP, l'objectif étant de simuler la navigation d'un utilisateur dans l'application. Il faut donc ajouter autant d'éléments requêtes HTTP que nécessaire.

→ Faire un clic droit sur **Thread Group**.

→ Choisir **Add - Sampler - HTTP Request**.

L'écran de configuration de la requête apparaît. Il n'y a que peu de chose à renseigner ici, dans la mesure où la configuration du serveur réalisée à l'étape précédente a permis de spécifier des valeurs par défaut. Il n'est donc pas nécessaire de redonner le nom ou l'adresse IP du serveur, ni le protocole, ni le numéro de port du serveur.

Les valeurs indispensables sont ici la méthode HTTP à utiliser (GET ou POST) ainsi que le chemin de la ressource. Le chemin exprimé ici doit prendre en compte le chemin de contexte de l'application Web, par exemple, **/docs/index.html**, pour envoyer une requête sur la page d'accueil de la documentation de Tomcat 7.

Il peut être également judicieux de renseigner le champ **Name** avec une valeur explicite, et ce, pour pouvoir facilement identifier la requête parmi toutes les autres dans l'arborescence de composants.

D'autres options permettent de suivre les éventuelles redirections programmées dans les pages ou encore d'envoyer des paramètres ou des fichiers dans la requête, très utilisées pour simuler un envoi de fichier sur le serveur par exemple.

Écran de configuration d'une requête HTTP :

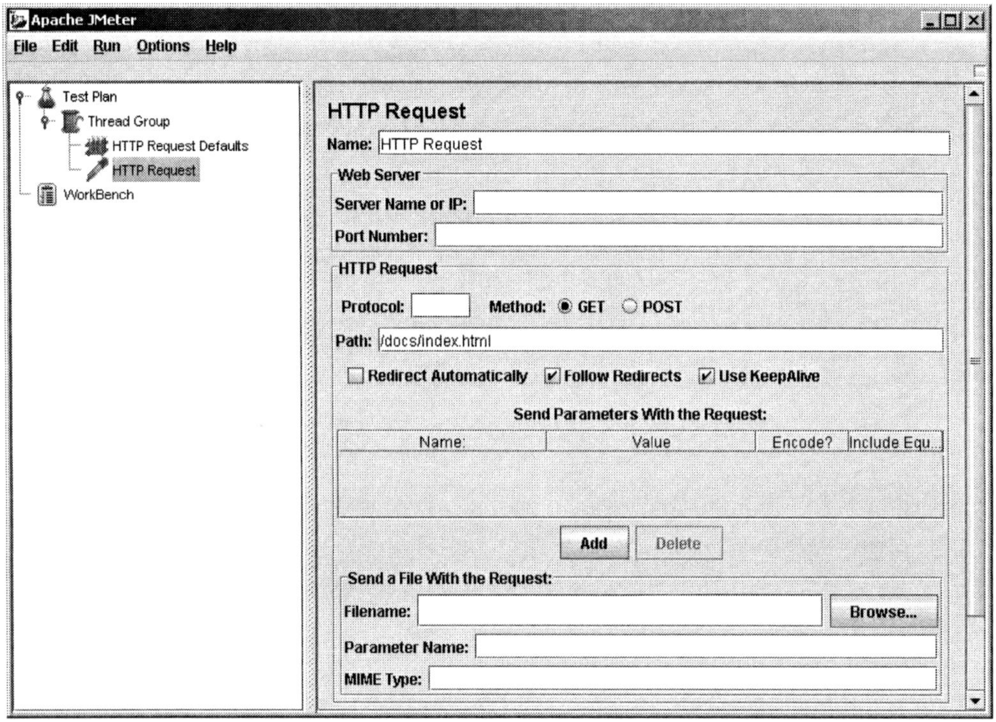

Ajouter un ou des composants de mesure

Enfin, un plan de test ne serait rien sans un moyen de visualiser le comportement du serveur, il faut donc ajouter un moniteur de résultat.

- Faire un clic droit sur **Thread Group**.
- Choisir **Add - Listener - View Results Tree**.

À noter que les moniteurs sont très nombreux. D'autres exemples montreront l'utilisation des principaux.

Le moniteur **View Results Tree** est extrêmement simple puisqu'il permet d'afficher la requête envoyée au serveur ainsi que les en-têtes HTTP et les données de la réponse. Il n'y a pas de configuration particulière, sauf dans le cas où les données reçues doivent être enregistrées dans un fichier, qu'il faut alors indiquer dans le champ **Filename**.

Écran de configuration du moniteur. Voir l'arbre des résultats :

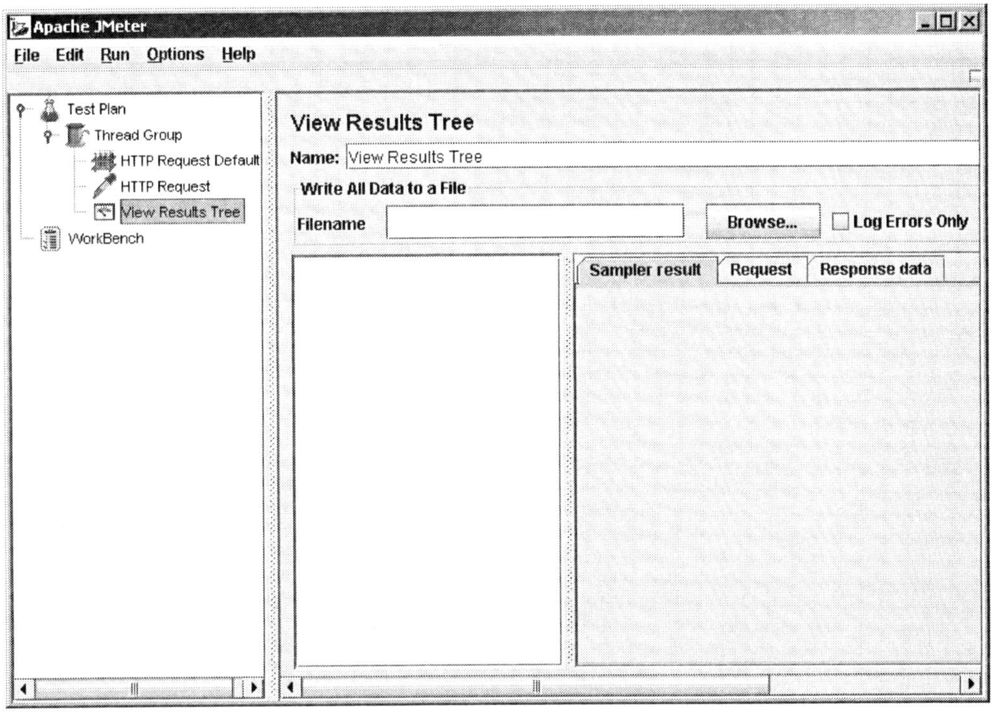

Enregistrer et lancer le test

Une fois le plan de test terminé, il faut l'enregistrer, puis le lancer en utilisant le menu **Run - Start**. L'exécution du plan de test peut être interrompue à tout moment en utilisant le menu **Run - Stop**. Pendant l'exécution du plan de test, un carré vert apparaît en haut à droite de la fenêtre de JMeter.

b. Plans de test avancés : les composants de JMeter

En plus des éléments de configuration simples évoqués dans la partie précédente, JMeter dispose d'une multitude de composants de configuration permettant de créer des plans de test reproduisant le plus fidèlement possible la réalité. Ces composants étant très nombreux, l'objectif de cette partie est de présenter ceux qui sont les plus employés et qui sont liés aux tests Web.

Les composants de JMeter s'ajoutent, en utilisant le menu contextuel obtenu par un clic droit sur un élément existant, et en choisissant **Add**.

Les composants de vérification (Assertions)

Les composants de vérification (ou d'assertion) permettent d'appliquer des conditions sur les données, qui seront renvoyées par le serveur, et de vérifier que les réponses de ce dernier satisfont bien ces conditions. Dans le cas où la condition n'est pas satisfaite, la requête à laquelle ce composant a été ajouté apparaît comme ayant généré une erreur.

Les composants de vérification s'ajoutent sur les requêtes HTTP.

Deux composants d'assertions principaux sont disponibles : **Response Assertion** et **Duration Assertion**, ils sont disponibles dans le menu contextuel **Add - Assertions**.

Le composant **Response Assertion** permet de tester si une chaîne de caractères est présente dans la réponse du serveur, ou alors le code d'état HTTP de cette réponse.

Le composant **Duration Assertion** impose un temps de réponse minimum pour le serveur. Cette condition est très pratique pour vérifier que le serveur satisfait bien les demandes dans un temps imparti, défini par un cahier des charges par exemple.

Les contrôleurs logiques (Logical Controller)

Ils sont très nombreux, ils permettent de conditionner l'exécution de certaines requêtes ou de modifier des paramètres définis dans le groupe de threads. Les contrôleurs logiques se définissent sur les groupes de threads, ou sur d'autres contrôleurs logiques, et s'appliquent à tous leurs éléments de configuration enfants. Les contrôleurs logiques sont accessibles dans le menu contextuel **Add - Logical Controller**.

Trois d'entre eux sont particulièrement intéressants :

- Random Order Controller
- Loop Controller
- Once Only Controller

Le contrôleur **Random Order Controller** permet d'exécuter les requêtes dans un ordre aléatoire, chaque navigation utilisateur étant différente.

Le contrôleur **Loop Controller** permet de définir le nombre de fois où les requêtes doivent être répétées, et ce, quel que soit le nombre d'itérations défini au niveau du groupe de threads.

Enfin, le contrôleur **Once Only Controller** permet, comme son nom l'indique, d'exécuter les requêtes une seule fois, indépendamment du nombre d'itérations du groupe de threads.

Exemple : le contr leur ***andom Order Controller***

Le groupe de threads est défini avec threads (simulant clients) démarrés immédiatement. L'écran du moniteur montre l'exécution des pages dans un ordre différent pour chaque thread. Le nom des requêtes a été changé pour plus de clarté, elles se nomment Accueil, Introduction et Installation, du nom des pages auxquelles elles se connectent.

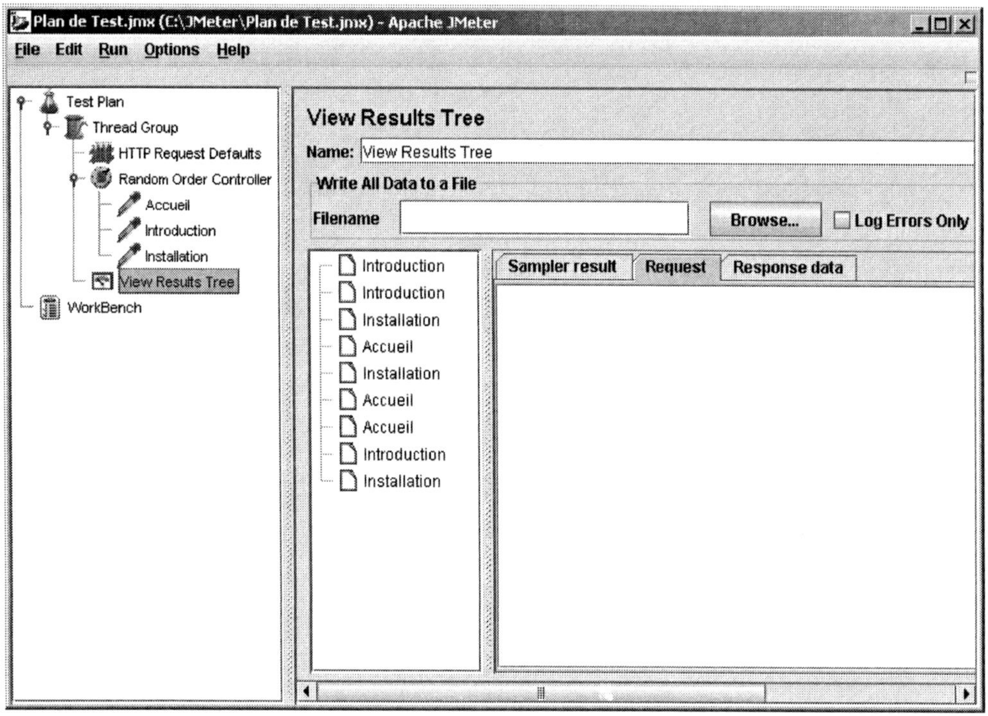

Les éléments de configuration (Config Element)

D'un point de vue des tests Web, ils permettent la mise en œuvre des éléments du protocole HTTP qui peuvent être ajoutés à la requête, comme les données d'authentification, les cookies, ou les en-têtes HTTP. Les éléments de configuration sont accessibles dans le menu contextuel **Add - Config Element**.

Le composant **HTTP Authorization Manager** permet de mettre en place une authentification de base HTTP.

Le composant **HTTP Cookie Manager** permet d'envoyer des cookies avec la requête du client.

Le composant **HTTP Header Manager** permet d'ajouter des en-têtes HTTP dans la requête.

Les composants de temps (Timer)

Les composants de temps permettent de faire des pauses entre les requêtes, permettant ainsi de se rapprocher de la réalité. Deux principaux timers existent, le **Constant Timer** et le **Gaussian Random Timer**. Les **timers** sont accessibles dans le menu contextuel **Add - Timer**.

Le premier permet d'introduire une pause d'une durée fixe entre toutes les requêtes, alors que le second permet de définir une valeur aléatoire de pause. Cette valeur est calculée à partir de la valeur constante (*Constant Delay Offset*) et de la déviation **(Deviation)** donnée en paramètres, et d'un nombre aléatoire. Le calcul se fait comme ceci :

Temps pause = (Nombre aléatoire * déviation) + valeur constante

Les moniteurs (Listener)

Les moniteurs sont accessibles dans le menu contextuel **Add - Listener**.

La plupart des moniteurs de résultats fournis par JMeter proposent d'enregistrer les résultats affichés dans un fichier, ceci permettant de les reconsulter ultérieurement. Cette fonctionnalité est extrêmement appréciable ; en effet, après un premier test qui montre des problèmes de performance du serveur, il sera nécessaire de reconfigurer ce dernier puis de relancer le test. La sauvegarde du premier test dans un fichier permet de faire un comparatif des performances, avant et après reconfiguration du serveur, pour en mesurer les impacts.

Pour écrire les données d'un moniteur dans un fichier, il faut utiliser le champ de saisie **Filename** pour donner un nom de fichier. Les fichiers de rapport portent l'extension **.jtl**. Pour ouvrir et lire un fichier de rapport, il suffit simplement de sélectionner ce fichier avec le bouton **Browse** et le contenu s'affiche sur le moniteur.

La documentation de **JMeter** contient beaucoup d'informations sur le format de ces fichiers et leur personnalisation.

Les composants moniteurs les plus utilisés sont :

Graph Results

Ce moniteur fournit un graphique présentant les différentes valeurs de temps d'exécution des requêtes. Les temps affichés sont le temps moyen (**Average**), la déviation (**Deviation**) du temps de réponse des différentes requêtes ainsi que le débit du serveur (**Throughput**), exprimé en nombre de requêtes traitées par minute.

Exemple

Sur cet exemple, les courbes sont relativement constantes. Une augmentation brutale de la courbe de déviation (celle qui est la plus basse), par exemple, serait caractéristique d'une augmentation du temps de réponse, et donc d'un début de saturation du serveur.

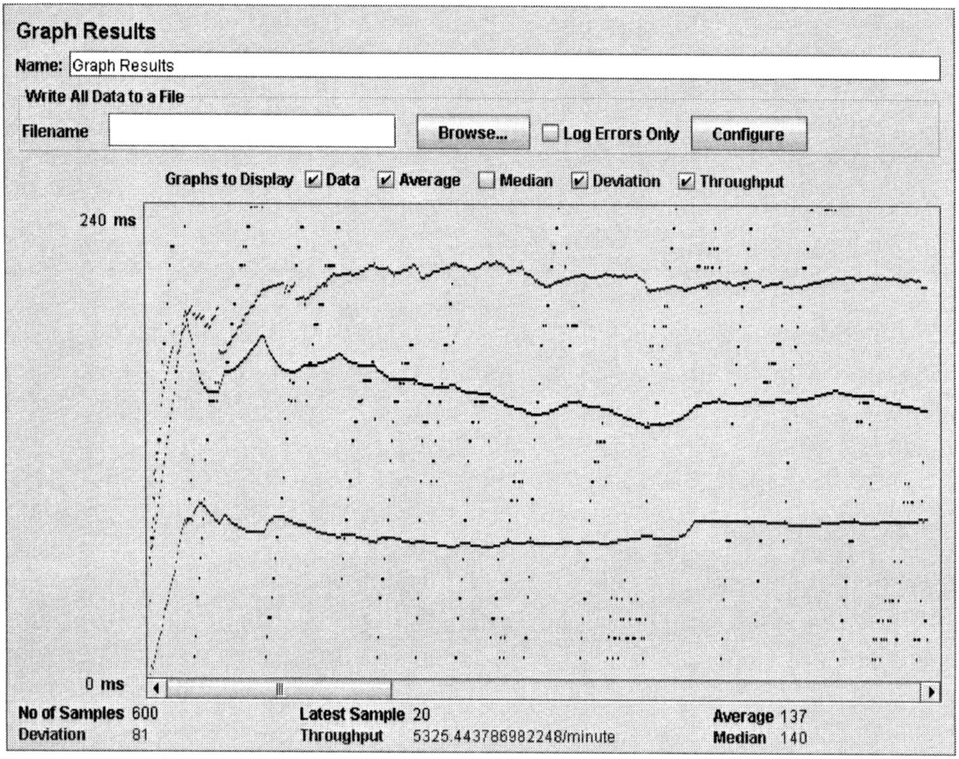

View Results Tree

Ce composant permet d'afficher les données de réponse envoyées par le serveur. L'écran principal possède trois onglets : **Sampler result** permet d'afficher les en-têtes et code de réponse, l'onglet **Request** affiche l'URL de la requête, enfin l'onglet **Response data** affiche la ressource demandée, en général, le code HTML de la page.

Exemple

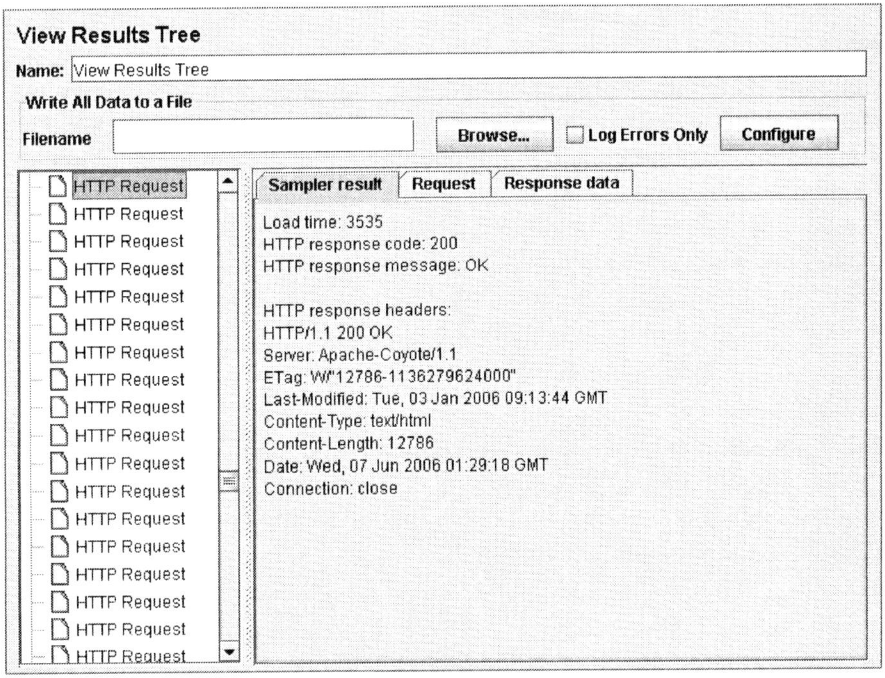

View Results in Table

Ce moniteur affiche le résultat de l'exécution des requêtes dans un tableau.

Exemple

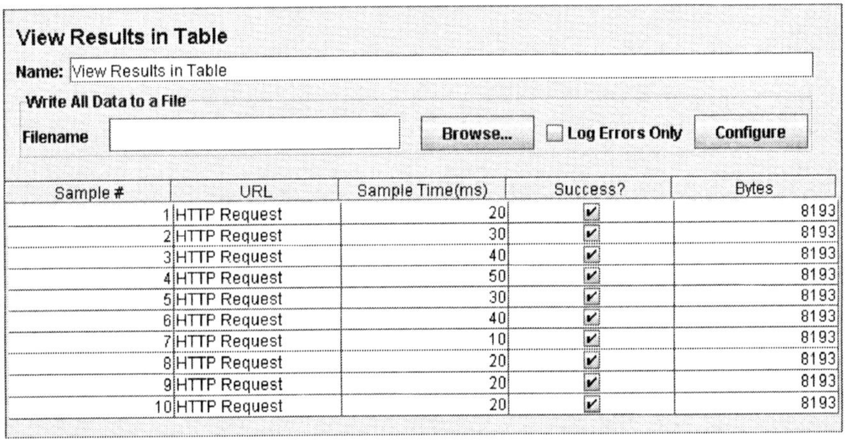

Aggregate Report

Le rapport agrégé affiche des statistiques sur l'exécution du test, notamment les temps de réponse moyens (**Average**), minimum et maximum, le nombre de requêtes exécutées (**# Sampler**), le pourcentage d'erreurs, et le débit du serveur en requêtes par seconde (**Throughput**) et en kilo-octets par seconde (**KB/sec**).

Ce moniteur permet d'avoir un œil directement sur les valeurs importantes, et ce, par requêtes.

Exemple

Les statistiques sont affichées pour chacune des trois pages visitées par les clients : Accueil, Introduction et Installation, un total est également calculé.

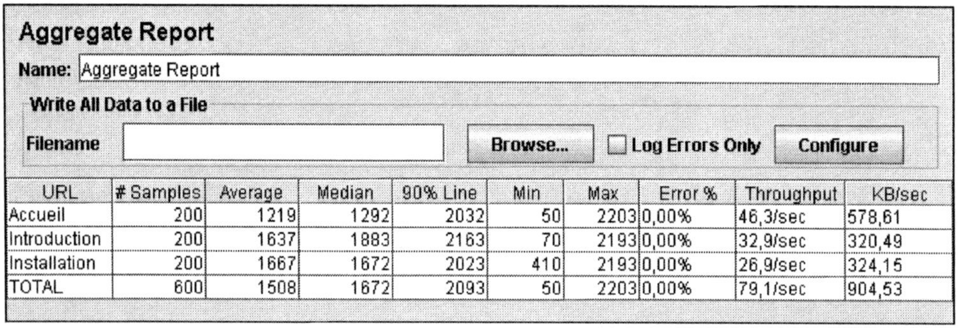

URL	# Samples	Average	Median	90% Line	Min	Max	Error %	Throughput	KB/sec
Accueil	200	1219	1292	2032	50	2203	0,00%	46,3/sec	578,61
Introduction	200	1637	1883	2163	70	2193	0,00%	32,9/sec	320,49
Installation	200	1667	1672	2023	410	2193	0,00%	26,9/sec	324,15
TOTAL	600	1508	1672	2093	50	2203	0,00%	79,1/sec	904,53

Assertion Results

Ce moniteur est particulier car il permet de vérifier que les conditions posées par les composants d'assertions sont bien vérifiées.

Exemple

*Un composant de vérification **Duration Assertion** a été ajouté, les requêtes doivent s'exécuter en moins de 100 millisecondes, ce qui n'est pas le cas des 2 dernières.*

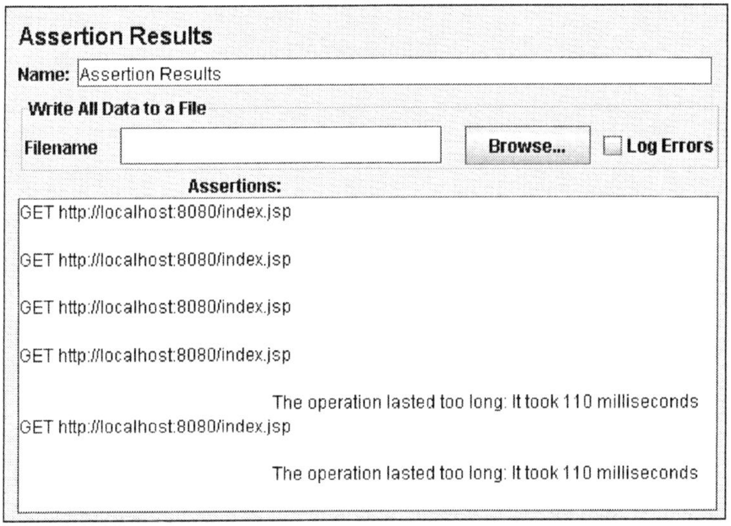

c. Stratégie de conception des tests : Un exemple complet

La réalisation de tests de montée en charge a, en général, pour objectif de vérifier qu'une application se comporte bien selon des critères de performances définis, comme par exemple des temps de réponse minimum imposés par un cahier des charges, mais également de connaître les limites du serveur qui l'héberge en le sollicitant jusqu'à ses limites de fonctionnement.

Dans le premier cas, les données qui vont permettre de concevoir le plan de test sont connues, il faut simplement vérifier que l'application remplisse correctement les conditions imposées.

Par exemple, si une application doit supporter un nombre précis d'utilisateurs simultanés et qu'elle doit répondre aux requêtes utilisateurs en moins de 500 millisecondes, il sera facile de créer le plan de test. Dans ce cas, les moniteurs de type **Aggregate Report** et **Graph Results** se révèlent tout particulièrement adaptés.

Mise en œuvre

Dans ce plan de test, 40 utilisateurs se connectent simultanément à l'application, d'abord sur la page **Accueil**, puis sur la page **Liste**. Le moniteur **Aggregate Report** montre que le temps de réponse maximum pour la page **Accueil** est de 361 millisecondes, ce qui est acceptable ; par contre, il est de 1191 millisecondes pour la page **Liste**. De plus, le taux d'erreur est de 0% ce qui signifie que le serveur a été capable de satisfaire toutes les requêtes entrantes. Ce n'est donc pas un problème lié à la connexion HTTP, mais plutôt lié à l'exécution même de cette page et aux ressources qu'elle est susceptible d'utiliser (connexions à une base de données...).

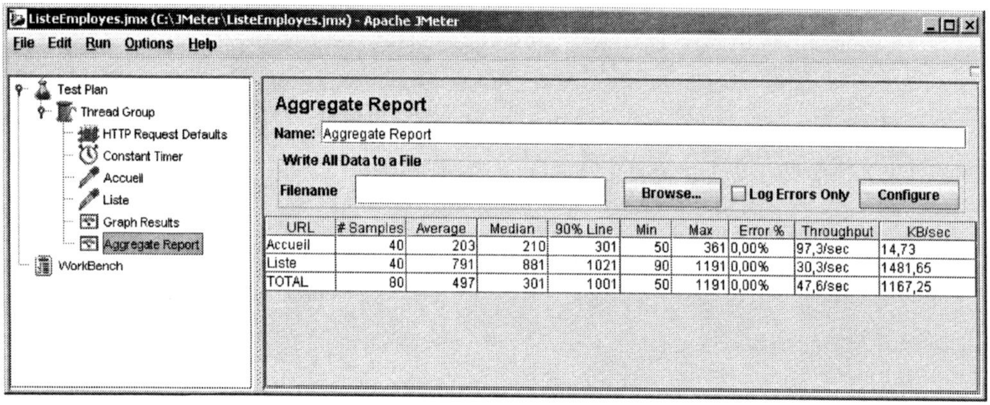

Les paramètres du connecteur HTTP de Tomcat 7 sont suffisants pour cette application, par contre il faudrait les modifier si jamais le taux d'erreur venait à augmenter.

Une fois que le fonctionnement correct de l'application dans le serveur a été validé, il faut tester le serveur en conditions extrêmes, c'est-à-dire augmenter le nombre d'utilisateurs simultanés, l'objectif étant de solliciter le serveur à son maximum de manière à en connaître les limites. Lors de mesures régulières des performances du serveur, il sera plus facile de constater que les valeurs mesurées se rapprochent de ces valeurs limites et, donc, d'anticiper sur la configuration du serveur.

Il faut également penser à réaliser les tests en incluant chaque élément de l'infrastructure réelle de production, ainsi, si le serveur Tomcat 7 est utilisé avec un serveur Web frontal, il faut d'abord tester et reconfigurer au besoin Tomcat 7, puis ajouter le serveur Web et procéder de la même manière.

2. Optimisation et reconfiguration de Tomcat

En fonction des résultats des tests de montée en charge menés sur le serveur, il peut être nécessaire d'adapter certains paramètres de fonctionnement de Tomcat 7. Pour intervenir sur la configuration, il est indispensable de savoir interpréter les résultats des tests pour agir correctement et éviter les effets non-souhaités que constitueraient une dégradation des performances et des dysfonctionnements du serveur.

En plus d'avoir à intervenir sur la configuration du serveur Tomcat 7 lui-même, il faut également considérer un élément clé sur lequel il repose : la Machine Virtuelle Java. Cet environnement d'exécution possède, lui aussi, des paramètres d'optimisation qui ont des impacts très importants, aussi bien positifs que négatifs, sur le fonctionnement et les performances de Tomcat.

a. Les paramètres d'optimisation de Tomcat 7

Les connecteurs

Les connecteurs de Tomcat 7 sont les premiers composants du serveur qui sont utilisés par les clients des applications ; leur configuration par défaut, bien que confortable pour beaucoup d'environnements, peut montrer des signes de faiblesse pour les infrastructures un peu plus conséquentes où les clients sont nombreux.

Un connecteur utilise un thread Java pour satisfaire une requête client, c'est justement le paramétrage du nombre de ces threads dans le connecteur qui agit directement sur les capacités du serveur à traiter les requêtes des clients.

Un connecteur Tomcat 7 exploite le mécanisme de pool de threads fourni par l'élément `<Executor>`, pour optimiser ses performances. Ce pool de thread garantit qu'une certaine quantité de threads sera toujours disponible, la valeur maximum étant indiquée par l'attribut `minSpareThreads`.

Le nombre maximum de requêtes client que le connecteur peut satisfaire est défini par le nombre maximum de threads autorisé sur l'Executor : l'attribut `maxThreads`, les autres clients sont mis en file d'attente dimensionnée par `acceptCount` et leur temps de présence maximum dans cette file est défini par `maxWaitTimeout`. Le dépassement de ce temps d'attente ou encore une file d'attente saturée sont sanctionnés par un refus du serveur de traiter la requête.

Les valeurs par défaut pour ces attributs sont données dans le chapitre Administration du serveur, dans la partie concernant l'élément `<Connector>`.

Si le nombre maximum de clients que le serveur peut accepter est trop bas, le message suivant apparaît dans le journal principal du serveur (et dans la fenêtre MS-DOS sous Windows) :

```
GRAVE: Tous les threads (200) sont actuellement occupés, attente.
Augmentez maxThreads (200) ou vérifiez le servlet status
```

C'est ce qui se passe par exemple avec la configuration de plan de test JMeter suivante :

Un groupe de threads est configuré pour démarrer 400 threads immédiatement (**Ramp-Up Period** = 0). La configuration par défaut du connecteur HTTP/1.1 de Tomcat 7 a une valeur de `maxThreads` de 200 et une valeur de `acceptCount` de 100, le connecteur ne peut donc accepter que 300 threads simultanément.

Le pourcentage d'erreurs affiché par les moniteurs de JMeter est significatif, et les fichiers de rapport JMeter contiennent l'erreur suivante :

```
java.net.ConnectException: Connection refused: connect
   at java.net.PlainSocketImpl.socketConnect(Native Method)
   at java.net.PlainSocketImpl.doConnect(PlainSocketImpl.java:333)
   ...
```

Pour ce cas précis, la configuration par défaut du connecteur est trop faible, il faut l'adapter jusqu'à ce qu'aucune erreur ne subsiste.

Une valeur correcte pour `maxThreads` est le nombre moyen de clients amenés à se connecter à l'application.

L'attribut `acceptCount` ne devrait jamais être supérieur à la valeur par défaut, et ce pour éviter de saturer le serveur, les connexions qui se trouvent dans cette file d'attente peuvent y rester un moment (`maxWaitTimeout` vaut 60 secondes par défaut) et augmenter la consommation de ressources.

La valeur à donner à `minSpareThreads` dépend de la rapidité du changement de contexte, c'est-à-dire la vitesse à laquelle le nombre de clients augmente ou diminue.

Si le nombre de clients simultanés est amené à changer très rapidement, il faudra des valeurs relativement élevées pour cet attribut, de sorte que le connecteur soit capable d'associer rapidement un thread à une requête, le connecteur ne doit avoir besoin de créer qu'un nombre très réduit de threads supplémentaires.

Exemple de configuration pour un changement de contexte rapide :

```
<Executor maxThreads="200" minSpareThreads="75" name="mainTomcat"/>
...
<Connector acceptCount="100" executor="mainTomcat"/>
```

Par contre, si le nombre de clients varie lentement, il n'est pas nécessaire de conserver beaucoup de threads en attente car ils consomment des ressources ; dans ce cas, la création de threads supplémentaires par le serveur n'est pas préjudiciable aux performances.

Exemple de configuration pour un changement de contexte lent :

```
<Executor maxThreads="200" minSpareThreads="25" name="mainTomcat"/>
...
<Connector acceptCount="100" executor="mainTomcat"/>
```

L'application **manager** de Tomcat 7 permet de visualiser la configuration des connecteurs ainsi que leur occupation actuelle grâce à la page **Etat du Serveur**, il faut pour cela utiliser l'URL **http://<hote>:<port>/manager/status**.

*La section relative au connecteur HTTP de la page **Etat du Serveur** :*

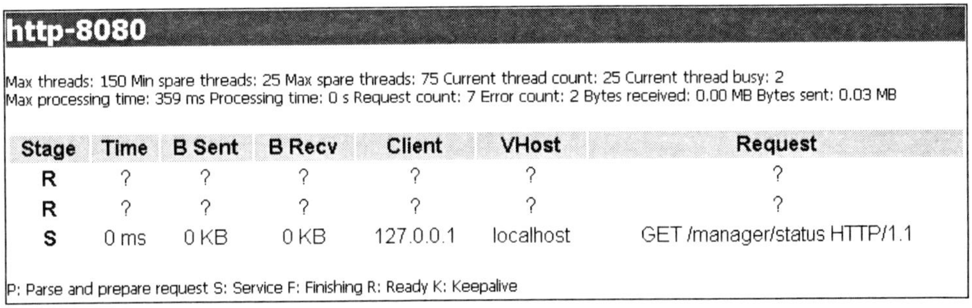

http-8080

Max threads: 150 Min spare threads: 25 Max spare threads: 75 Current thread count: 25 Current thread busy: 2
Max processing time: 359 ms Processing time: 0 s Request count: 7 Error count: 2 Bytes received: 0.00 MB Bytes sent: 0.03 MB

Stage	Time	B Sent	B Recv	Client	VHost	Request
R	?	?	?	?	?	?
R	?	?	?	?	?	?
S	0 ms	0 KB	0 KB	127.0.0.1	localhost	GET /manager/status HTTP/1.1

P: Parse and prepare request S: Service F: Finishing R: Ready K: Keepalive

Enfin, dans le cas où Tomcat 7 est utilisé avec un serveur Web frontal, ces valeurs sont bien évidemment à définir sur le connecteur JK et non pas sur le connecteur HTTP ! De plus, il faut également que le nombre maximal de threads de ce serveur Web soit égal à celui du connecteur JK.

Les pools de connexion JDBC

Des performances et temps de réponse désastreux peuvent aussi être liés à des temps d'accès trop longs à une base de données. Dans le cas où l'application utilise un pool de connexions JDBC, il faut que le nombre de connexions présentes dans ce pool soit suffisant pour éviter les temps d'attente liés à une indisponibilité de connexions.

Les pools de connexion JDBC utilisent l'attribut de configuration `maxActive` pour déterminer le nombre de connexions maximum autorisé, il est clair que si de mauvais temps de réponse sont liés à une insuffisance de connexions dans le pool, c'est ce paramètre qu'il faudra augmenter.

Dans le cas où le pool est dans l'incapacité de fournir une connexion, la demande de l'utilisateur va être mise en attente pendant un temps défini par l'attribut `maxWait`, qui vaut 0 par défaut, ce qui signifie que la demande du client va attendre indéfiniment jusqu'à ce qu'une connexion soit disponible.

C'est aussi un bon moyen de détecter les applications qui ne libèrent pas correctement les connexions après utilisation.

Comme pour un pool de threads sur un connecteur, il y a ici aussi deux valeurs permettant de définir le nombre minimum et maximum de connexions en attente dans le pool, grâce, respectivement, aux attributs `minIdle` et `maxIdle`.

Les valeurs à donner à ces attributs sont liées à la fréquence d'utilisation des connexions par l'application, plus les connexions à la base de données sont fréquentes, et plus il faudra faire en sorte que le pool en conserve un nombre suffisant, en donnant des valeurs élevées à ces attributs. Le nombre initial de connexions présentes dans le pool, au démarrage du serveur, doit également être adapté en conséquence, grâce à l'attribut `initialSize`.

Quels que soient les besoins liés aux applications, il convient de respecter la règle suivante :

```
initialSize < minIdle < maxIdle < maxActive
```

Enfin, un autre paramètre est souvent omis dans cette configuration : le nombre de connexions que la base de données elle-même accepte en simultané. Ce paramètre doit être au minimum dimensionné comme l'attribut `maxActive`.

En cas d'incapacité pour le pool de connexions de satisfaire une demande, le message suivant est affiché dans les journaux du serveur :

```
org.apache.commons.dbcp.SQLNestedException: Cannot get a connection,
pool exhausted
...
Caused by: java.util.NoSuchElementException: Timeout waiting for
idle object
```

Conclusion

Avec une analyse fine des moniteurs de JMeter et des fichiers journaux du serveur, il est possible d'affiner les paramètres du serveur pour qu'ils conviennent aux applications hébergées. Augmenter le nombre de threads, le nombre de connexions, sont finalement des opérations qui seront assez courantes lorsque le nombre de clients ou d'applications dans le serveur augmente.

Une conséquence directe de l'augmentation de ces ressources est l'augmentation de la mémoire nécessaire au serveur pour fonctionner. Dans le cas où cette quantité de mémoire est insuffisante, les temps de réponse risquent d'être désastreux car Tomcat 7 utilisera la mémoire virtuelle, et pire, il peut s'arrêter. La mémoire utilisée par Tomcat est directement celle de la Machine Virtuelle Java.

b. La Machine Virtuelle Java

La Machine Virtuelle Java est responsable de la réservation de l'espace mémoire nécessaire à l'application pour fonctionner.

À son démarrage, elle réserve de la mémoire auprès du système d'exploitation, cette valeur est dépendante du système d'exploitation et de l'architecture matérielle. Au fur et à mesure que l'application évolue dans cette Machine Virtuelle, les besoins de mémoire peuvent augmenter, la Machine Virtuelle va donc réallouer de la mémoire auprès du système d'exploitation dans une limite de 64 mégaoctets par défaut.

Si l'application nécessite plus de mémoire que cette valeur limite, alors la Machine Virtuelle s'arrête en déclenchant l'erreur **java.lang.OutOfMemoryError**, et avec elle, l'application. Dans le cas de Tomcat, l'application, c'est Tomcat lui-même !

Il est donc extrêmement important de mesurer et de surveiller la consommation mémoire du serveur, dans la Machine Virtuelle Java, pour anticiper d'éventuels problèmes. Il est tout à fait possible de modifier la quantité de mémoire initialement réservée, ainsi que la quantité maximum.

La configuration de la Machine Virtuelle Java peut être visualisée sur la page d'Etat du Serveur à l'adresse **http://<hote>:<port>/manager/text/status**.

*La section relative à la Machine Virtuelle Java de la page**Etat du Serveur** :*

*Les informations disponibles sont la quantité de mémoire disponible dans la Machine Virtuelle (**Free Memory**), la mémoire totale utilisable (**Total Memory**) et la mémoire maximale allouable auprès du système (**Max Memory**).*

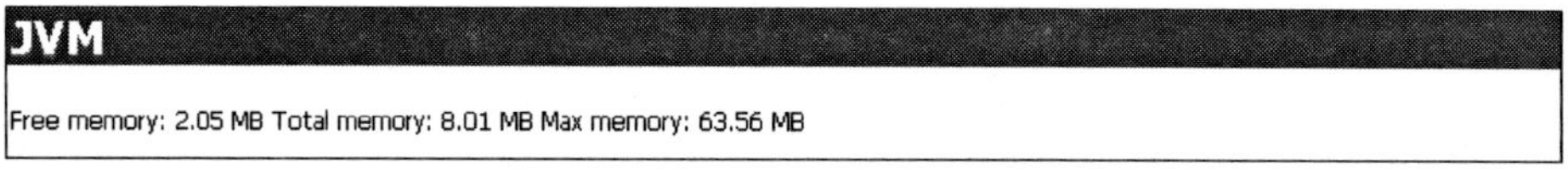

Pour modifier la valeur initiale et maximale, il faut passer les options **–Xms** et **–Xmx** à la commande de démarrage de la Machine Virtuelle Java, en indiquant les valeurs souhaitées ; par exemple pour une valeur initiale de 128 Mo et une valeur maximale de 256 Mo, il faut utiliser la commande :

```
java -Xms128m -Xmx256m ...
```

Dans le cas de Tomcat 7, il est nécessaire de modifier le script **catalina.bat** (Windows) ou **catalina.sh** (Linux) du répertoire **CATALINA_HOME/bin**.

*Exemple pour **catalina.bat** :*

À ajouter au début du fichier, après les lignes de commentaires.

```
set JAVA_OPTS=%JAVA_OPTS% -Xms128m -Xmx256m
```

*Exemple pour **catalina.sh** :*

À ajouter au début du fichier, après les lignes de commentaires.

```
JAVA_OPTS=$JAVA_OPTS -Xms128m -Xmx256m
```

Il n'y a pas de valeurs idéales, tout dépend des applications, des ressources qu'elles utilisent et de la configuration globale de Tomcat 7. Cependant, il ne faut pas se contenter d'augmenter la quantité maximale, il faut aussi augmenter la valeur initiale ; en effet, rien ne sert de partir avec une valeur très faible si c'est pour finir avec une valeur très élevée, les réallocations nécessaires effectuées par la Machine Virtuelle Java sont coûteuses en temps CPU et perturbent les applications. Une bonne moyenne est d'utiliser, comme valeur initiale, la moitié de la valeur maximum, certains administrateurs préconisent même de leur donner la même valeur, l'impact est un temps de démarrage plus long du serveur et une consommation mémoire conséquente, même en cas d'inactivité.

C. Utiliser l'interface JMX de Tomcat

Les tests de montée en charge réalisés avec JMeter dans la partie précédente de ce chapitre offrent des possibilités intéressantes pour visualiser le comportement du serveur dans les différents cas de test. Cependant, il n'est pas possible de visualiser le comportement interne du serveur, le nombre de connexions JDBC disponibles à un instant précis, ou encore le nombre de threads occupés dans un connecteur, c'est là que JMX intervient.

1. Qu'est-ce que JMX ?

Java Management Extensions (JMX) est une API Java conçue pour la supervision des applications Java, elle permet d'implémenter un service de supervision dans l'application, mais également de développer les outils qui permettront de collecter les données auprès de ce service de supervision. JMX est intégrée dans la plateforme Java SE depuis la version 1.5.

JMX est aujourd'hui le standard pour le développement des outils de supervision et d'administration dans les technologies Java, en fournissant cette interface standard, de très grandes possibilités sont données pour écrire ces outils.

Dans une Machine Virtuelle Java, il est possible d'associer aux différents objets Java des composants permettant d'obtenir des informations et d'exécuter des traitements sur ces objets, ces composants sont appelés MBeans. Les MBeans de la Machine Virtuelle Java sont tous répertoriés et rendus accessibles via un élément central : le serveur de MBeans (MBean Server). Enfin, des connecteurs utilisant des interfaces et des protocoles variés peuvent être utilisés pour connecter des outils de supervision sur le MBean server, et ainsi avoir accès à l'ensemble des MBeans de la Machine Virtuelle Java.

Les MBeans représentent finalement une vue particulière d'une application sur laquelle il est possible, grâce à un client JMX, de voir et parfois modifier des attributs, appelés des méthodes, ou bien de recevoir des notifications d'événements.

Les clients JMX peuvent être locaux à l'application, s'ils résident dans la même Machine Virtuelle Java, ou bien distants, dans ce dernier cas, ils utilisent un connecteur pour accéder, via le MBean Server, aux différents MBeans. Il existe aujourd'hui en standard des connecteurs qui utilisent les protocoles :

- HTTP
- SNMP *(Simple Network Management Protocol)*

- SOAP *(Simple Object Access Protocol)*
- RMI *(Remote Methode Invocation)*

Architecture de JMX :

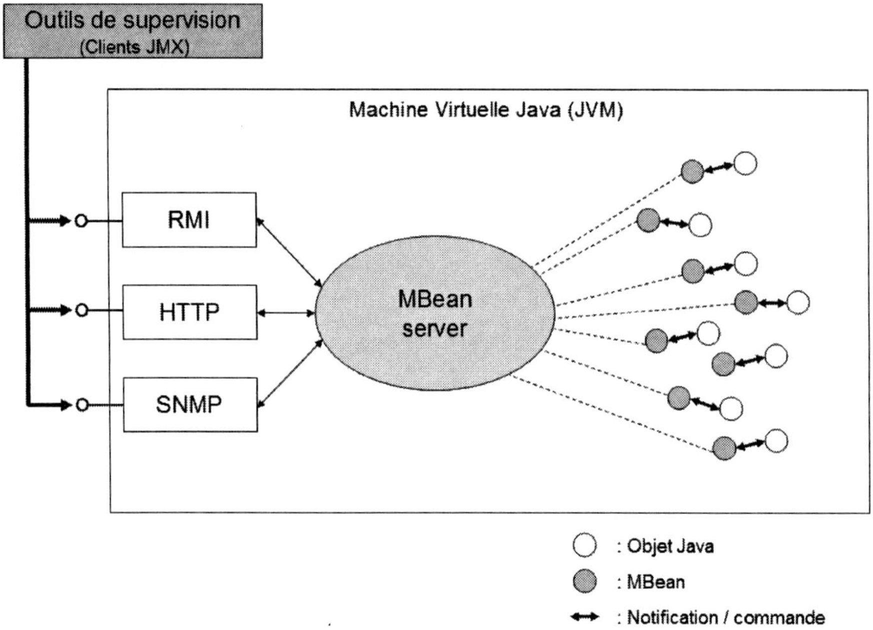

2. JMX et Tomcat

Le support de JMX est intégré à Tomcat depuis la version 4.1, en utilisant le JDK 1.5. L'API JMX est nativement présente ; pour les versions antérieures du JDK, il était nécessaire d'ajouter une bibliothèque JMX, comme **MX4J** par exemple.

La plupart des éléments de configuration de Tomcat 7, notamment ceux déclarés dans le fichier **server.xml**, sont associés à des MBeans, de plus Tomcat 7 crée également des MBeans dynamiquement pendant son exécution, c'est notamment le cas pour les applications lorsque celles-ci sont déployées en cours de fonctionnement du serveur. Tomcat 7 dispose de deux connecteurs pour accéder au MBean server, un connecteur HTTP et un connecteur RMI.

Les MBeans dynamiques de Tomcat 7 sont créés grâce aux éléments de configuration `<Listener>` du fichier **server.xml**, ce sont des éléments enfants de `<Server>`. Les MBeans statiques sont créés à partir de la configuration XML.

Déclaration des `<Listener>` dans Tomcat 7 :

```
<Server port="8005" shutdown="SHUTDOWN">

<!-- Comment these entries out to disable JMX MBeans support used
for the administration web application-->
<Listener
    className="org.apache.catalina.core.AprLifecycleListener"/>
<Listener
    className="org.apache.catalina.mbeans.ServerLifecycleListener"/>
<Listener
    className="org.apache.catalina.mbeans.GlobalResourcesLifecycleListener"/>
<Listener
    className="org.apache.catalina.storeconfig.StoreConfigLifecycleListener"/>
```

L'application **manager** de Tomcat 7, présentée au chapitre Déploiement et gestion des applications, propose un client JMX sous forme d'un proxy utilisant un connecteur JMX HTTP pour accéder au MBean server. Le proxy JMX du manager permet d'obtenir les attributs des MBeans présents dans le serveur et d'afficher leurs valeurs dans la fenêtre du navigateur Web, mais il permet également de modifier les valeurs des attributs qui sont accessibles en écriture.

Le proxy JMX est disponible à l'URL **http://<hote>:<port>/manager/text/jmxproxy/**. Cet outil permet de récupérer un ensemble de MBeans en fonction d'une requête d'interrogation passée dans la barre d'adresse du navigateur Web ; par exemple, la requête suivante : **http://<hote>:<port>/manager/text/jmxproxy/?qry=*:*** permet d'afficher tous les MBeans présents dans le serveur au moment où cette commande est exécutée, la valeur donnée au paramètre **qry** est le nom du MBean.

Les noms de MBeans ont la syntaxe suivante :

```
[Domaine JMX]:[propriété=valeur][,propriété=valeur][,*]
```

Le domaine JMX fait référence à la portée du MBean, les propriétés sont des caractéristiques de ce MBean, comme par exemple son type ; ainsi dans l'exemple précédent, le fait d'écrire **?qry=*:*** permet de récupérer tous les MBeans de tous les domaines, le caractère * étant un caractère générique de remplacement.

En analysant les résultats affichés par cette commande, il est très facile, avec un peu d'expérience, d'écrire des requêtes d'interrogation plus fines, par exemple :

```
http://<hote>:<port>/manager/text/jmxproxy/?qry=Catalina:type=Connector,*
```

Cette requête permet d'afficher tous les MBeans de type connecteur, le résultat affiché dans le navigateur montre toutes les caractéristiques des deux connecteurs par défaut de Tomcat 7, le connecteur JK et le connecteur HTTP.

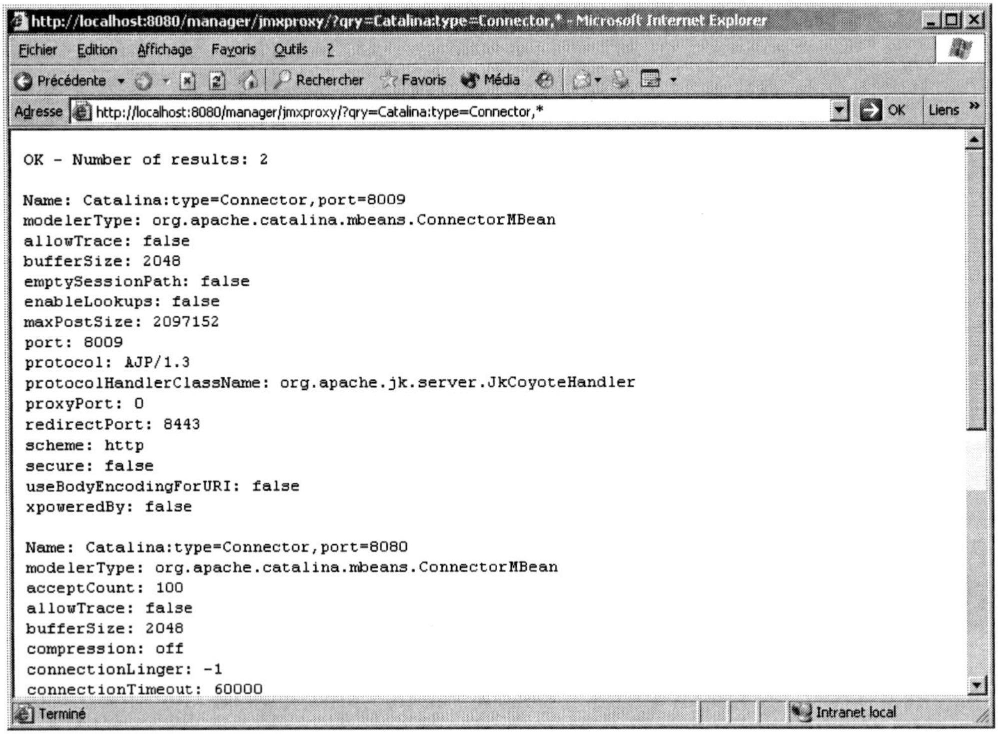

Le premier attribut affiché pour chacun de ces MBean est **Name**, qui correspond à son nom, dans la syntaxe de nommage JMX, à partir du moment où le nom du MBean n'est pas entièrement donné, il faut terminer le nom avec une virgule suivie d'une étoile, comme dans l'exemple précédent.

Les informations affichées dans le navigateur ne montrent pas les caractéristiques du pool de threads de ces connecteurs, tout simplement parce qu'elles sont renvoyées par un autre **MBean** dont le type est **ThreadPool** ; pour obtenir ces données, il faut écrire :

```
http://<hote>:<port>/manager/text/jmxproxy/?
qry=Catalina:type=ThreadPool,*
```

En plus de pouvoir observer les valeurs définies, à l'aide des attributs de configuration sur l'objet `<Connector>`, telles que `maxThreads` ou `acceptCount`, d'autres attributs aux noms relativement explicites sont renvoyés, c'est le cas de `currentThreadCount` et `currentThreadsBusy`. L'attribut `currentThreadCount` est le nombre de threads présents dans le pool, et `currentThreadsBusy`, le nombre de threads occupés.

Le proxy JMX fournit donc une interface permettant d'avoir des informations sur les ressources internes de Tomcat 7, il pourra être utilisé pour obtenir ces données pendant l'exécution d'un test avec JMeter, ou bien lorsqu'un dysfonctionnement ou un comportement imprévu du serveur se produit.

Cette application, en plus de permettre la visualisation des attributs de MBean, permet également de modifier certaines valeurs d'attributs, si ceux-ci sont accessibles en écriture, la syntaxe est la suivante :

```
http://<hote>:<port>/manager/text/jmxproxy/?set=<nom du MBean>&att=<nom
attribut>&val=<valeur attribut>
```

Par exemple, pour définir la valeur de `maxThreads` à 300 pour le connecteur HTTP, il faut écrire la commande **set** suivante :

```
set=Catalina:type=Connector,name=http-8080&att=maxThreads&val=300
```

Cette commande est très pratique puisqu'elle permet de changer des paramètres d'exécution du serveur sans avoir à le redémarrer. Lors de l'exécution de tests de montée en charge où les besoins de reconfiguration en tâtonnant sont nombreux, la commande **set** du proxy JMX peut faire gagner un temps précieux.

À noter que la commande **set** ne modifie pas la configuration écrite dans le fichier **server.xml**, aussi, au prochain démarrage de Tomcat 7, ce sont les valeurs de ce fichier qui sont utilisées.

3. MC4J : Une console JMX

Le proxy JMX de Tomcat 7 offre une première interface de supervision des éléments internes du serveur, cependant son ergonomie est un peu particulière et l'interface graphique assez sommaire. De plus, il est difficile de suivre les statistiques en temps réel c'est l'inconvénient des interfaces Web.

Pour pouvoir obtenir des statistiques en temps réel, il faut une application client lourd JMX, de tels logiciels existent dans le domaine commercial, comme les produits de la gamme **Tivoli** de l'éditeur **IBM**, ou encore **UniCenter** de chez **Computer Associates**. Dans le domaine du logiciel libre, **MC4J** (*Management Console for Java*) est probablement le plus abouti des logiciels de supervision JMX. La version actuelle est la **1.2b9**, elle est téléchargeable à l'adresse **http://mc4j.org**.

MC4J est définitivement orienté vers la supervision des serveurs d'applications JEE, mais peut également être utilisé avec des applications client/serveur compatibles JMX. Les serveurs compatibles avec **MC4J** sont :

- Apache Geronimo 1

- JBoss 3 - 4
- Oracle Container 4 J2EE
- Sun Java Application Server
- Apache Tomcat 4.1 - 5
- BEA Weblogic 6.1 - 9
- IBM WebSphere 5 - 6

MC4J est disponible pour la majorité des systèmes d'exploitation avec des packages d'installation pour Windows, Linux et Mac OS X, ainsi qu'une archive ZIP pure-Java. Pour les autres systèmes, il faut un JDK ou un JRE pour pouvoir installer et exécuter **MC4J**.

Avant de pouvoir connecter Tomcat 7 à **MC4J**, il faut configurer la Machine Virtuelle Java du serveur pour autoriser l'accès distant à son connecteur RMI. Pour cela, il est nécessaire d'ajouter des options à la Machine Virtuelle Java via le script de démarrage de Tomcat 7. Le connecteur RMI de la Machine Virtuelle est sécurisé, il faut donc également configurer l'authentification pour se connecteur.

Configurer la Machine Virtuelle de Tomcat 7

La première étape de configuration consiste à mettre en œuvre la sécurité d'accès au connecteur RMI, s'il n'est pas nécessaire d'activer la sécurité, alors cette procédure peut être ignorée.

La configuration de la sécurité démarre par la création des fichiers **jmxremote.access** et **jmxremote.password** dans le répertoire **CATALINA_HOME/conf**. Le fichier **jmxremote.access** va permettre d'indiquer les noms d'utilisateurs autorisés à utiliser le connecteur, ainsi que leurs permissions sur ce connecteur, le fichier **jmxremote.password** contient les mots de passe associés.

*Le fichier **jmxremote.access** :*

Création du compte administrateur avec des permissions en lecture et écriture, et du compte operateur avec des permissions en lecture seule.

```
administrateur   readwrite
operateur        readonly
```

*Le fichier **jmxremote.password** :*

Définition des mots de passe pour les comptes créés précédemment.

```
administrateur   MotDePasse
operateur        AutreMotDePasse
```

Il faut ensuite sécuriser l'accès au fichier **jmxremote.password**, en effet, si ce fichier est accessible par les utilisateurs du système autres que ceux qui démarrent Tomcat 7, la Machine Virtuelle Java refuse de démarrer et affiche le message :

```
Error: Password file read access must be restricted
```

Pour sécuriser ce fichier sous Linux, il suffit simplement de faire en sorte que son propriétaire soit l'utilisateur qui démarre le serveur, puis de restreindre les droits d'accès avec la commande :

```
chmod 600 jmxremote.password
```

Dans le cas de Windows, la procédure est un peu plus compliquée :

→ Faire un clic droit sur le fichier et choisir **Propriétés**.

→ Sélectionner l'onglet **Sécurité** et cliquer sur le bouton **Paramètres Avancés**.

→ Dans la fenêtre des propriétés avancées qui apparaît, sélectionner l'onglet **Propriétaire**.

→ Vérifier que l'utilisateur propriétaire du fichier est celui qui va démarrer la Machine Virtuelle Java, puis valider avec le bouton **Appliquer**.

→ Sélectionner ensuite l'onglet **Autorisations** et décocher la case **Permettre aux autorisations...**, une boîte de dialogue apparaît, répondre **Copier** à la question posée.

→ Supprimer tous les utilisateurs autres que le propriétaire du fichier dans la liste des autorisations, et ajouter le propriétaire du fichier à la liste s'il n'y apparaît pas, puis valider avec le bouton **OK**.

→ Valider la fenêtre des propriétés du fichier avec **OK**.

Le fichier est sécurisé.

Configurer Tomcat 7

Pour démarrer la Machine Virtuelle Java de Tomcat 7 avec un connecteur RMI activé, il faut passer des options de démarrage à cette Machine Virtuelle par l'ajout d'une ligne de configuration dans le script **catalina.bat** ou **catalina.sh** selon la plate-forme, en ajoutant la variable **JAVA_OPTS** au début du script après la ligne qui commence par **:doStart**.

Sur cette ligne, il est obligatoire de préciser le port à utiliser par le connecteur RMI, il faut choisir un port non utilisé, les exemples de la documentation en ligne de **MC4J** utilisent le port 9004. Ensuite, si la sécurité est utilisée, il faut préciser l'emplacement des fichiers **jmxremote.access** et **jmxremote.password**, enfin, désactiver l'option de cryptage SSL du connecteur car **MC4J** ne supporte pas les connections SSL.

*Syntaxe pour **catalina.bat** avec sécurité activée :*

Tout doit être écrit sur une seule ligne avec un espace seulement pour séparer les différentes options introduites par –D.

```
set JAVA_OPTS=%JAVA_OPTS% -Dcom.sun.management.jmxremote.port=9004
-Dcom.sun.management.jmxremote.password.file=../conf/jmxremote.password
-Dcom.sun.management.jmxremote.access.file=../conf/jmxremote.access
-Dcom.sun.management.jmxremote.ssl=false
```

*Syntaxe pour **catalina.bat** avec sécurité désactivée :*

```
set JAVA_OPTS=%JAVA_OPTS% -Dcom.sun.management.jmxremote.port=9004
-Dcom.sun.management.jmxremote.authenticate=false
-Dcom.sun.management.jmxremote.ssl=false
```

*Syntaxe pour **catalina.sh** :*

Il n'y a que la manière d'écrire la variable JAVA_OPTS qui change, les options de démarrage sont les mêmes.

```
JAVA_OPTS=$JAVA_OPTS -Dcom.sun.management.jmxremote.port=9004
```

Le serveur peut ensuite être démarré.

Configuration de MC4J

Après le démarrage de MC4J, il faut configurer une connexion au serveur Tomcat 7, en choisissant **Create Server Connection** dans le menu **Management** de l'interface, l'assistant de création des connexions apparaît.

La première chose à définir est le type de serveur auquel il faut se connecter, ce choix permet de remplir les autres champs de saisie avec des valeurs spécifiques à ce serveur. Dans la liste déroulante, seule une référence à **Tomcat 5.5+** apparaît ; effectivement, au moment où ces lignes sont écrites, Tomcat 7 n'est pas supporté nativement par MC4J, il va donc falloir recourir à une petite astuce et choisir **J2SE 5.0** qui propose une connexion standard JMX compatible avec Tomcat 7.

Il faut ensuite donner un nom à la connexion et éventuellement modifier le numéro de port qui apparaît sur la ligne de paramètre du champ **Server URL** ; enfin, ne pas oublier de préciser les données d'authentification si la sécurité est activée.

Pour la configuration indiquée précédemment, le premier écran de l'assistant doit ressembler à celui-ci :

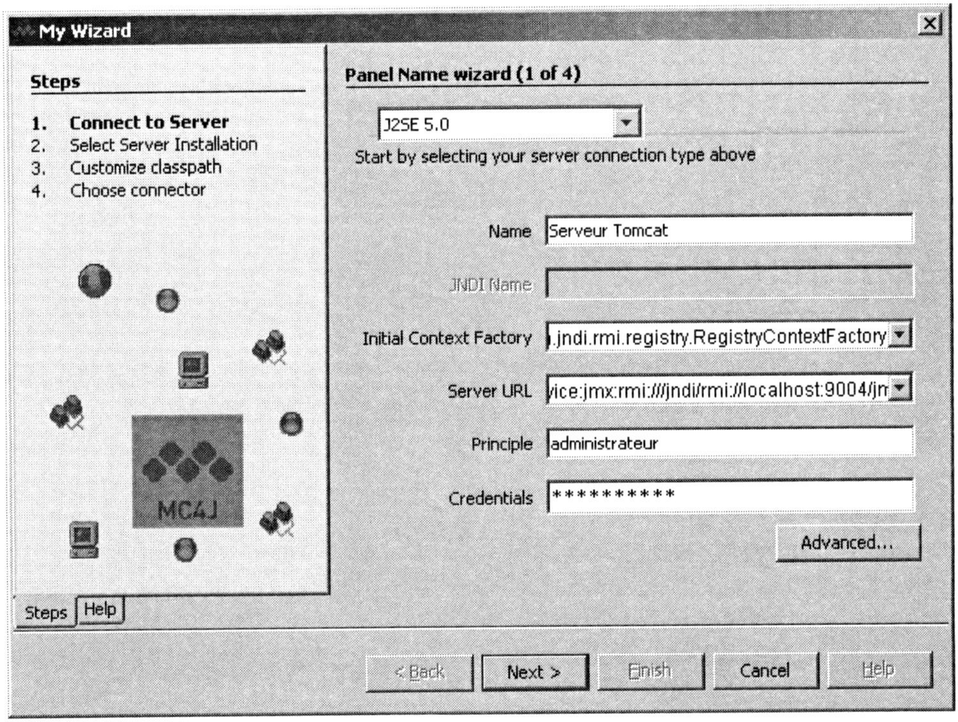

Ensuite, la troisième étape de cet assistant affiche les bibliothèques Java de MC4J qui vont être utilisées pour la supervision ; ici il est nécessaire de faire également référence aux bibliothèques de Tomcat 6 dans la section **Custom classpath and server libraries** en y ajoutant tous les fichiers .jar contenus dans **CATALINA_HOME/lib**. Ce second écran doit être similaire à celui-ci :

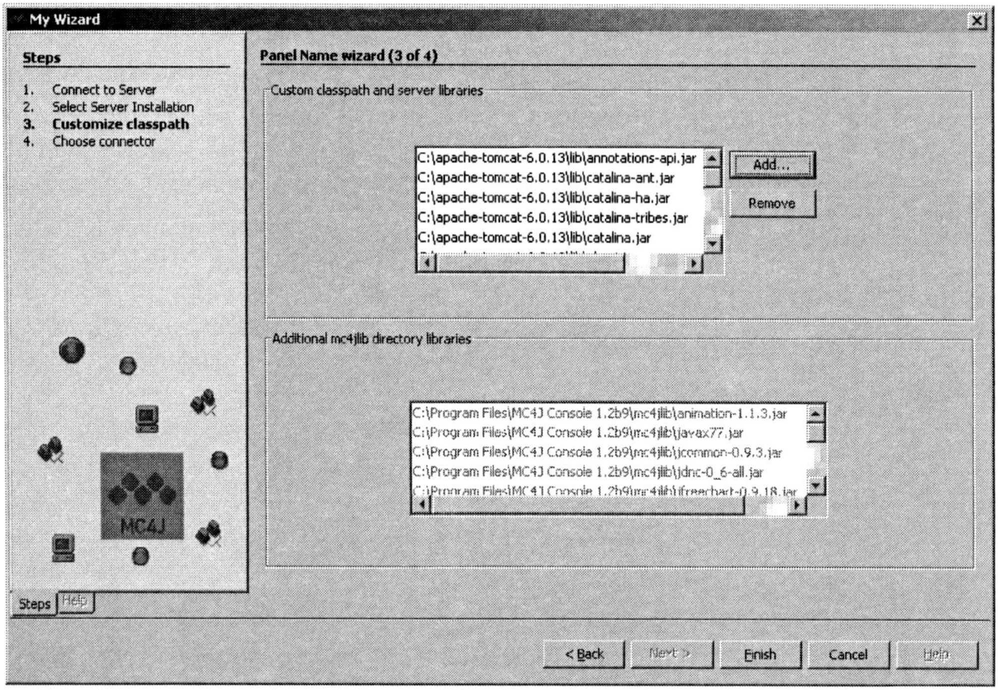

L'assistant peut ensuite être terminé avec le bouton **Finish**.

Une fois la connexion créée, l'écran principal de la console MC4J apparaît, et avec lui, la liste des MBeans du serveur. L'exploration peut commencer.

Dans l'écran qui suit, l'arborescence met en évidence le MBean associé au pool de threads du connecteur http, et sur celui-ci, l'attribut **currentThreadBusy** est sélectionné, il représente le nombre de threads occupés à satisfaire les requêtes client. Pour obtenir la valeur courante, il faut faire un clic droit sur cet attribut et choisir **Properties**, mieux, il est possible d'afficher une courbe qui montre l'évolution de cette valeur dans le temps en choisissant **Graph**.

Visualisation de l'attribut currentThreadBusy avec MC4J :

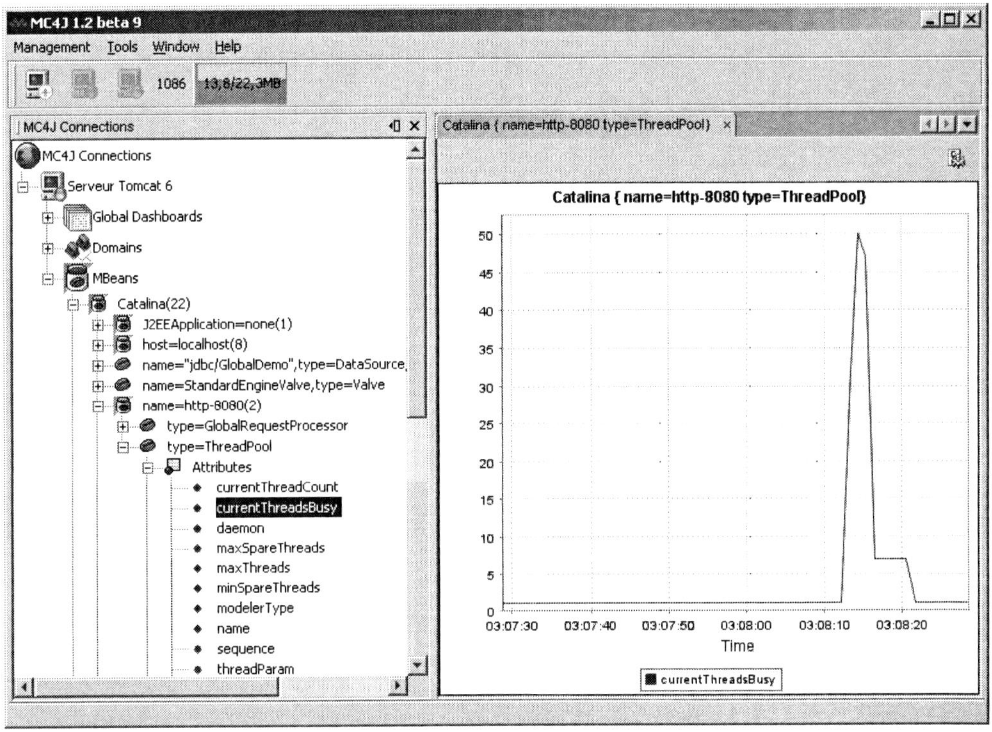

Il est également possible d'afficher plusieurs courbes sur le même graphique ; pour cela il suffit de faire une sélection multiple des attributs souhaités en maintenant la touche [Ctrl] enfoncée, puis de faire un clic droit et choisir **Graph**.

Parmi les autres MBeans visualisables, ceux qui sont associés aux pools de connexion JDBC sont probablement les plus intéressants. Un MBean de pool de connexions JDBC possède notamment les attributs **numActive** et **numIdle** permettant, respectivement, de connaître le nombre de connexions actives du pool et le nombre de connexions inactives.

Exemple

*Affichage des attributs **numActive** et **numIdle** sur le même graph. Dans cet exemple, le pool de connexions est configuré pour utiliser 10 connexions maximum (`maxActive` = 10), et pour maintenir 5 connexions inactives au maximum (maxIdle = 5).*

*Le premier pic correspond à la courbe **numActive**, toutes les connexions sont utilisées, ensuite la courbe redescend à 0 et la deuxième, qui correspond à **numIdle**, monte jusqu'à 5, elle y restera jusqu'à l'arrêt du serveur.*

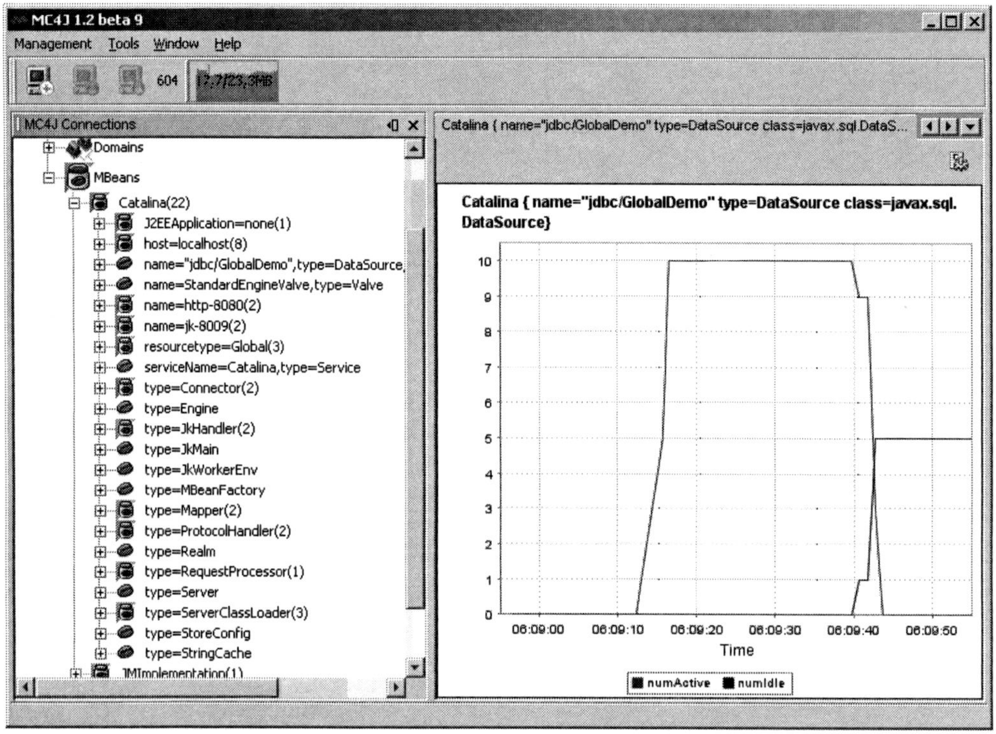

Avec un outil comme MC4J, il devient très facile de suivre l'évolution en temps réel des ressources internes du serveur pendant un test de montée en charge par exemple, mais également en cours de fonctionnement pour un serveur de production. Un tel outil fait partie des logiciels indispensables qu'un administrateur Tomcat doit posséder.

Chapitre 8 : Clustering avec Tomcat 7

A. Introduction au clustering avec Tomcat 7

Garantir la disponibilité et les performances des applications multitiers fait partie des challenges à relever pour les administrateurs de serveurs d'applications. Ces architectures distribuées possèdent l'avantage d'être centralisées et donc d'être maintenables en un point unique, de plus, la puissance de calcul des machines de type serveur peut être exploitée.

Cependant, face un nombre d'utilisateurs grandissant et à une utilisation plus importante des applications, il est souvent nécessaire de mettre en place des solutions de haute-disponibilité dans les architectures multi-tiers, garantissant ainsi performances et accessibilités de ces applications.

Un des rôles des serveurs d'applications Java EE est de fournir un tel service, et Tomcat 7 n'échappe pas à la règle. L'objectif de ce chapitre est de présenter les solutions de répartition de charge et de tolérance de panne qu'il est possible de mettre en œuvre avec Tomcat 7.

B. Une solution de haute disponibilité avec Tomcat 7

La solution universelle de haute-disponibilité consiste à utiliser la redondance, de multiple processus isolés et répartis permettent d'éliminer les points faibles de l'infrastructure mise en place. Il faut distinguer deux types de répartition, la répartition verticale et la répartition horizontale.

La répartition verticale consiste à utiliser plusieurs instances de serveurs Tomcat 7 sur une même machine physique, permettant ainsi d'isoler des applications critiques dans leur propre Machine Virtuelle Java. Par instance, il faut comprendre processus, chaque serveur Tomcat 7 fonctionnant dans sa propre Machine Virtuelle : c'est elle le processus. Cette solution permet d'éviter qu'une application connaissant une défaillance, perturbe et rende indisponible les autres, cependant, elle ne permet pas de se prémunir d'une panne matérielle.

La répartition horizontale quant à elle, utilise plusieurs instances de serveurs Tomcat 7 qui sont cette fois-ci réparties sur plusieurs machines physiques. Cette solution apporte la tolérance de panne nécessaire pour garantir la disponibilité des applications, les performances sont également au rendez-vous puisque la charge globale est répartie entre les différentes instances de serveur. Cependant, les serveurs étant situés sur des machines physiques différentes, l'utilisation du réseau peut avoir une incidence néfaste sur les performances, selon la qualité de ce réseau.

1. Une infrastructure disponible et performante

Pour garantir à la fois performance et disponibilité, il faut idéalement mélanger les deux approches. Quelle que soit la solution retenue, il faut répartir les requêtes utilisateur sur les multiples instances de serveur Tomcat 7, c'est aussi une des raisons pour laquelle Tomcat 7 est souvent mis en œuvre avec un serveur Web en frontal, comme cela est expliqué au chapitre Le serveur Apache Tomcat 7 : installation et configuration de cet ouvrage.

L'utilisation conjointe de Tomcat 7 avec un serveur Web tel que Apache HTTP Server ou Microsoft IIS fait intervenir un module additionnel chargé de rediriger les requêtes entrantes vers le serveur d'applications, si cette requête fait référence à une ressource dynamique Java. Il est assez facile d'envisager que ce module complémentaire puisse répartir les requêtes vers plusieurs serveurs Tomcat 7, et ce, également, afin de répartir la charge. Confier la répartition de charge à un module tel que **mod_jk** pour Apache ou le redirecteur ISAPI JK pour IIS est la solution la plus couramment utilisée, puisqu'elle est disponible depuis l'apparition de **mod_jk** avec Tomcat 4.

D'autres solutions peuvent être envisagées, des solutions matérielles par exemple. Il existe des boîtiers de répartition de requêtes capables de fonctionner sur plusieurs protocoles, l'utilisation de l'un de ces boîtiers en frontal des serveurs Tomcat 7 permettrait de remplacer le serveur Web. De telles solutions sont notamment disponibles chez **Cisco Systems**, ou encore **Nortel Networks** qui possède un produit phare dans ce domaine, l'**Alteon**.

C. Configuration d'un cluster Tomcat 7

Lors de la mise en place d'un cluster avec Tomcat 7, il est indispensable de garantir l'intégrité des applications entre les instances. En effet, il n'y a pas à l'heure actuelle d'outil d'administration permettant de déployer les applications Web dans un cluster Tomcat 7, les applications doivent être installées individuellement sur chacune des instances de serveur.

Un tel outil possède évidemment une très grande valeur ajoutée car il permet la distribution automatique des applications vers toutes les instances, y compris si elles se trouvent sur des machines différentes.

Consciente de ce manque, l'équipe de développeurs de Tomcat s'est penché sur la question et un outil de ce type devrait apparaître dans les prochaines versions de Tomcat.

1. Installer plusieurs instances de Tomcat 7 sur la même machine

Pour permettre à plusieurs instances de Tomcat 7 de s'exécuter sur la même machine, l'installation des instances du serveur est un peu particulière. En effet, une première contrainte impose à chacune des instances d'utiliser des ports TCP/IP distincts pour éviter les conflits, mais il n'est pas possible de simplement décompresser l'archive ZIP du serveur à deux endroits différents pour avoir deux instances, car il ne peut y avoir qu'une seule variable d'environnement **CATALINA_HOME**.

La solution consiste à utiliser la variable d'environnement **CATALINA_BASE**. Cette variable permet de faire référence au répertoire contenant la configuration spécifique d'une instance. Lorsqu'une seule instance de Tomcat 7 fonctionne, la valeur de cette variable est copiée de **CATALINA_HOME**.

Dans le cas où, par exemple, deux instances de serveur doivent fonctionner sur la même machine, les deux instances partageront la même variable **CATALINA_HOME**, mais auront chacune une variable **CATALINA_BASE**. Il y a donc une partie commune à ces instances, et une partie qui leur est propre.

Chaque instance de serveur doit posséder :

- sa propre configuration (le répertoire **conf/**),
- son propre répertoire **logs/**,
- ses propres répertoires temporaires (**work/** et **temp/**).

Les autres répertoires, c'est-à-dire **bin/** et **lib/**, peuvent être commun, ainsi, les librairies du serveur ne sont pas dupliquées.

Voici un exemple d'arborescence de cluster Tomcat 7 :

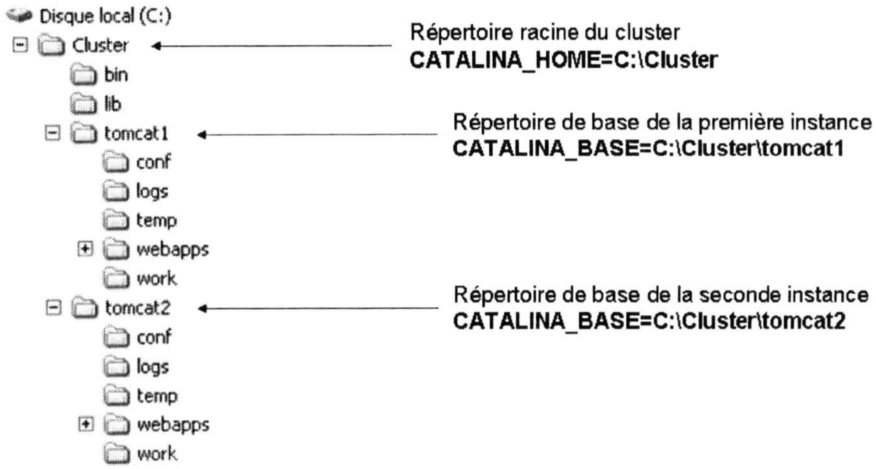

Il faut ensuite créer des scripts de démarrage et d'arrêt spécifiques pour chacune des deux instances, l'objectif est de positionner la variable **CATALINA_BASE** puis d'invoquer le script **startup.bat** ou **shutdown.bat**, chacun de ces scripts devant se trouver dans **CATALINA_HOME/bin**.

Le script de démarrage de la première instance peut par exemple être nommé **startTomcat1.bat**, il contient les lignes suivantes :

```
set CATALINA_BASE=C:\Cluster\tomcat1
call startup
```

Le script d'arrêt **stopTomcat1.bat** :

```
set CATALINA_BASE=C:\Cluster\tomcat1
call shutdown
```

Les scripts de la deuxième instance sont identiques, à la valeur près de **CATALINA_BASE**.

La version Linux de ces scripts n'est pas plus compliquée, par exemple, le script de démarrage de la première instance peut s'appeler **startTomcat1.sh** et il contient les lignes suivantes :

```
# ! /bin/bash
export CATALINA_BASE=/usr/cluster/tomcat1
. $CATALINA_HOME/bin/startup.sh
```

Le script d'arrêt quant à lui peut s'appeler **stopTomcat1.sh** :

```
# ! /bin/bash
export CATALINA_BASE=/usr/cluster/tomcat1
. $CATALINA_HOME/bin/shutdown.sh
```

Ces deux exemples supposent que **CATALINA_HOME** pointe vers **/usr/cluster/**.

La dernière étape consiste à faire en sorte que chacune des instances utilise des ports distincts pour le connecteur HTTP, le connecteur JK, et le port d'arrêt du serveur.

Voici un exemple de valeurs pertinentes qui peuvent être utilisées :

Nom de l'instance	Connecteur HTTP	Connecteur JK	Port d'arrêt
tomcat1	8180	8109	8105
tomcat2	8280	8209	8205

Les deux instances peuvent maintenant être démarrées, en cas de problème, les fichiers journaux de chacune des instances sont suffisamment explicites sur les erreurs de configuration.

2. Répartition de charge avec les modules JK

Le chapitre Le serveur Apache Tomcat 7 : installation et configuration aborde la configuration de Tomcat 7 avec un serveur frontal Apache HTTP Server ou Microsoft IIS, les modules JK respectifs pour ces serveurs, **mod_jk** pour Apache, et le redirecteur ISAPI pour IIS, permettent la mise en œuvre d'une solution de répartition de charge et de tolérance de panne.

D'un point de vue de la répartition de charge, les modules JK utilisent un algorithme de répartition de type Round-Robin, c'est-à-dire que les requêtes sont envoyées alternativement sur chacune des instances, et ce, toujours dans le même ordre.

Cet algorithme est un des plus utilisé dans le domaine de la répartition de charge car il permet d'équilibrer la charge sur chacune des instances, il est cependant possible d'affecter un poids plus important à une instance, si elle se trouve sur une machine plus puissante que les autres par exemple.

Cependant, un problème survient lorsqu'il s'agit de gérer les sessions utilisateurs, qui sont conservées sur le serveur (voir le chapitre La plate-forme Java EE 6). En effet, en supposant qu'un client émette une première requête et qu'il soit dirigé vers la première instance, cette requête va lui créer une session, qui sera conservée dans la mémoire de la Machine Virtuelle Java de cette instance. Ensuite, si ce même client émet une deuxième requête, l'algorithme de Round-Robin peut très bien envoyer cette requête vers une autre instance dans ce cas, la session de ce client est perdue.

Pour éviter ce phénomène, les modules JK utilisent un mécanisme appelé affinité de session. L'affinité de session permet de garantir qu'à partir du moment où un client se connecte à une application qui utilise les sessions, ce client sera toujours dirigé vers la même instance de serveur.

Du coté de la tolérance de panne, si une instance de serveur Tomcat 7 ne répond pas à un envoi de requête fait par le module JK, alors cette instance est marquée indisponible, et le module tente d'envoyer cette requête sur une autre instance.

Répartition de charge et de tolérance de panne avec les modules JK :

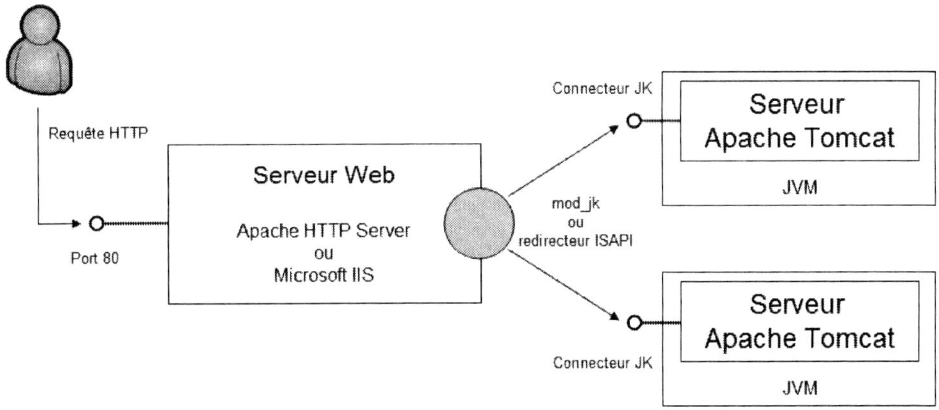

L'objectif est maintenant d'étendre la configuration étudiée au chapitre Le serveur Apache Tomcat 7 : installation et configuration pour faire cohabiter plusieurs serveurs Tomcat 7 avec un serveur Web. Les fichiers de configuration sont les mêmes que ceux qui ont déjà été mis en œuvre pour une configuration avec un serveur Tomcat 6 unique.

a. Configuration avec Apache HTTP Server

Apache utilise son propre fichier de configuration **httpd.conf** ainsi que le fichier **workers.properties** pour communiquer avec Tomcat 7.

Voici, à titre de rappel, un exemple de configuration.

*Le fichier de configuration d'Apache **httpd.conf** :*

```
JkWorkersFile  conf/workers.properties
JkLogFile      logs/mod_jk.log
JkLogLevel     info
JkMount        /ListeEmployes    worker1
```

*Le fichier **workers.properties** :*

```
worker.list=worker1
worker.worker1.type=ajp13
worker.worker1.host=localhost
worker.worker1.port=8009
```

En reprenant l'exemple de cluster proposé à la section Une infrastructure disponible et performante de ce chapitre, il faut modifier la configuration de telle sorte que chacune des instances soit associée à un travailleur : voici le fichier **workers.properties** à utiliser pour cette configuration :

Pour plus de clarté, les travailleurs portent le nom des instances.

```
worker.list=tomcat1, tomcat2

worker.tomcat1.type=ajp13
worker.tomcat1.host=localhost
worker.tomcat1.port=8109

worker.tomcat2.type=ajp13
worker.tomcat2.host=localhost
worker.tomcat2.port=8209
```

Dans cet exemple, le serveur Web ainsi que les deux instances de Tomcat 7 sont sur la même machine physique, d'où l'utilisation de la valeur `localhost` en tant que nom d'hôte, il faut bien sûr adapter ces valeurs en fonction de l'architecture mise en œuvre, et utiliser de préférence des adresses IP plutôt que des noms de machines.

Les travailleurs pour chacune des deux instances étant maintenant déclarés, il faut maintenant ajouter un travailleur supplémentaire responsable de la répartition de charge avec l'algorithme Round-Robin. Ce travailleur est particulier, car son type n'est pas **ajp13**, mais **lb** dans la mesure où il ne communique pas avec Tomcat 7 mais fait simplement la répartition des requêtes (lb = **Load-Balancing**). En plus d'avoir un type différent, ce travailleur utilise un attribut permettant de faire référence à tous les travailleurs qui participent à la répartition de charge, c'est l'attribut `balanced_workers`.

*Voici le fichier **workers.properties** modifié avec l'ajout du travailleur supplémentaire, il est nommé **balancer**. Les lignes modifiées sont en gras.*

```
worker.list=tomcat1, tomcat2, balancer

worker.tomcat1.type=ajp13
worker.tomcat1.host=localhost
worker.tomcat1.port=8109

worker.tomcat2.type=ajp13
worker.tomcat2.host=localhost
worker.tomcat2.port=8209

worker.balancer.type=lb
worker.balancer.balanced_workers=tomcat1,tomcat2
```

Il est également possible d'ajouter un attribut supplémentaire sur les travailleurs de type **ajp13**, l'attribut **lbfactor** permet d'affecter un poids aux travailleurs, par défaut cet attribut vaut 1, chaque travailleur reçoit donc une quantité identique de requête. En donnant la valeur 1 pour cet attribut au travailleur **tomcat1**, et la valeur 2 au travailleur **tomcat2**, le premier reçoit alors deux fois moins de requêtes que le second.

Une fois le fichier **workers.properties** modifié, la configuration du serveur Apache doit, elle aussi, subir un petit changement. En effet, le travailleur associé aux applications doit être le travailleur responsable de la répartition de charge.

Le fichier **httpd.conf** précédent doit donc être modifié comme ceci :

```
JkWorkersFile    conf/workers.properties
JkLogFile        logs/mod_jk.log
JkLogLevel       info
JkMount          /ListeEmployes       balancer
```

La configuration du côté du serveur Web est maintenant terminée.

La topologie de cluster présentée à la section Une infrastructure disponible et performante de ce chapitre est quasiment opérationnelle, il manque simplement un élément pour permettre l'affinité de session. Il s'agit d'un attribut de configuration à rajouter sur l'élément `<Engine>` de chaque instance, c'est l'attribut `jvmRoute`. Cet attribut doit prendre comme valeur le nom du travailleur Tomcat 7 qui sera amené à envoyer des requêtes sur cette instance. Il faut donc éditer les fichiers **server.xml** des deux instances pour ajouter cet attribut.

*Fichier **server.xml** de la première instance (**C:\Cluster\tomcat1\conf\server.xml**) :*

```
...
<!-- Define the top level container in our container hierarchy -->
<Engine name="Catalina" defaultHost="localhost" jvmRoute="tomcat1">
...
```

*Fichier **server.xml** de la seconde instance (**C:\Cluster\tomcat2\conf\server.xml**) :*

```
...
<!-- Define the top level container in our container hierarchy -->
<Engine name="Catalina" defaultHost="localhost" jvmRoute="tomcat2">
...
```

À noter qu'il n'y a rien de particulier à faire du coté du module JK ou d'Apache pour activer l'affinité de session : elle l'est par défaut. Par contre, s'il est nécessaire de désactiver ce mécanisme, il faut ajouter l'attribut de configuration **sticky_session** sur le travailleur de type **lb** dans le fichier **workers.properties**, et lui donner la valeur 0 (Il vaut 1 par défaut).

Exemple

```
worker.balancer.sticky_session=0
```

La configuration est maintenant terminée. Pour la tester, il faut utiliser plusieurs clients, et vérifier que chacun est bien envoyé sur une instance différente.

Pour tester ce fonctionnement, il suffit juste d'ajouter une page HTML à l'application en cluster, mais qui aura un contenu différent sur la première instance et sur la seconde, elle peut afficher le nom de l'instance par exemple.

Ensuite, la procédure suivante permet de tester que la tolérance de panne fonctionne correctement.

- Démarrer les deux instances de serveur Tomcat 7.
- Ouvrir un navigateur Web et demander la page ajoutée précédemment.
- Arrêter l'instance qui a servi cette page.
- Rafraîchir l'affichage dans le navigateur Web, il doit maintenant afficher la page de l'autre instance.

b. Configuration avec Microsoft IIS

La configuration avec le serveur Web de Microsoft diffère assez peu de celle réalisée pour Apache, dans la mesure où IIS utilise également le fichier **workers.properties** avec exactement la même syntaxe.

La différence réside dans la manière de mettre en relation les applications Web avec les travailleurs, en effet, IIS utilise pour ceci le fichier **uriworkermap.properties**. Pour utiliser la même configuration de cluster Tomcat 7 que précédemment, le fichier **uriworkermap.properties** doit contenir la ligne suivante :

```
/ListeEmployes/*=balancer
```

Pour tester la configuration, la procédure décrite avec Apache fonctionne également très bien avec IIS.

3. Configuration d'un cluster Tomcat 7 en mode maître/esclave

Avec les versions récentes de mod_jk, il est également possible de configurer un cluster Tomcat 7 en mode maître/esclave. Dans ce mode de fonctionnement avec deux instances de serveurs par exemple, une seule des deux instances est active pour satisfaire les demandes utilisateur, la deuxième instance sert uniquement à remplacer la première en cas de défaillance.

Pour mettre en œuvre une telle configuration, peu de modifications doivent être apportées à la configuration de répartition de charge étudiée précédemment, il suffit simplement d'ajouter deux directives au fichier **workers.properties**.

Exemple de configuration avec deux serveurs :

```
worker.list=tomcat1, tomcat2, balancer

worker.tomcat1.type=ajp13
worker.tomcat1.host=localhost
worker.tomcat1.port=8109

# Spécifier quelle instance doit prendre
# le relais en cas de défaillance (maître)
worker.tomcat1.redirect=tomcat2

worker.tomcat2.type=ajp13
worker.tomcat2.host=localhost
worker.tomcat2.port=8209
```

```
# Spécifier que cette instance n'est qu'une instance
# de secours (esclave)
worker.tomcat2.activation=disabled

worker.balancer.type=lb
worker.balancer.balanced_workers=tomcat1,tomcat2
```

Dans cette configuration, une seule instance est sollicitée pour satisfaire les requêtes utilisateur (**tomcat1**), la deuxième (**tomcat2**) prend le relais en cas de défaillance de la première. Ce type de fonctionnement d'un cluster Tomcat 7 peut bien sûr être mis en œuvre avec un nombre de serveurs plus important.

D. Maintenir l'état des clients dans un cluster

1. La problématique

Dans un environnement de cluster, la problématique du maintien des sessions utilisateurs est une des plus difficiles à résoudre. Chaque session utilisateur n'est présente que dans une seule et unique instance de serveur, dans la mesure où elle est stockée dans la mémoire de la Machine Virtuelle Java de cette instance.

Le mécanisme d'affinité de session présenté précédemment garantit qu'un client est toujours dirigé vers la même instance pendant que sa session est valide, en fait le choix de l'instance se fait initialement par le module JK qui mémorise ce choix et qui utilise cette instance tant que la session de ce client est valide. La mise en œuvre de la répartition de charge avec le module JK n'est donc pas un handicap pour le maintien des sessions.

Par contre, dans le cas où l'instance à laquelle un client est associé connaît une défaillance, le module JK fait son travail de tolérance de panne et envoie les requêtes de ce client vers une autre instance, et sa session est perdue. Dans ce cas de figure, il est nécessaire de savoir quelle est l'importance attachée à la session de l'utilisateur.

Dans une majorité de sites Web, les sessions sont utilisées pour conserver des données liées à l'authentification d'un client, c'est par exemple le cas sur beaucoup de banques en ligne. Dans cette situation, si le client perd sa session, le comportement attendu est qu'il sera redirigé vers la page d'authentification du site ou de l'application, après s'être réauthentifié : il pourra continuer à utiliser les services en ligne, la perte de la session n'a finalement que très peu de conséquences, mis à part le désagrément provoqué par la redemande d'identification.

D'autres sites Web et applications utilisent par contre les sessions pour y stocker des données en quantité plus importante, c'est par exemple le cas de certains sites de commerce électronique. Sur un site marchand, la session utilisateur peut également servir de panier d'achat, tous les achats faits par le client sont conservés sous forme d'objets Java dans sa session et en fin de parcours, le site analyse le contenu de cette session pour générer une commande. Dans ce cas de figure, la perte de sa session pour un utilisateur a une conséquence beaucoup plus grave, puisqu'il perd toutes les références d'achat qu'il souhaitait faire.

L'importance d'une session utilisateur est donc toute relative. Ceci dit, dans bien des cas de figure, il est nécessaire de pouvoir conserver ces sessions y compris si la tolérance de panne s'en mêle. Dans ce cas il faut mettre en œuvre un mécanisme permettant à chaque instance de serveur, d'avoir accès à toutes les sessions.

a. Des processus isolés

La principale difficulté liée au maintien des sessions dans un environnement distribué est liée à l'échange de ces informations de session entre les processus. Chaque instance de serveur Tomcat 6 fonctionne dans un processus qui lui est propre : sa Machine Virtuelle Java. Chacun des processus d'un système d'exploitation possède sa propre zone mémoire à laquelle les autres ne peuvent accéder, quand cela se produit, c'est en général fatal aux processus !

Pour s'affranchir de cette isolation entre les processus, plusieurs solutions sont envisageables. D'abord, il peut être possible pour ces processus d'échanger leurs informations de session en utilisant un mécanisme comme une communication réseau basée sur les sockets TCP/IP par exemple. L'autre possibilité consiste à créer un emplacement commun aux instances pour stocker ces données, chacun des processus ayant ensuite la possibilité d'y lire et écrire ses données. Ce type de solution peut mettre en œuvre une base de données relationnelle, un répertoire partagé, ou encore une solution propriétaire.

Quelle que soit la solution technologique choisie, si elle doit être implémentée directement dans l'application elle-même, cela rend le travail du développeur plus compliqué, et l'application devient dépendante d'un mécanisme particulier qu'il sera lourd de faire évoluer.

Les serveurs d'applications Java EE proposent quasiment tous d'implémenter cette fonctionnalité de maintien des sessions entre plusieurs instances de serveurs, et Tomcat 7 n'échappe encore pas à la règle. Les mécanismes proposés sont variables d'un produit à un autre.

2. Les solutions

Tomcat 7 propose trois mécanismes distincts pour permettre le maintien des sessions, chacun ayant des avantages et des inconvénients. En tous cas, avant de pouvoir partager des sessions entre plusieurs instances, il faut le permettre car par défaut, une application Web Java EE est liée à une seule et unique instance de serveur.

Pour permettre aux informations d'une application d'être partagées entre plusieurs instances de serveur, il faut modifier le descripteur de déploiement **web.xml** de cette application. Il faut réaliser cette modification sur toutes les copies de toutes les instances !

La modification en question consiste à ajouter l'élément XML `<distributable/>` à ce fichier, voici où il doit être positionné :

```
<?xml version="1.0" encoding="ISO-8859-1"?>

<web-a
     xmlns:xsi="http://www.w3.org/2001/XMLSchema-instance"
     xmlns="http://java.sun.com/xml/ns/javaee"
     xmlns:web="http://java.sun.com/xml/ns/javaee/web-app_2_5.xsd"
     xsi:schemaLocation="http://java.sun.com/xml/ns/javaee
       http://java.sun.com/xml/ns/javaee/web-app_2_5.xsd"
     id="WebApp_ID" version="2.5">
  <description>
        Une application Web JEE pour Tomcat 7
  </description>
  <display-name>Mon Application</display-name>
  <distributable/>
  ...
</web-app>
```

Le premier mécanisme de maintien de sessions proposé par Tomcat 7 est un mécanisme de réplication des données de sessions via un réseau multicast permettant la détection des instances.

L'autre mécanisme permet de stocker les sessions de manière persistante, soit dans une base de données relationnelle, soit dans un fichier.

a. La réplication de mémoire à mémoire

La réplication de mémoire à mémoire entre les instances est une nouveauté de Tomcat 7.

Dans le principe, la réplication de mémoire à mémoire avec Tomcat 7 utilise deux types de communication réseau, la première sert à détecter les différentes instances présentes sur le réseau, et la seconde sert à transférer les données entre les instances.

Pour détecter la présence des autres instances Tomcat 7 présentes sur le réseau, une instance particulière utilise le mécanisme de multicast IP. Le multicast IP est une technique qui permet à un système d'appartenir à un groupe, référencé par une adresse IP de multicast. Cette adresse s'ajoute à l'adresse IP déjà existante (appelé adresse unicast).

Toutes les instances de serveur Tomcat 7 configurées pour participer à la réplication de mémoire à mémoire utilisent la même adresse de multicast : elles sont donc toutes dans le même groupe. Une instance Tomcat 7 utilise la notion de heartbeat (littéralement battement de cœur) pour notifier sa présence aux autres instances du groupe, ce heartbeat est en fait une information réseau simple envoyée au groupe multicast. Une instance doit envoyer régulièrement ce signal, dans le cas contraire, elle est considérée comme étant inactive, et ce, jusqu'à ce qu'elle envoie son signal de nouveau.

Une adresse de multicast est comprise entre les adresses 224.0.0.0 et 239.255.255.255 en sachant que les adresses 224.0.0.1, 224.0.0.2 et 224.0.0.13 sont réservées.

L'autre connexion réseau sert à envoyer les données de session vers les autres instances, chaque instance qui voit ses données de session modifiées, se connecte tour à tour à toutes les autres pour leur envoyer les données.

Configuration de Tomcat 7 pour la réplication de mémoire à mémoire

La configuration de ce mécanisme de réplication de session se fait dans le fichier **server.xml**, l'élément de configuration utilisé se nomme `<Cluster>` et> se positionne dans un élément `<Host>`.

Cette position dans le fichier de configuration est très importante puisque toutes les applications hébergées par cet hôte voient leurs sessions répliquées vers les autres instances du cluster. Il est donc indispensable de ne conserver dans cet élément `<Host>` que les applications dont les sessions doivent être répliquées, les autres applications éventuellement présentes dans le serveur, devront être déployées dans un autre hôte.

Un élément `<Cluster>` possède 4 éléments enfants :

- `<Manager>` : permet de définir la politique de réplication.
- `<Channel>` : permet de définir le domaine de réplication, un groupe de serveurs Tomcat 7 qui échangent leurs données de sessions.
- `<Valve>` : l'élément `<Valve>` permet de filtrer les ressources des applications pour ne conserver que celles qui utilisent les sessions, c'est-à-dire les ressources dynamiques Java.
- `<Deployer>` : pour activer le déploiement des applications sur chacun des membres du cluster.

L'élément `<Channel>` étant lui-même composé des éléments suivants :

- `<Membership>` : cet élément permet la configuration multicast pour l'envoi du signal heartbeat.
- `<Receiver>` : c'est le récepteur des données de réplication.
- `<Sender>` : cet élément est celui qui envoie les données de session à destination des autres instances du cluster.

L'élément de configuration `<Cluster>` possède l'attribut suivant :

`className` : le nom complet de la classe permettant d'implémenter ce mécanisme, la seule valeur possible à l'heure actuelle est `org.apache.catalina.ha.tcp.SimpleTcpCluster`.

L'élément `<Manager>` possède les attributs suivants :

`className` : permet de spécifier le type de réplicateur en indiquant le nom de sa classe Java : `org.apache.catalina.cluster.session.DeltaManager`, elle permet de ne répliquer que les données de session qui ont été modifiées depuis la dernière réplication.

`expireSessionOnShutdown` : permet d'indiquer si les sessions doivent être marquées comme expirées à l'arrêt de l'instance. La valeur par défaut est `false`.

Exemple

```
<Cluster className="org.apache.catalina.ha.tcp.SimpleTcpCluster">
   <Manager className="org.apache.catalina.ha.session.DeltaManager"
            expireSessionsOnShutdown="false"/>
   ...
</Cluster>
```

L'élément `<Channel>` possède l'attribut suivant :

`className` : le nom complet de la classe permettant d'implémenter ce mécanisme, la seule valeur possible à l'heure actuelle est `org.apache.catalina.tribes.group.GroupChannel`.

Le premier élément enfant de `<Channel>`, `<Membership>`, permet de configurer l'envoi du signal heartbeat. Sa configuration fait donc référence à l'adresse de multicast à utiliser par la cluster, ainsi que le port de multicast. Il possède les attributs suivants :

`className` : la seule classe Java disponible à l'heure actuelle est `org.apache.catalina.tribes.membership.McastService`.

`address` : l'adresse de multicast IP utilisée pour envoyer le signal heartbeat, toutes les instances doivent utiliser la même adresse.

`port` : le port à utiliser pour le multicast, là encore, il doit être identique sur toutes les instances.

`frequency` : l'intervalle de temps entre deux envois de signal heartbeat, la valeur est exprimée en millisecondes.

`dropTime` : le temps en millisecondes au bout duquel une instance est considérée comme inactive si aucun signal heartbeat n'est reçu de cette instance.

Exemple

```
<Membership
   className="org.apache.catalina.tribes.membership.McastService"
   address="228.0.0.4"
   port="45564"
   frequency="500"
   dropTime="3000"/>
```

Ensuite, l'élément `<Receiver>` utilisé pour recevoir les données de session à répliquer, possède les attributs suivants :

`className` : la seule valeur possible actuellement est `org.apache.catalina.tribes.transport.nio.NioReceiver`.

`address` : l'adresse IP à utiliser pour la réception des données de sessions. La valeur peut être `auto`, dans ce cas, l'adresse IP du système est utilisée. Une adresse IP doit être spécifiée dans le cas de systèmes avec plusieurs adresses IP.

`port` : le port à utiliser pour la réception des données de réplication. Dans le cas où plusieurs instances fonctionnent sur la même machine, elles doivent chacune utiliser un port distinct.

`maxThread` : le nombre de threads à utiliser pour prendre en charge les requêtes de réplication, la valeur à donner ici doit être égale au nombre d'instances présentes dans le cluster.

`selectorTimeout` : le temps maximum d'attente de l'appel système `select()`. La valeur à donner ici est `100` pour éviter un bug de la bibliothèque Java NIO.

Exemple

```
<Receiver
   className=" org.apache.catalina.tribes.transport.nio.NioReceiver "
   address="auto"
   port="4001"
   selectorTimeout="100"
   maxThread="6"/>
```

L'élément `<Sender>` permet l'envoi des données de session aux autres instances du cluster qui sont considérées comme actives, sa configuration est très simple puisqu'elle n'utilise qu'un seul attribut :

`className` : la seule valeur possible est `org.apache.catalina.tribes.transport.ReplicationTransmitter`.

Enfin, l'élément `<Valve>` permet de définir les requêtes HTTP qui déclenchent une réplication. Cet élément utilise un attribut permettant d'exclure, grâce à des motifs, les ressources qui ne nécessitent pas de réplication, ce sont en général des ressources statiques.

L'élément `<Valve>` possède deux attributs :

`className` : ce filtre particulier utilise la classe d'implémentation `org.apache.catalina.ha.tcp.ReplicationValve`.

`filter` : permet de spécifier un ensemble de motifs représentant les requêtes pour des ressources ne nécessitant pas de déclencher une réplication des données de session. Ces motifs utilisent les expressions régulières, et chacun d'eux est séparé des autres par un point-virgule.

Exemple

```
<Valve
   className="org.apache.catalina.cluster.tcp.ReplicationValve"
   filter=".*\.gif;.*\.js;.*\.jpg;.*\.htm;.*\.html;.*\.txt;"/>
```

L'élément de configuration `<Deployer>` sera détaillé dans la partie Maintenir l'état des clients dans un cluster de ce chapitre.

Un exemple complet de cette configuration existe dans la configuration par défaut de Tomcat 7 de sorte à ce que l'activation de la réplication se fasse le plus simplement. Il est possible d'activer ce mécanisme par défaut car la ligne de configuration est présente en commentaire dans le fichier **server.xml** d'une nouvelle installation de Tomcat 7. Il suffit simplement de décommenter cette section pour avoir une configuration de réplication de mémoire à mémoire opérationnelle.

*La configuration par défaut dans le fichier **server.xml** :*

```
<Engine name="Catalina" defaultHost="localhost">
  <!-- For clustering, please take a look at documentation at:
     /docs/cluster-howto.html (simple how to)
     /docs/config/cluster.html (reference documentation) -->
  <!--
  <Cluster
     className="org.apache.catalina.ha.tcp.SimpleTcpCluster"/>
  -->
```

Pour tester le fonctionnement de ce mécanisme, une simple page JSP peut être utilisée. L'exemple de code JSP qui suit permet juste d'afficher l'identifiant de session créé par le serveur pour un client donné.

Page JSP de test :

*L'instruction Java **session.getId()** permet de récupérer l'identifiant de session de l'utilisateur qui émet la requête.*

```
<%@page language="java" %>
<html>
<body>
<h3>
Identifiant de session : <%= session.getId() %>
</h3>
</body>
</html>
```

Il faut ensuite copier cette page dans le répertoire racine d'une application en cluster. En se connectant à cette application via le serveur Web frontal, le module JK devrait envoyer la requête de l'utilisateur vers une des instances de serveur Tomcat 7.

En reprenant les exemples de configuration ci-dessus, l'application **/ListeEmployes** est déployée dans le cluster, en copiant la page JSP de test dans son répertoire racine, sous le nom **session.jsp**, et en y accédant, voici ce qui est affiché :

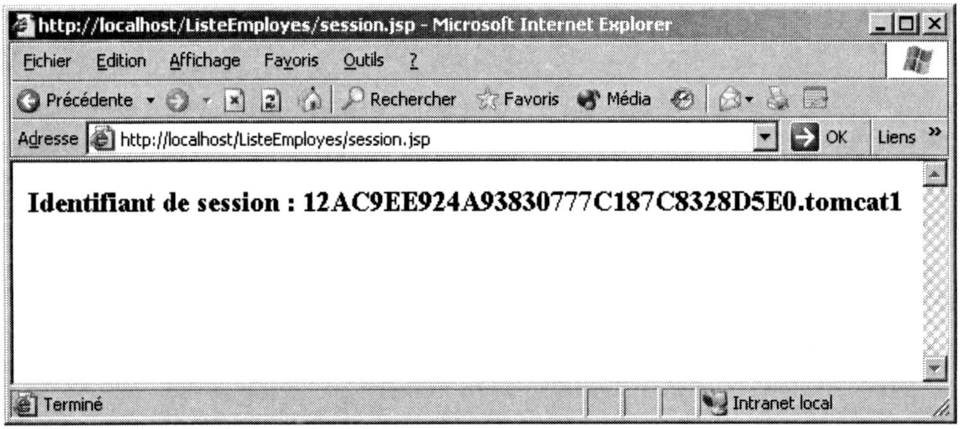

L'identifiant de session se termine par la chaîne de caractères **tomcat1**, c'est en fait le nom du travailleur du module JK qui a traité la requête HTTP, c'est le moyen utilisé par le module JK pour mettre en place l'affinité de session. C'est donc la première instance de serveur Tomcat 7 qui a reçu et répondu à la requête.

Pour tester la réplication, il suffit juste d'arrêter cette instance, puis de rafraîchir la page dans le navigateur Web, le module JK devrait utiliser alors un autre travailleur, et donc la deuxième instance de serveur, si la réplication a fonctionné, l'identifiant de session doit être exactement le même que précédemment, cependant l'identifiant de travailleur Tomcat 7 doit changer de valeur.

Le principal avantage de ce mécanisme pour maintenir l'état des clients dans un cluster est la simplicité de mise en œuvre car la configuration est toute prête dans le fichier **server.xml** par défaut, et de plus, ce mécanisme ne requiert pas d'outil supplémentaire, comme une base de données par exemple.

Cependant, les communications réseaux sont lourdes et nécessitent énormément de bande passante pour être efficaces. De plus, si l'ensemble des instances vient à connaître une défaillance qui les arrêtent, alors toutes les données de session sont perdues.

Un autre inconvénient est la consommation mémoire, toutes les données étant répliquées sur les instances. La quantité de mémoire à utiliser par les Machines Virtuelles Java des serveurs Tomcat 7 peut être extrêmement conséquente en fonction du nombre de sessions à maintenir, et de la quantité de données de chacune d'entre elles, ce qui posera des problèmes s'il y a plusieurs instances sur une même machine.

b. Les sessions persistantes sur système de fichiers

Un autre moyen de rendre l'état des clients disponible entre plusieurs instances de serveurs Tomcat 7 est d'écrire physiquement ces données de sessions dans un fichier. Un fichier est créé par session et ils sont rendus disponibles et partagés par toutes les instances de serveurs.

Tomcat 7 utilise l'élément de configuration `<Manager>` pour implémenter ce mécanisme, cet élément de configuration est présenté au chapitre Administration du serveur.

Chaque application Web déployée sous Tomcat 7 est automatiquement associée à un élément `<Context>`. Dans cet élément `<Context>`, Tomcat 7 ajoute également un élément `<Manager>` responsable de la gestion des sessions, ce `<Manager>` par défaut stocke simplement les données de session dans la mémoire de la Machine Virtuelle Java du serveur. La classe Java d'implémentation de cet élément est alors **org.apache.catalina.session.StandardManager**.

En redéfinissant l'élément `<Manager>` d'une application, il est possible de lui demander d'écrire également les informations de session de manière persistante. La classe Java d'implémentation est alors **org.apache.catalina.session.PersistantManager**.

La classe **org.apache.catalina.session.PersistantManager** est également utilisée par le mécanisme de persistance des sessions en base de données.

Certains des attributs de configuration ont déjà été présentés au chapitre Administration du serveur, en voici la liste complète lorsque l'élément `<Manager>` utilise la classe d'implémentation **org.apache.catalina.session.PersistantManager** :

`className` : vaut évidemment `org.apache.catalina.session.PersistantManager`.

`maxActiveSessions` : le nombre maximum de sessions qui peuvent être créées par cet élément, la valeur par défaut `-1` signifie que le nombre de sessions est illimité.

`maxIdleBackup` : le temps d'inactivité d'une session, exprimé en secondes, au bout duquel une session peut être écrite dans l'entrepôt persistant (le fichier ou la base de données), la session est également conservée en mémoire. Cette fonctionnalité peut permettre d'anticiper un crash du cluster. La valeur par défaut `-1`, désactive cette fonctionnalité.

`minIdleSwap` : le temps d'inactivité d'une session, exprimé en secondes, au bout duquel une session est écrite dans l'entrepôt persistant, et supprimée de la mémoire du serveur. Cette fonctionnalité permet d'éviter d'atteindre le nombre maximum de session définit par `maxActiveSessions` ce qui saturerait le serveur et interdirait la création de sessions supplémentaires. La valeur par défaut de `-1` désactive ce mécanisme.

`saveOnRestart` : permet de définir si les sessions sont automatiquement sauvegardées à l'arrêt du serveur ou non. La valeur par défaut `true`, active ce mécanisme.

`sessionIdLength` : la taille de l'identifiant de session généré, la valeur par défaut est `16`. À noter que cette taille ne tient pas compte du nom du travailleur Tomcat qui est ajouté pour l'affinité de session du module JK.

La configuration de l'entrepôt persistant se fait avec l'élément enfant `<Store>` de l'élément `<Manager>`.

Quand la persistance est mise en œuvre avec un système de fichiers, l'élément `<Store>` possède les attributs suivants :

`className` : le nom de la classe d'implémentation de l'entrepôt persistant, ici la valeur doit être `org.apache.catalina.session.FileStore`.

`directory` : le chemin absolu ou relatif au répertoire de travail de l'application, permettant d'indiquer le répertoire utilisé pour stocker les fichiers de persistance des sessions. Le nom des fichiers est basé sur l'identifiant de session.

checkInterval : intervalle en secondes entre les vérifications de la validité des sessions. La valeur par défaut est 60.

Voici un exemple complet de configuration, l'élément <Manager> et son élément <Store> doivent être ajoutés dans la configuration de toutes les instances de serveur Tomcat 7.

Configuration des sessions persistantes sur un système de fichier :

```
<Context path="/ListeEmployes" docBase="ListeEmployes">
    <Manager className="org.apache.catalina.session.PersistentManager"
           saveOnRestart="true"
           maxIdleBackup="600">
    <Store className="org.apache.catalina.session.FileStore"
           directory="C:\Cluster\store" />
  </Manager>
</Context>
```

Le même test que précédemment avec la page JSP peut être utilisé pour valider le fonctionnement de la persistance des sessions sur un système de fichiers, de plus, le répertoire à utiliser dans la configuration de l'élément <Store> doit contenir un fichier qui porte le nom de l'identifiant de la session créée.

L'avantage d'utiliser ce mécanisme de persistance est que, même en cas d'arrêt complet du cluster, l'état des sessions peut être restauré puisqu'elles sont écrites physiquement, de plus, l'utilisation de l'élément <Manager> permet d'appliquer la persistance des sessions sur une application particulière, contrairement à la réplication de mémoire à mémoire qui s'applique à un hôte complet.

L'inconvénient est que les multiples lectures et écritures sur le disque dur peuvent être préjudiciables aux performances, de plus, le répertoire doit être accessible à toutes les instances, il faut donc partager le répertoire si les instances de serveurs sont sur des machines différentes.

c. Les sessions persistantes en base de données

Le dernier mécanisme utilisable par Tomcat 7 pour conserver les sessions utilisateurs entre plusieurs instances est très proche de celui présenté précédemment, à la différence près que l'entrepôt de stockage persistant des sessions est une base de données relationnelle.

Ce type de persistance utilise JDBC pour se connecter à la base de données, et le pilote JDBC de la base à utiliser doit être configuré pour Tomcat 7. Si c'est un pilote de type 4, il doit se trouver dans le répertoire **CATALINA_HOME/lib**.

La configuration de l'élément `<Manager>` est strictement identique, il n'y a que la configuration de son élément enfant `<Store>` qui change.

Pour utiliser une persistance en base de données, l'élément `<Store>` utilise les attributs suivants :

`className` : la classe d'implémentation doit dans ce cas avoir la valeur `org.apache.catalina.session.JDBCStore`.

`driverName` : le nom de la classe de pilote JDBC à utiliser pour la connexion à la base de données.

`connectionURL` : l'URL de connexion spécifique au pilote JDBC utilisée pour se connecter à la base de données.

`sessionTable` : le nom de la table de base de données utilisée pour stocker les informations de session. Cette table doit au moins posséder les colonnes qui sont référencées par les attributs qui suivent.

`sessionAppCol` : le nom du champ de la table des sessions qui permet de faire référence à l'application à laquelle appartient la session. Les valeurs enregistrées font référence aux éléments `<Engine>`, `<Host>` et `<Context>` permettant d'identifier l'application, sous le format `/Engine/Host/Context`.

`sessionDataCol` : le nom du champ de la table des sessions qui contient les données sérialisées de la session de l'utilisateur. Le type de données utilisé par ce champ doit être un type binaire SQL, comme par exemple BLOB.

`sessionIdCol` : le nom du champ de la table des sessions qui contient l'identifiant de session, le type de donnée utilisé pour se champ doit accepter au moins 32 caractères.

`sessionLastAccessedCol` : le nom du champ de la table des sessions qui contient la valeur de la propriété **lastAccessedTime** d'une session. Cette propriété est le nombre de secondes écoulées depuis le 1er janvier 1970 au moment où la session à été accédée pour la dernière fois. Le type de donnée utilisé pour ce champ doit permettre de stocker un entier de 64 bits.

`sessionMaxInactiveCol` : le nom du champ de la table des sessions qui contient le temps en secondes au bout duquel une session est automatiquement invalidée si elle n'a pas été manipulée. Le type de donnée utilisé pour ce champ doit accepter un entier codé sur 32 bits.

`sessionValidCol` : le nom du champ de la table des sessions qui contient un identifiant permettant de savoir si la session est toujours valide ou non. Le type de donnée utilisé pour ce champ doit accepter un caractère unique.

Le tableau qui suit résume les valeurs par défaut utilisées pour ces attributs de configuration relatifs à la table de base de données.

Nom de l'attribut	Valeur par défaut
sessionTable	tomcat$sessions
sessionAppCol	app
sessionDataCol	data
sessionIdCol	Id
sessionLastAccessedCol	lastaccess
sessionMaxInactiveCol	Maxinactive
sessionValidCol	Valid

Voici une configuration complète de ce mécanisme utilisant une base de données MySQL 5.

La première chose à faire est de créer la base de données ainsi que la table avec la structure présentée précédemment.
Le script SQL utilisé pour ce faire est le suivant :

```
CREATE DATABASE `sessionstomcat`;

USE `sessionstomcat`;

CREATE TABLE `sessionstomcat`.`sessions` (
  `id_session` varchar(50) NOT NULL default '',
  `application` varchar(50) NOT NULL default '',
  `data` blob NOT NULL,
  `LastAccessedTime` bigint(20) unsigned NOT NULL default '0',
  `MaxInactive` int(10) unsigned NOT NULL default '0',
  `Valid` char(1) NOT NULL default '',
  PRIMARY KEY (`id_session`)
) ENGINE=InnoDB DEFAULT CHARSET=latin1;
```

Ensuite, il faut configurer l'application qui doit utiliser ce mécanisme de persistance, en ajoutant l'élément `<Manager>` à son élément `<Context>`, et ce, pour toutes les instances de serveurs Tomcat 7 qui hébergent cette application.

À noter ici que les données d'authentification sont passées en paramètres de l'URL de connexion avec `user` et `password`.

```
<Context path="/ListeEmployes" docBase="ListeEmployes">
  <Manager className="org.apache.catalina.session.PersistentManager"
           saveOnRestart="true"
           maxIdleBackup="600">
   <Store className="org.apache.catalina.session.JDBCStore"
          driverName="com.mysql.jdbc.Driver"
          connectionURL="jdbc:mysql://localhost:3306/sessionstom-
cat?user=tomcat&amp;password=secret"
          sessionTable="sessions"
          sessionIdCol="id_session"
          sessionAppCol="application"
          sessionDataCol="data"
          sessionLastAccessedCol="LastAccessedTime"
          sessionMaxInactiveCol="MaxInactive"
          sessionValidCol="Valid"
   />
  </Manager>
</Context>
```

Il ne faut pas oublier de copier le pilote JDBC pour MySQL 5 dans le répertoire **CATALINA_HOME/lib**, afin que chaque instance de serveur Tomcat 7 y ait accès.

Ici encore, la même JSP de test, et le même test peuvent être utilisés pour valider le fonctionnement de cette méthode de persistance, la table de base de données doit également contenir des informations de sessions après un accès à cette page.

L'avantage de ce mécanisme est ici encore, d'écrire physiquement les sessions, de sorte que si l'intégralité du cluster venait à s'arrêter, les sessions pourraient être restaurées au prochain démarrage. Un avantage notable par rapport à la solution de persistance sur le système de fichier est qu'il n'est pas nécessaire de partager un répertoire, la base de données est nativement utilisée via le réseau, de plus, les écritures en base de données sont plus performantes que les écritures sur un système de fichier.

Cependant, ce mécanisme requiert une base de données supplémentaire pour être implémenté.

Ce mécanisme de maintien des sessions dans un cluster est celui qui est le plus couramment mis en œuvre par les administrateurs de serveurs Tomcat 7.

E. Déploiement d'applications dans un cluster Tomcat 7

Une difficulté introduite par les clusters de serveurs d'applications concerne le déploiement des applications. En effet, il faut s'assurer que toutes les instances du cluster disposent bien des mêmes applications avec la même version.

Tomcat 7 introduit un nouveau mécanisme permettant de déployer les applications dans un cluster et faire en sorte qu'elles soient diffusées automatiquement à tous les serveurs membres du cluster.

Cette fonctionnalité est apportée par l'élément de configuration `<Deployer>` qui est un élément enfant de `<Cluster>`. En effet, le service de réplication des sessions de mémoire à mémoire va être mis à contribution pour diffuser les applications aux membres du cluster.

1. Configuration du deployer en cluster

L'élément de configuration `<Deployer>` doit impérativement résider au sein d'un élément `<Cluster>`. `<Deployer>` possède les attributs suivants :

`className` : la seule implémentation actuellement disponible est `org.apache.catalina.ha.deploy.FarmWarDeploy`.

`tempDir` : permet de spécifier un répertoire temporaire pour le stockage des applications avant leur diffusion.

`deployDir` : le répertoire de destination de l'application. Il est conseillé avec l'implémentation actuelle du deployer de donner ici l'emplacement du répertoire **webapps/** de Tomcat 7.

`watchDir` : le répertoire dont le contenu est surveillé par le deployer, toutes les nouvelles applications qui sont publiées ici sont déployées dans le cluster.

`watchEnabled` : active la reconnaissance des applications, donner la valeur true pour que le déploiement en cluster fonctionne.

Voici un exemple de configuration pour les serveurs utilisés dans les exemples de ce chapitre.

Pour le serveur tomcat1 :

```
Deployer className="org.apache.catalina.ha.deploy.FarmWarDeployer"
         tempDir="C:\Cluster\farm\war-temp"
         deployDir="C:\Cluster\tomcat1\webapps"
         watchDir="C:\Cluster\farm\war-listen"
         watchEnabled="true"/>
```

Pour le serveur tomcat2 :

```
Deployer className="org.apache.catalina.ha.deploy.FarmWarDeployer"
         tempDir="C:\Cluster\farm\war-temp"
         deployDir="C:\Cluster\tomcat2\webapps"
         watchDir="C:\Cluster\farm\war-listen"
         watchEnabled="true"/>
```

À noter que la surveillance n'aurait pu être activée que pour un seul des deux serveurs.

2. Conclusion

Il est important de noter que cette fonctionnalité est récente dans Tomcat 7 et qu'elle sera très probablement amenée à évoluer dans les prochaines versions.

Chapitre 9 : Utiliser Tomcat pour le développement

A. Introduction à l'utilisation de Tomcat pour le développement

Pendant la phase de réalisation d'un logiciel, une équipe de développement doit régulièrement tester le fruit de son travail. Dans le cadre des applications Java EE, ces tests ne peuvent se faire sans serveur d'applications. Dans l'idéal, le serveur utilisé par l'équipe de développement devrait être identique à celui utilisé en production, cependant, dans le cas où un serveur commercial est utilisé, les coûts de licence sont parfois beaucoup trop importants pour permettre l'acquisition d'une licence de serveur supplémentaire.

Le serveur Apache Tomcat est un des environnements Java EE les plus utilisés pendant les phases de développement, et ce pour plusieurs raisons. D'abord sa gratuité est souvent mise en avant par les chefs de projets qui décident de l'environnement de travail utilisé, mais ce n'est pas le principal intérêt. Ce qui fait de Tomcat le serveur le plus intéressant en développement est qu'il a été pendant très longtemps implémentation de référence.

L'implémentation de référence d'une technologie Java est une déclinaison d'une technologie particulière qui respecte le mieux les spécifications techniques de cette technologie, en l'occurrence avec Tomcat, il s'agit de la technologie Servlet et JSP.

Tomcat 7 est donc un des serveurs d'applications Web du marché qui respecte le mieux cette technologie, c'est donc un gage de qualité non négligeable pour les applications développées.

De plus, la simplicité et la légèreté de Tomcat 7 font qu'il est très facilement installable sur des machines de développement, les environnements de développement Java étant en général des outils gourmands en ressources, il est appréciable d'avoir un environnement de test léger.

Cependant, malgré un standard aussi fort que Java EE, il peut exister malgré tout quelques petites différences de comportement entre deux serveurs JEE, aussi, utiliser Tomcat en développement pour faciliter le déploiement des postes de développeur, ne doit pas faire oublier que le travail de l'équipe de développement doit être régulièrement testé sur un serveur d'applications identique à celui qui est utilisé en production.

L'objectif de ce chapitre, un peu en marge du reste de l'ouvrage, est de présenter l'intégration des principaux environnements de développement du marché avec Tomcat 7 pour l'utiliser en tant que serveur de test.

B. Développer avec Eclipse

Avec plus d'un million et demi de téléchargements dans le premier mois de disponibilité de sa dernière version, Eclipse est sans conteste l'environnement de développement Java incontournable de ces deux ou trois dernières années.

Initiative de l'éditeur IBM, Eclipse se veut au départ un socle de réalisation d'outils de développement intégrés. Après avoir investi beaucoup de temps et d'argent, IBM décide de donner le code d'Eclipse à une communauté Open Source, aujourd'hui chargée de faire évoluer l'outil : la fondation Eclipse. La particularité d'Eclipse est d'être complètement modulaire, ainsi la version actuelle dissocie l'environnement graphique (Eclipse Workbench) d'Eclipse et les outils de développement (**JDT** - *Java Development Tools*), de plus des fonctionnalités additionnelles sont présentes sous forme d'extensions (ou plug-ins).

Les plug-ins d'Eclipse permettent à l'outil d'être totalement adapté à un besoin particulier, ainsi même si Eclipse a initialement été conçu pour le développement Java, plusieurs plug-ins permettent de construire un environnement pour le développement en langage C ou en PHP, d'autres plug-ins permettent le développement JEE et le support de serveurs d'applications.

Les perspectives et les vues

Avec Eclipse, l'environnement de travail (appelé Workbench) est organisé en vues et perspectives. Une vue est une fenêtre affichant des données telles que du code, ou une arborescence de fichiers d'un projet, une perspective est une manière d'organiser ces vues et les menus dans l'environnement de travail. Eclipse est fourni avec un ensemble de vues et de perspectives standards, mais d'autres peuvent être apportées par des plug-ins.

Voici un aperçu de l'environnement Eclipse avec la perspective Java (son nom apparaît dans la barre de titre), et les vues Outline, Problems, Package Explorer.

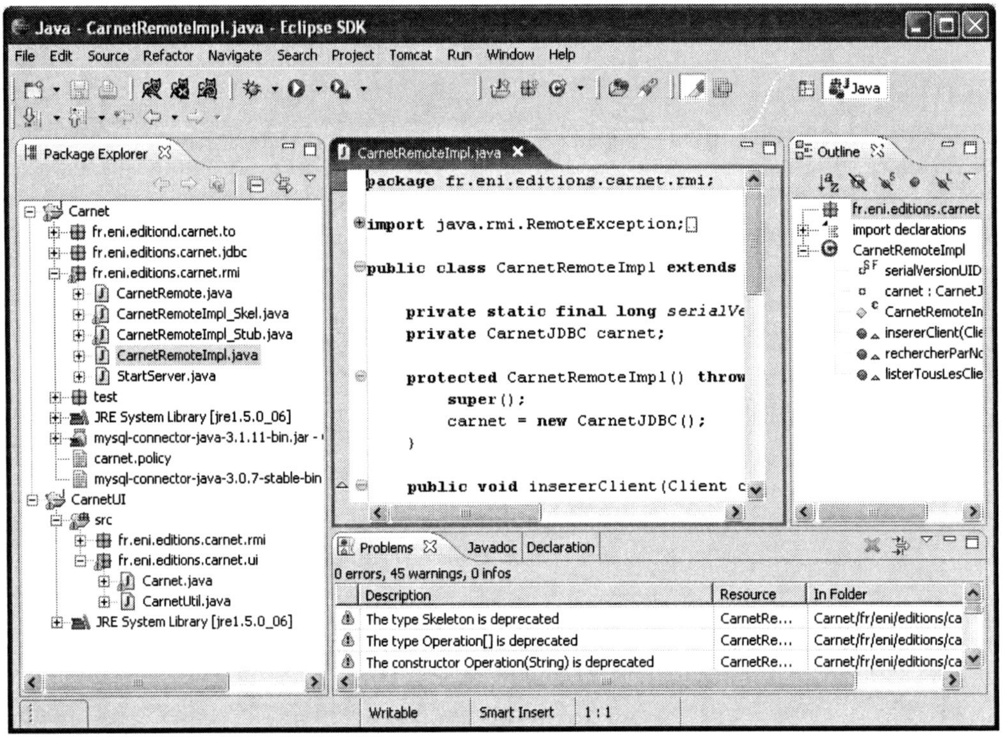

La dernière version d'Eclipse est téléchargeable sur le site de la fondation, à l'adresse **http://www.eclipse.org**.

1. Les plug-ins d'Eclipse pour Tomcat

Il y a plusieurs propositions de plug-ins pour le support de la plate-forme JEE dans Eclipse, l'objectif de ce type de plug-ins est en général de fournir des assistants de création des applications, composants, et services JEE, ainsi qu'un moyen de configurer et de piloter un serveur d'applications. Toutes ces fonctionnalités sont absentes d'Eclipse par défaut car l'environnement ne permet que de créer des programmes Java autonomes, des applications client/serveur...

Depuis la version 3 d'Eclipse, un sous-projet de la fondation a vu le jour, il s'agit de Web Tools Platform (WTP).

Web Tools Platform

WTP (*Web Tools Platform*) est un ensemble de plug-ins pour Eclipse qui apportent le support de JEE à Eclipse via des assistants et des possibilités d'intégration des serveurs compatibles Java EE 6 dont Tomcat 7. Web Tools Platform est découpé en trois parties :

- Web Standard Tools : permet la manipulation des technologies standards du Web, telles que HTML, JavaScript...
- JEE Standard Tools : ajoute le support des applications et des modules Java EE, ainsi que des fonctionnalités de démarrage, arrêt et débogage sur les serveurs d'applications.
- JSF Tools : complément pour le développement d'application JavaServer Faces (JSF), le nouveau standard pour le développement Web Java EE.

Web Tools Platform est directement intégré au package de téléchargement intitulé **Eclipse IDE for Java EE Developers** et disponible sur la page de téléchargement d'Eclipse.

WTP apporte un ensemble de vues ainsi qu'une perspective supplémentaire à Eclipse, c'est la perspective **Java EE**. Cette perspective contient les principales vues utilisées pour le développement JEE, c'est-à-dire :

- La vue Project Explorer montrant l'arborescence des modules et des applications JEE, il est possible de voir chacun des composants JEE présent dans les modules,
- La vue Servers propose de configurer un ou plusieurs serveurs d'applications, et de gérer ces serveurs.

Vue d'ensemble de Eclipse pour le développement Java EE :

La vue Project Explorer est à gauche, la vue Servers, avec une configuration Tomcat 7, en bas.

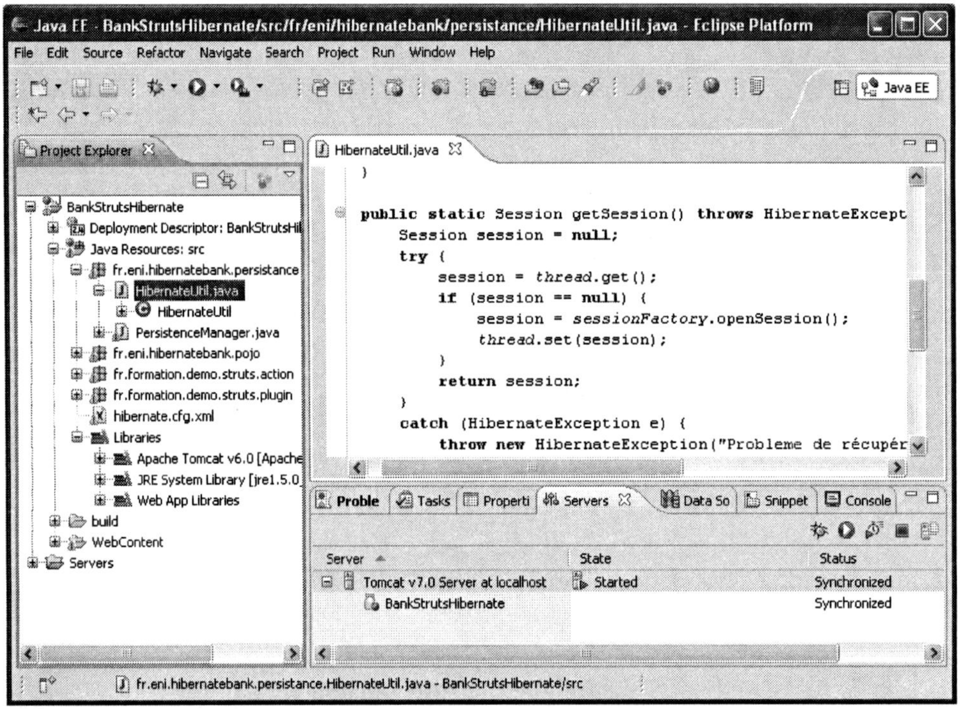

Cependant, cet environnement de développement Java EE ne fournit aucun serveur d'applications, il faut obtenir une version du serveur à utiliser, les serveurs supportés par la dernière version d'Eclipse (3.6) sont :

- Apache Tomcat de la version 3.2 à la version 7
- IBM WebSphere 6
- JBoss 3.2, 4.0, 4.2 et 5
- ObjectWeb JOnAS 4
- Oracle OC4J 10.1.3

Dans le cas de Tomcat, la méthode la plus simple consiste à utiliser une archive ZIP pour l'exploiter avec WTP, ainsi il est plus simple de la mettre à jour ou d'utiliser plusieurs versions simultanément, de plus, il n'est pas nécessaire de configurer les variables d'environnement **JAVA_HOME** et **CATALINA_HOME**.

Une fois l'archive ZIP de Tomcat 7 décompressée, il faut configurer cette instance de serveur pour qu'elle puisse être utilisée avec WTP, voici la procédure à suivre :

- Dans le menu **Window**, choisir **Preferences**.
- Dans la fenêtre de préférences qui apparaît, choisir **Server** - **Installed Runtimes**.
- Pour ajouter un serveur Tomcat 7, cliquer sur le bouton **Add** et choisir la version de Tomcat adéquate dans le dossier **Apache** de la fenêtre d'assistant qui apparaît, sur ce même écran cocher la case **Also create new local server** puis cliquer sur **Next**.
- Donner un nom au serveur ; ce nom apparaît dans la vue Servers.
- Sélectionner le répertoire d'installation de Tomcat 7, puis le JRE.

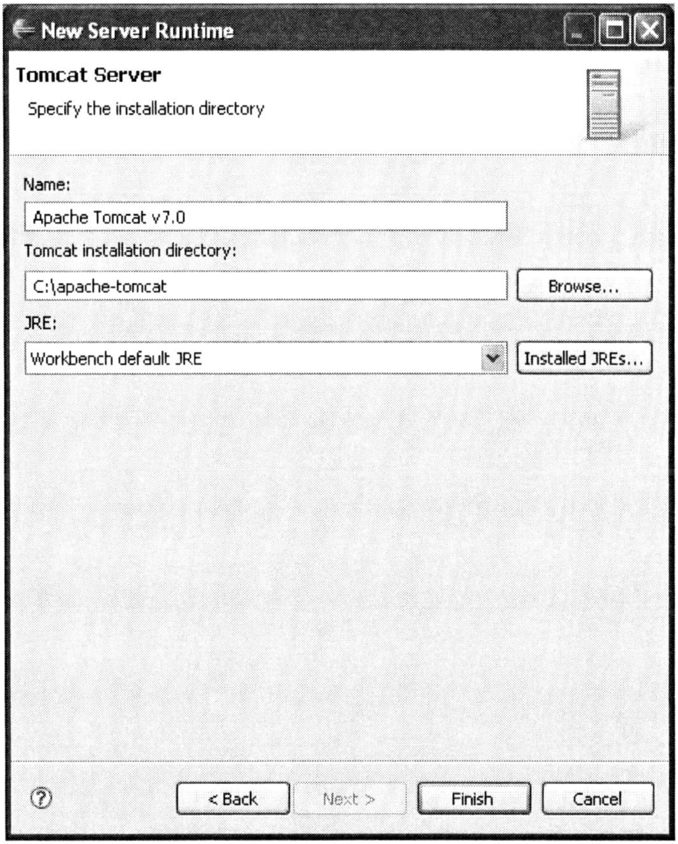

Terminer l'assistant et fermer la fenêtre de préférence, le serveur Tomcat 7 est maintenant utilisable dans l'environnement Eclipse WTP et doit être visible dans la vue **Servers**.

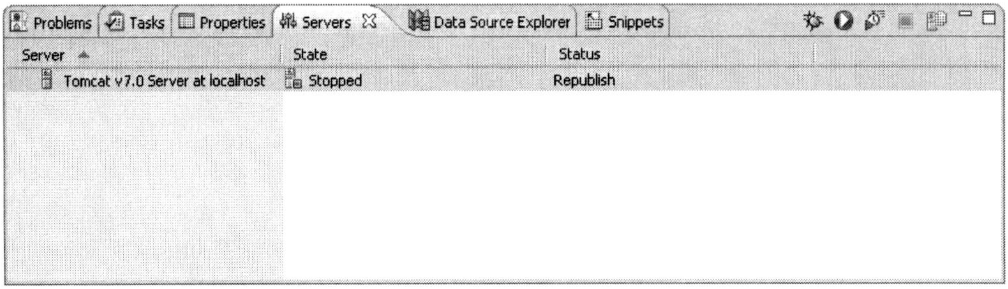

Il est possible d'associer des projets existants à ce serveur de test, en faisant un clic droit sur la ligne qui le référence dans la vue **Servers**, et en choisissant **Add and Remove Projects...**

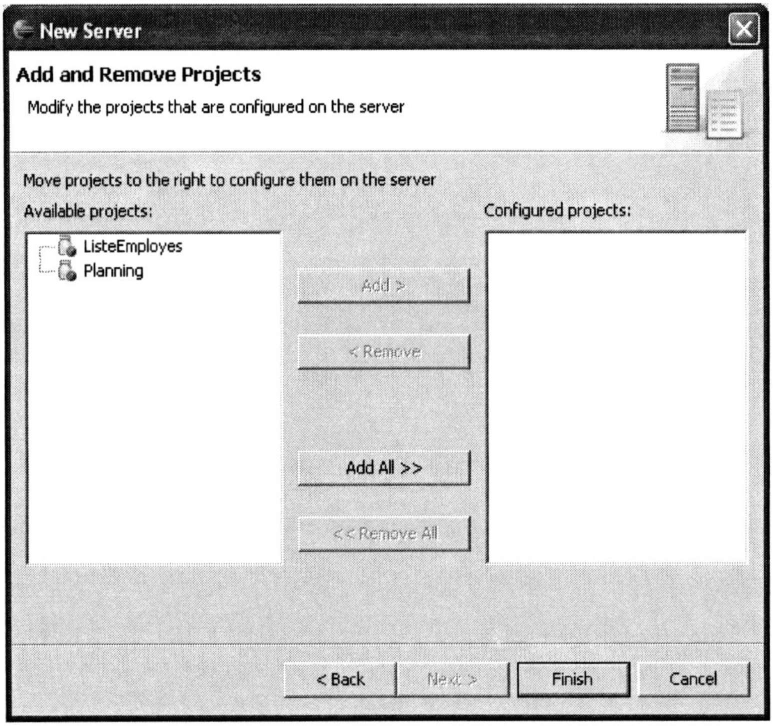

Une fois les projets éventuellement ajoutés, la configuration du serveur de test Tomcat 7 est terminée.

L'environnement de développement Eclipse Web Tools Platform permet de créer des projets d'applications Java EE respectant la structure des différents modules Java EE évoqués au chapitre La plate-forme Java EE. Dans le cas du travail avec Tomcat 7, il est possible de créer des projets Web dynamiques qui peuvent être testés dans le serveur configuré précédemment.

Pour créer un projet Web dynamique :

- Dans le menu **File**, choisir **New - Project**.
- Dans l'assistant de création de projet, choisir **Dynamic Web Project** dans le dossier **Web**.
- Dans l'écran suivant de l'assistant, donner un nom au projet, et choisir le serveur sur lequel exécuter ce projet, dans cet exemple, choisir le serveur Tomcat 7 configuré précédemment.

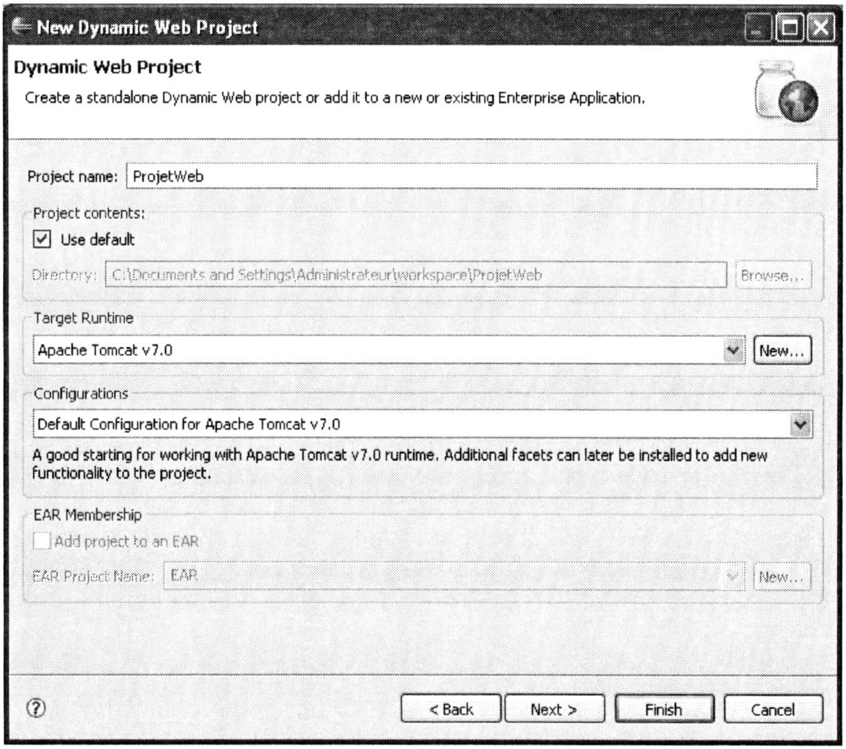

- Laisser les préférences par défaut dans l'écran suivant.
- Noter le chemin de contexte du projet Web dans le dernier écran (**Context Root**), la valeur par défaut est le nom du projet.

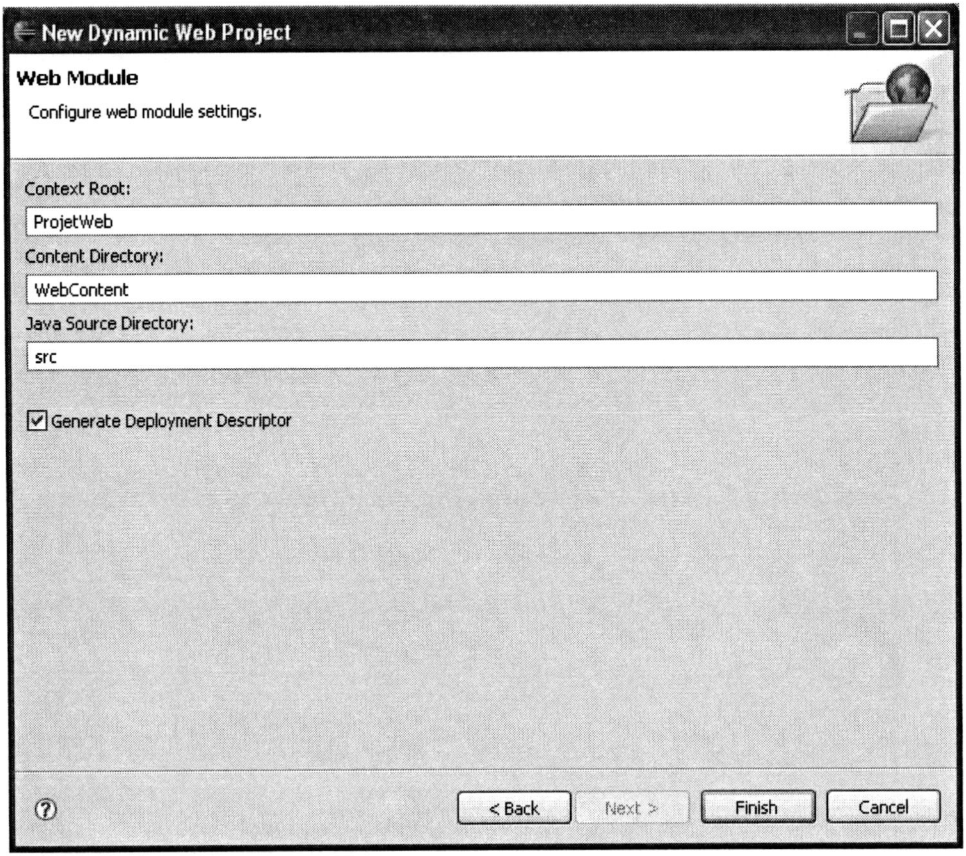

Le projet Web est maintenant créé, le code Java de l'application doit être stocké dans le sous-répertoire **src**, les ressources Web telles que les images, pages HTML et pages JSP, dans le sous-répertoire **WebContent**.

Pour tester le fonctionnement, une simple page JSP peut être ajoutée au projet, pour cela, faire un clic droit sur le projet et choisir **New - JSP** dans le menu contextuel, donner un nom au fichier JSP dans le répertoire de l'application **WebContent** du projet, par exemple **mapage.jsp**. Cliquer sur le bouton **Finish** de l'assistant.

Un modèle de page apparaît à l'écran, voici les instructions à ajouter :

Les instructions ajoutées au modèle apparaissent en gras.

```
<%@ page language="java" contentType="text/html; charset=ISO-8859-1"
    pageEncoding="ISO-8859-1"%>
<!DOCTYPE HTML PUBLIC "-//W3C//DTD HTML 4.01 Transitional//EN">
<html>
<head>
<meta http-equiv="Content-Type" content="text/html;
charset=ISO-8859-1">
<title>Ma Page JSP</title>
</head>
<body>
Bonjour voici la date courante : <%= new java.util.Date() %>
</body>
</html>
```

Enfin, pour exécuter cette page sur le serveur, sélectionner la page dans le projet, faire un clic droit et choisir **Run As - Run on Server**. La fenêtre d'assistant de lancement sur un serveur apparaît. Choisir le serveur de test Tomcat 7 créé précédemment, l'écran suivant de l'assistant doit montrer le projet Web dans la liste des projets configurés pour ce serveur. À la fin de l'exécution de l'assistant de lancement, le serveur démarre et la page JSP doit s'exécuter et apparaître dans le navigateur intégré d'Eclipse.

Affichage de la page JSP dans le navigateur intégré d'Eclipse :

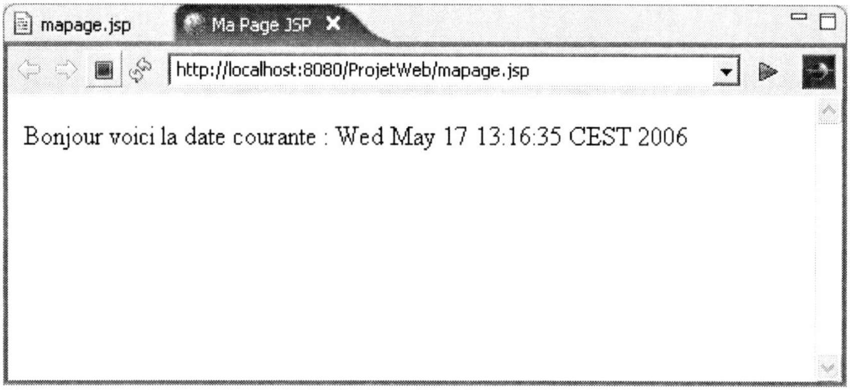

C. Développer avec Sun NetBeans

NetBeans est l'environnement de développement Java gratuit et Open Source fourni par Sun Microsystems. NetBeans est également un framework servant à la construction des autres outils de développement de Sun. La dernière version de NetBeans, la version 6 à l'heure de la rédaction de cet ouvrage, est téléchargeable à l'adresse **http://www.netbeans.org**.

Cependant la version 6 de NetBeans ne prend pas en charge Tomcat 7. La version 7 de NetBeans (encore en beta au moment d'écrire ces lignes) apporte cette fonctionnalité.

Cet outil gratuit utilise massivement du code sous licence Open Source notamment du code de la fondation Apache. Ainsi une version de Tomcat 6 (6.0.29) est fournie en standard avec NetBeans 6 et est proposée lors de l'installation du produit. Il est également possible de configurer un Tomcat 7 externe.

Sitôt l'installation terminée, le lancement de NetBeans 7 propose l'interface suivante :

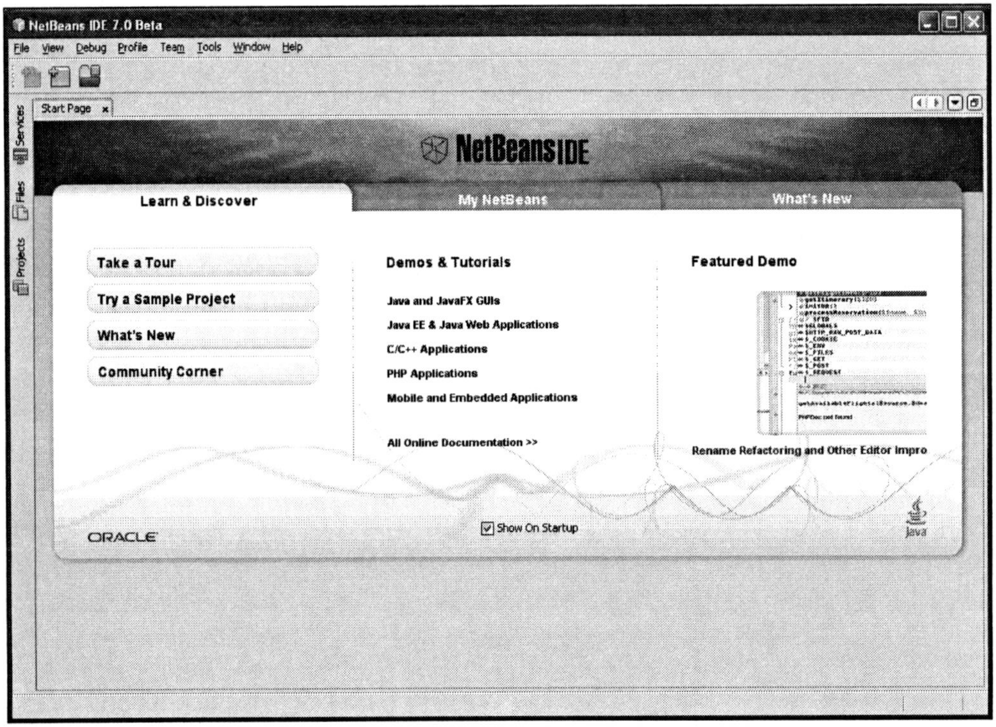

NetBeans 7 propose la création de projet Java standard, mais également la création de projets d'applications Web JEE qui peuvent s'exécuter sur un serveur JEE. La version 6.0.29 de Tomcat est livrée préconfigurée par défaut avec l'outil, il est cependant possible d'utiliser une autre version de Tomcat 6, mais également un serveur BEA WebLogic, Sun Java System Application Server ou GlassFish ou bien encore JBoss.

Configuration d'un serveur Tomcat 7

Avant de créer un projet d'application Web, il faut commencer par configurer une instance de Tomcat 7. L'installation de cette instance sur la machine de développement se fait comme décrit au chapitre Le serveur Apache Tomcat 7 : Installation et configuration.

→ Une fois Tomcat installé, cliquer sur l'onglet **Services**, faire un clic droit sur **Server** et choisir **Add Server...**.

La fenêtre de l'assistant d'ajout de serveur apparait.

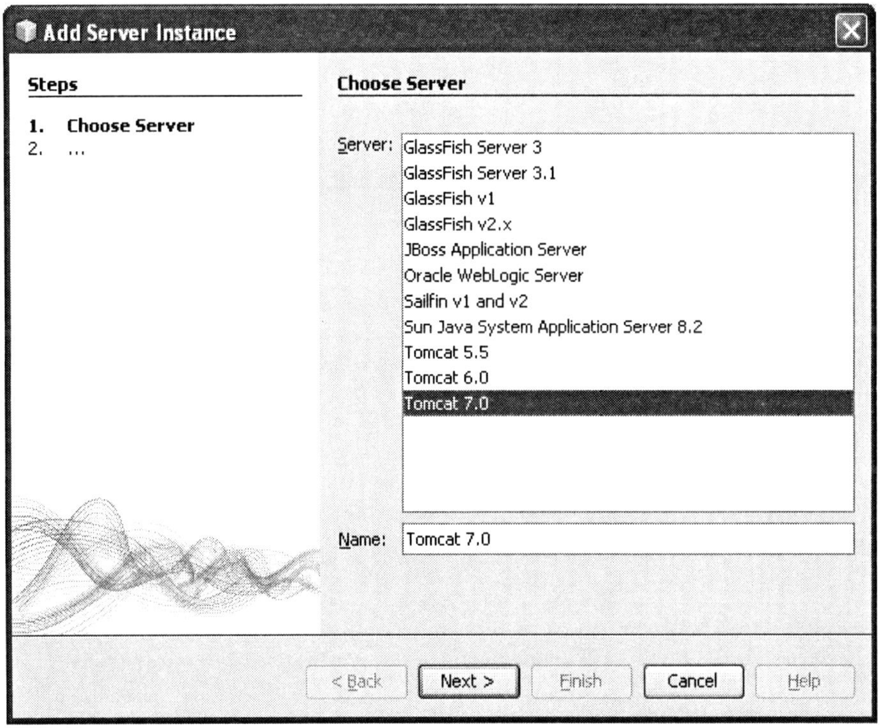

- Sélectionner Tomcat 7.0 et cliquer sur **Next**.
- Dans l'écran qui apparaît, spécifier le chemin d'installation de Tomcat 7 ainsi que l'identifiant et le mot de passe d'un utilisateur disposant du role « manager-script ».

L'application manager de Tomcat 7 est utilisé par NetBeans pour faire l'installation des applications.

À noter que l'utilisateur peut être créé par l'assistant si la case à cocher **Create user if it does not exist** est activée.

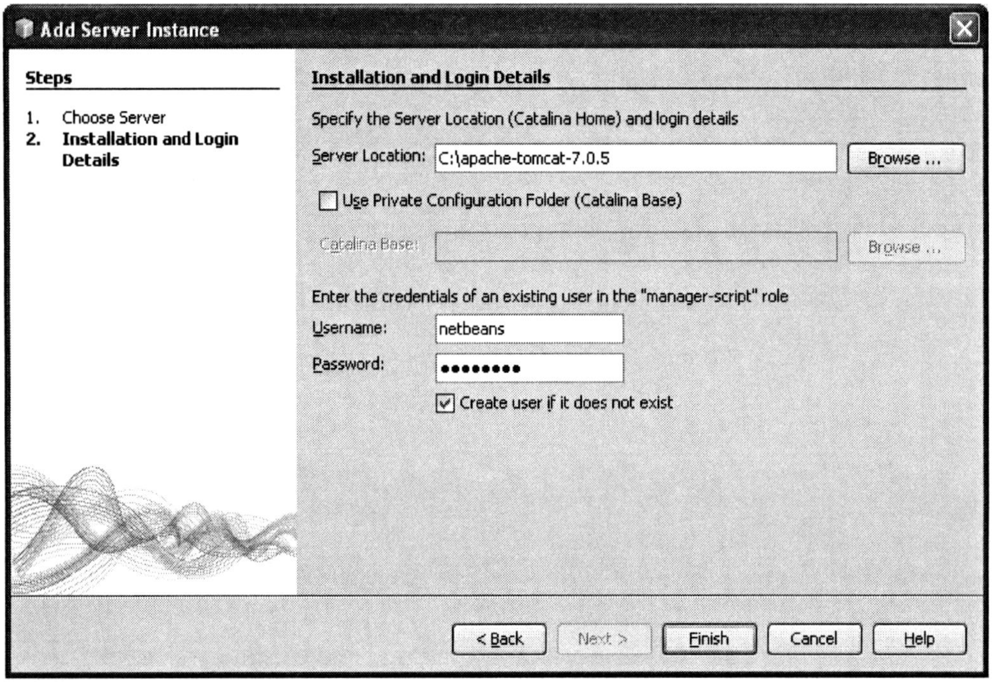

- Cliquer sur **Finish** pour terminer la configuration de l'instance de Tomcat 7.

Il est maintenant possible de créer un projet Web.

Pour créer un projet Web, voici la procédure à suivre :

- Choisir **New Project** dans le menu **File**.
- Dans l'assistant de création de projet qui apparaît, sélectionner la catégorie **Java Web**, puis le type de projet **Web Application**, cliquer sur **Next**.
- Dans le deuxième écran, il faut renseigner les propriétés du projet, notamment : son nom et l'emplacement.

➜ Le troisième écran permet de choisir le serveur de test, la version de Java EE et le chemin de contexte de l'application.

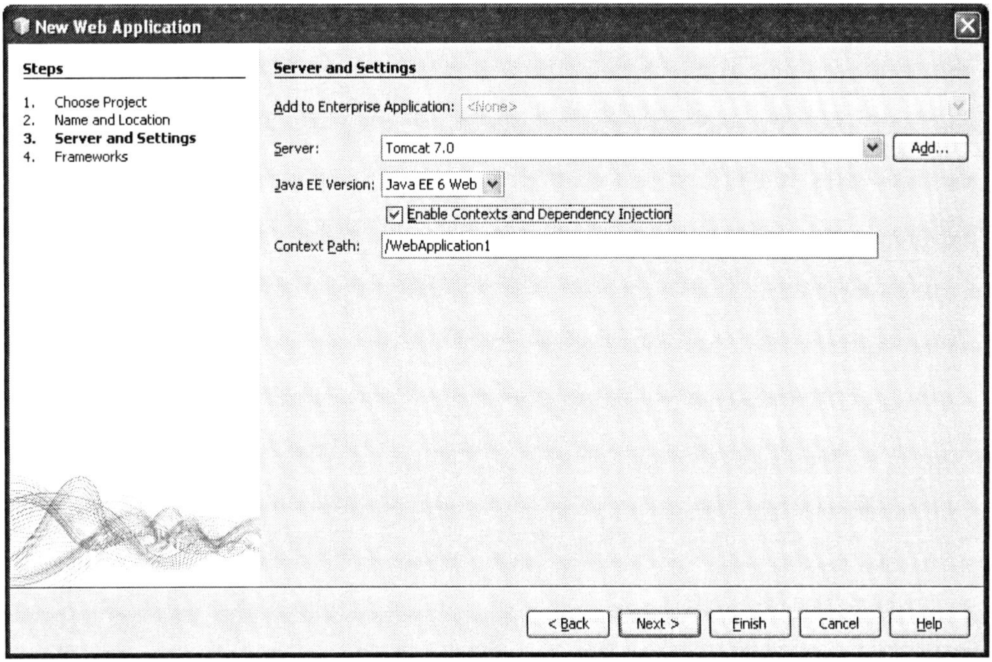

➜ Le dernier écran propose d'ajouter des frameworks de développement tels que Struts ou JavaServer Faces.

➜ Terminer l'assistant en cliquant sur **Finish**.

Les projets d'applications Web créés avec NetBeans 7 sont organisés en plusieurs sous-répertoires :

- **Web Pages** contient les différentes ressources telles que les pages HTML, pages JSP, images.
- **Configuration Files** contient le descripteur de déploiement de l'application Web ainsi que le fichier **context.xml** qui est utilisé pour installer l'application dans le serveur Tomcat 7.
- **Source Package** contient le code source Java de l'application.
- **Librairies** contient les bibliothèques Java utilisées par le projet, par défaut, la bibliothèque standard Java (JDK), et les bibliothèques du serveur Tomcat 7 de test.

Le projet fournit une page JSP nommée **index.jsp** qui s'ouvre dès la fin de la création du projet. Le code de cette page peut être personnalisé comme dans les exemples précédents utilisant Eclipse.

Pour tester la page **index.jsp**, il faut la sélectionner dans l'arborescence du projet, faire un clic droit et choisir **Run file** dans le menu contextuel, le projet est ensuite compilé, déployé et le serveur de test Tomcat 7 démarré, le navigateur Web par défaut du système est ensuite lancé avec l'adresse de cette page.

L'utilisation de Tomcat 7 en tant que serveur de test avec NetBeans est donc immédiate.

D. Apache ANT

Apache ANT est un outil Open Source permettant d'automatiser les tâches de construction d'une application pendant le cycle de développement. ANT est très largement utilisé pour tout type de projets Java car il s'intègre très facilement dans les outils de développement : tous les outils présentés dans ce chapitre par exemple, permettent d'utiliser ANT pour automatiser les tâches de construction.

ANT permet par exemple de compiler les classes Java, de créer une archive de déploiement Web au format WAR, et de publier une archive de déploiement sur un serveur d'application.

La dernière version de ANT est librement téléchargeable à l'adresse **http://ant.apache.org**.

Installation

ANT nécessite pour son installation la présence d'un JDK configuré avec la variable JAVA_HOME, ANT est fourni sous forme d'une archive ZIP qu'il faut simplement décompresser dans le répertoire de son choix.

La deuxième étape consiste à créer une variable d'environnement nommée ANT_HOME qui pointe vers le répertoire d'installation de ANT, ainsi qu'à ajouter le répertoire ANT_HOME/bin à la variable d'environnement PATH pour pouvoir invoquer ANT depuis n'importe quel répertoire.

Pour vérifier l'installation et la configuration, ouvrir une invite de commande MS-DOS et saisir `ant -version`.

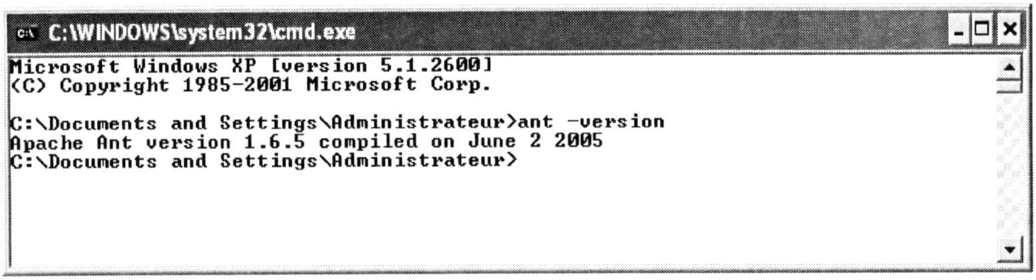

ANT utilise un fichier de configuration pour spécifier les tâches de construction à réaliser, ce fichier est au format XML et s'appelle traditionnellement **build.xml**.

Un fichier **build.xml** contient la déclaration d'un projet, lui-même constitué de propriétés et de cibles. Les propriétés servent à définir la configuration du projet comme les différents répertoires utilisés, une cible est un traitement particulier à réaliser comme la compilation du code ou la construction d'une archive de déploiement. Enfin une cible contient plusieurs tâches qui sont des opérations proposées en standard par ANT ou qui peuvent être ajoutées via des bibliothèques additionnelles.

Voici un squelette de fichier build.xml :

```
<?xml version="1.0" encoding="ISO-8859-1"?>
   < !-- Définition du projet -->
   <project ... >
   < !-- Une propriété… -->
   <property ... />
   < !-- Une première cible… -->
   <target ... >
   </target>
   < !-- Une autre cible... -->
   <target ... >
   </target>
</project>
```

L'élément XML `<project>` définit le projet ANT et doit posséder les attributs suivants :

- `name` : le nom du projet.
- `default` : la cible par défaut du projet.
- `basedir` : le répertoire de base du projet, il sert de référence pour les chemins relatifs.

Exemple

```
<project name="Test" default="compile" basedir="."
```

Ensuite, l'élément `<property>` possède les attributs :

- `name` : le nom de la propriété.
- `value` : la valeur de la propriété.
- `location` : permet de définir un chemin à la place d'une valeur.
- `file` : définit un fichier contenant un ensemble de propriétés.

Exemple

```
<property name="build" location="bin"/>
<property file="mesproprietes.properties" />
<property name="projet.nom" value="mon_projet" />
```

Pour faire référence à une propriété dans le script, il faut ensuite utiliser la syntaxe suivante `${name}`, par exemple : `${build}`.

Enfin, l'élément `<target>` permet de définir une cible d'exécution pour ANT, il possède les attributs :

`name`: le nom de la cible, cet attribut est obligatoire.

`description` : une brève description de la cible.

`if` : conditionne l'exécution par l'existence d'une propriété.

`unless` : conditionne l'exécution par l'inexistence d'une propriété.

`depends` : définit la liste des cibles dont dépend cette cible. Les cibles dépendantes s'exécutent automatiquement avant la cible courante.

Les cibles contiennent plusieurs tâches ANT, la liste complète de ces tâches est donnée dans l'aide de ANT située dans le répertoire **docs/** d'une distribution installée.

1. Construction d'un projet

Pour illustrer le fonctionnement de ANT, voici un exemple complet de fichier **build.xml** pour construire une application. L'arborescence du projet de cette application est la suivante :

src : ce répertoire contient le code source Java de l'application, le fichier de configuration ANT doit permettre la compilation de ce code.

conf : ce répertoire contient les fichiers de configuration de l'application, dans cet exemple, il n'y a que le descripteur de déploiement **web.xml** présent dans ce répertoire.

web : ce répertoire contient les ressources Web telles que les pages HTML et pages JSP.

build : ce répertoire sert à la construction de l'arborescence pour ensuite réaliser l'archive de déploiement Web.

Le répertoire racine du projet contient également le fichier **build.xml**.

La première étape de la réalisation de ce fichier consiste à déclarer l'élément `<project>`, ici le répertoire de base du projet est le répertoire courant car le fichier **build.xml** se trouve dans le répertoire racine du projet, tous les chemins relatifs le sont donc par rapport à ce répertoire.

```
<project name="ListeEmployes" default="compilation" basedir=".">
```

Ensuite, il faut définir une propriété faisant référence au répertoire d'installation de Tomcat 7 ; en effet certaines de ses bibliothèques sont requises pour compiler le projet.

```
<property name="tomcat.home" location="C:/apache-tomcat-7.0.5" />
```

Avant de pouvoir compiler le code source, il faut créer les différents sous-répertoires pour l'archive web dans le répertoire **build** du projet, sachant que le code compilé doit se trouver sous **WEB-INF/classes**, voici la cible permettant de le réaliser :

```
<target name="initialisation" description="Création des
répertoires">
   <mkdir dir="build/WEB-INF" />
   <mkdir dir="build/WEB-INF/classes" />
   <mkdir dir="build/WEB-INF/lib" />
</target>
```

Comme indiqué précédemment, certaines bibliothèques de Tomcat 7 sont nécessaires à la compilation du projet, voici un élément de configuration `<path>` permettant de créer une référence à ces bibliothèques :

```
<path id="classpath.projet">
   <fileset dir="${tomcat.home}/lib">
      <include name="*.jar"/>
   </fileset>
</path>
```

Enfin la cible pour la compilation du code Java, il est à noter que le compilateur utilise la référence aux bibliothèques de Tomcat 7 créée précédemment, de plus, cette cible dépend de la cible initialisation pour s'assurer que les répertoires sont bien créés avant la compilation.

```
<target name="compilation" depends="initialisation">
    <javac srcdir="src" destdir="build/WEB-INF/classes">
        <classpath refid=" classpath.projet" />
    </javac>
</target>
```

Pour terminer, il ne faut pas oublier de fermer l'élément <project>.

```
</project>
```

Pour exécuter ce script ANT, il faut ouvrir une invite de commande MS-DOS, et saisir la commande ant compilation, ou tout simplement ant puisque la cible compilation est la cible par défaut.

Exécution du script et affichage produit :

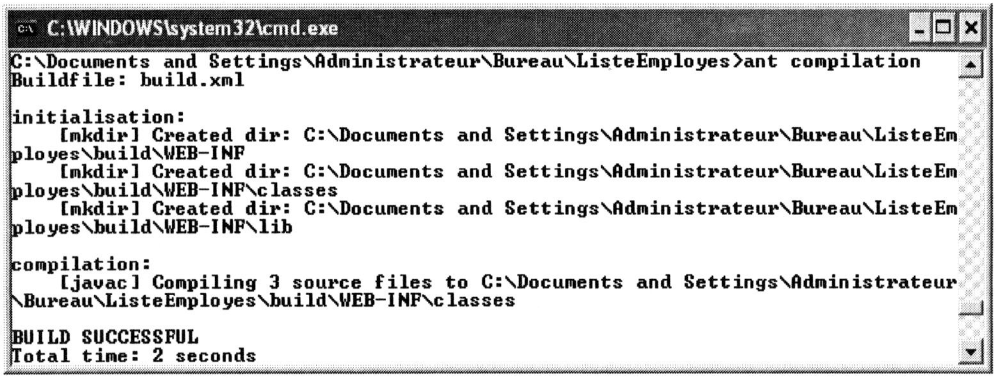

Le message BUILD SUCCESSFUL indique que l'exécution du script s'est bien passée. En cas d'erreur ANT affiche BUILD FAILED et une explication associée au message d'erreur.

Le code compilé doit donc se trouver dans le répertoire **build/WEB-INF/classes** dans le répertoire du projet.

2. Générer les archives de déploiement

Une fois le code Java compilé, il faut créer l'archive de déploiement de l'application Web. Cette archive doit inclure :

- Le code Java compilé précédemment sous **WEB-INF/classes**.
- Les ressources Web (pages HTML et JSP) directement à la racine de l'archive.
- Le descripteur de déploiement dans le répertoire **WEB-INF**.

Le répertoire **build** du projet a pour objectif de préparer la structure de l'archive prête à être créée. L'archive de déploiement est stockée directement dans le répertoire racine du projet.

Voici la cible nommée `archive`, à rajouter au fichier **build.xml**, elle dépend de la cible de compilation, et commence par supprimer un fichier WAR éventuellement déjà présent. Ensuite, elle fait référence aux différentes ressources à intégrer, l'élément `<fileset>` permet d'inclure le contenu du répertoire indiqué dans l'archive, ici cela sert pour les pages HTML et JSP.

```
<target name="archive" depends="compilation">
   <delete file="ListeEmployes.war" />
   <war destfile="ListeEmployes.war" webxml="conf/web.xml">
        <classes dir="build/WEB-INF/classes" />
        <fileset dir="web" />
   </war>
</target>
```

Il peut également être judicieux de modifier la cible par défaut du projet en spécifiant cette cible `archive`. Une fois le script invoqué, le fichier **ListeEmployes.war** doit se trouver dans le répertoire racine du projet.

3. Déployer sur le serveur

Enfin, une fois l'archive générée, il est possible de la déployer automatiquement sur un serveur Tomcat 7 en utilisant sont application manager. Cette opération est déjà partiellement décrite dans le chapitre Déploiement et gestion des applications de cet ouvrage.

Pour commencer, il faut ajouter les tâches spécifiques à Tomcat 7 dans le répertoire **ANT_HOME/lib**. Ces tâches se trouvent dans le fichier **CATALINA_HOME/lib/catalina-ant.jar**, il faut donc copier ce fichier dans le répertoire indiqué.

Ensuite, il faut déclarer la tâche permettant l'installation de l'application avec le manager :

```
s<taskdef name="deploy"
         classname="org.apache.catalina.ant.DeployTask" />
```

Puis il faut ajouter une cible pour déployer l'application, cette cible utilise la tâche `deploy` déclarée précédemment, cette tâche se connecte au manager de Tomcat 7 avec un compte qui possède ce rôle, elle doit également spécifier le chemin de contexte de l'application à déployer avec l'attribut `path` :

```
<target name="installer" depends="archive">
  <deploy url="http://localhost:8080/manager"
          username="admin" password="secret"
          path="/ListeEmployes"
          war="ListeEmployes.war"
  />
</target>
```

Modifier également la cible par défaut du projet en "installer", ainsi en invoquant simplement la commande `ant`, le processus complet de compilation, création de l'archive et déploiement vers le serveur s'opère.

```
<project name="ListeEmployes" default="installer" basedir="."
```

Il faut que le serveur Tomcat 7 soit en cours d'exécution pour pouvoir utiliser cette dernière cible.

Pour conclure, voici le fichier build.xml complet de cet exemple :

```
<project name="ListeEmployes" default="installer" basedir=".">
 <property name="tomcat.home" location="C:/apache-tomcat-7.0.5" />
 <target name="initialisation">
  <mkdir dir="build/WEB-INF" />
  <mkdir dir="build/WEB-INF/classes" />
  <mkdir dir="build/WEB-INF/lib" />
 </target>

 <path id="classpath.projet">
  <fileset dir="${tomcat.home}/lib">
   <include name="*.jar"/>
  </fileset>
 </path>
```

```
 <target name="compilation" depends="initialisation">
  <javac nowarn="on" srcdir="src" destdir="build/WEB-INF/classes">
   <classpath refid="classpath.projet" />
  </javac>
 </target>

 <target name="archive" depends="compilation">
  <delete file="ListeEmployes.war" />
  <war destfile="ListeEmployes.war" webxml="conf/web.xml">
   <classes dir="build/WEB-INF/classes" />
   <fileset dir="web" />
  </war>
</target>

 <taskdef name="deploy"
         classname="org.apache.catalina.ant.DeployTask" />
 <target name="installer" depends="archive">
   <deploy url="http://localhost:8080/manager" username="admin"
           password="secret" path="/ListeEmployes"
           war="ListeEmployes.war"
   />
 </target>
</project>
```

Cet exemple simple montre qu'il est relativement aisé d'automatiser la création et le déploiement d'une application à partir d'un référentiel de code source, ce qui est appréciable en phase de test où l'application doit être installée plusieurs fois par jours au gré des modifications et corrections apportées par les développeurs.

Étant à la base un outil pour le développement, ANT trouve également sa place dans la boîte à outil des administrateurs Tomcat 7, soucieux de gagner du temps et d'automatiser les traitements quotidiens.

E. Intégration de librairies tierces-parties

Lors du développement d'applications Web Java EE, il est très fréquent d'avoir recours à des bibliothèques ou des frameworks tierces-parties. Ces compléments souvent nécessaires à la plate-forme Java sont d'ailleurs très nombreux dans le domaine du logiciel libre et de l'Open Source.

En général, ces librairies complémentaires sont fournies sous formes de bibliothèques Java (des fichiers .jar), il est donc nécessaire d'intégrer ces bibliothèques aux applications développées.

Le standard Java EE propose deux méthodes d'intégration des librairies tierces-parties dans une application :

- Intégrer les librairies dans l'application. Il faut alors copier les différents fichiers .jar dans le répertoire **WEB-INF/lib** de l'application Web.
- Intégrer les librairies directement au serveur d'applications. Pour Tomcat 7, cela se fait en copiant les différents fichiers .jar dans le répertoire **CATALINA_HOME/lib**.

Cette deuxième méthode présente l'avantage de fournir définitivement, les librairies nécessaires à plusieurs applications déployées dans le serveur.

1. Exemples avec Struts

Le framework **Apache Struts** est une des principales références en ce qui concerne le développement d'applications Web Java EE, en respectant le modèle de développement MVC. Apache Struts est fourni en libre téléchargement à l'adresse **http://struts.apache.org**.

Apache Struts est fourni sous forme de plusieurs fichiers .jar qu'il faut intégrer selon l'une des deux méthodes décrites ci-dessus.

Exemple de projet Web Java EE

Ici, les 8 fichiers .jar de Struts ont été copiés dans WEB-INF/lib

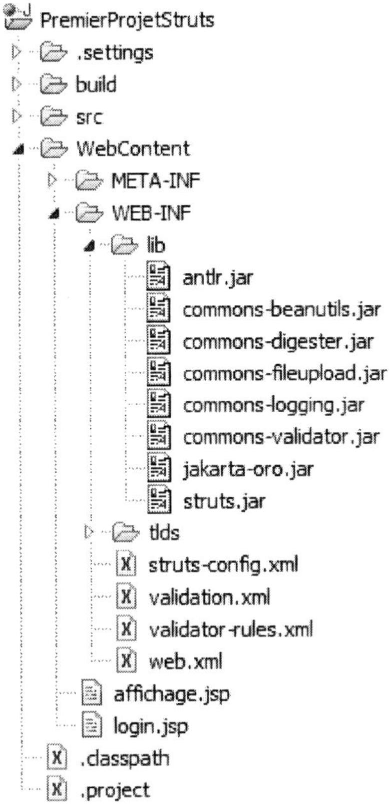

2. Exemple avec Hibernate

Le framework **Hibernate** et un framework de mappage objet/relationnel, c'est-à-dire qu'il permet d'associer des objets Java à des tables de base de données relationnelles. Par ce mécanisme, la manipulation de ces objets Java revient à manipuler les données stockées en table.

Ce framework de développement Java est lui aussi une référence importante, à tel point qu'il a servi de modèle à l'élaboration de la spécification JPA *(Java Persistence API)*.

Tout comme Struts, Hibernate est également fourni sous forme de fichiers .jar. Les méthodes d'intégration utilisables avec Struts, sont applicables à Hibernate.

3. Pour conclure...

Ces méthodes d'intégration de librairies tierces-parties peuvent s'appliquer à n'importe quel bibliothèque ou framework additionnel utilisé par les équipes de développement.

Il est bon de garder à l'esprit qu'en cas de conflit de version, les fichiers packagés dans l'application l'emportent sur ceux déployés dans le serveur. Cette notion, standard de Java EE, permet d'utiliser une version **n** d'une bibliothèque, utilisée par plusieurs applications, dans le serveur, et d'utiliser une version **n+1**, packagée dans une application, si cette application a besoin d'une version différente.

Annexe A : Installation et configuration de MySQL 5

A. Introduction

MySQL est un système de gestion de base de données relationnelle Open Source. La dernière version 5 est une version majeure car elle apporte énormément de nouvelles fonctionnalités très attendues comme par exemple le support des procédures stockées, pour programmer la base de données, ou encore celui du clustering.

La procédure suivante a pour objectif d'installer et de configurer MySQL 5 et ses outils afin de pouvoir l'utiliser avec Tomcat 7 selon les différents besoins exprimés dans cet ouvrage.

B. Téléchargement

La dernière version de MySQL 5 est téléchargeable à l'adresse **http://www.mysql.com**.

Dans cet ouvrage, les éléments suivants sont utilisés :

- MySQL Server : c'est la base de données en tant que telle.
- MySQL GUI Tools : contient les outils de gestion MySQL Administrator (l'outil d'administration) et MySQL Query Browser (l'outil permettant d'écrire des requêtes SQL).
- MySQL Connector/J : le pilote JDBC utilisé par Tomcat 6 pour permettre la connexion à la base de données en utilisant les technologies Java.

C. Installation sous Windows

➔ L'archive de téléchargement doit contenir le fichier **setup.exe**, double cliquer sur ce fichier pour lancer l'installation et cliquer sur **Next** au premier écran.

➔ Choisir le type d'installation **Typical**, puis cliquer sur **Next**.

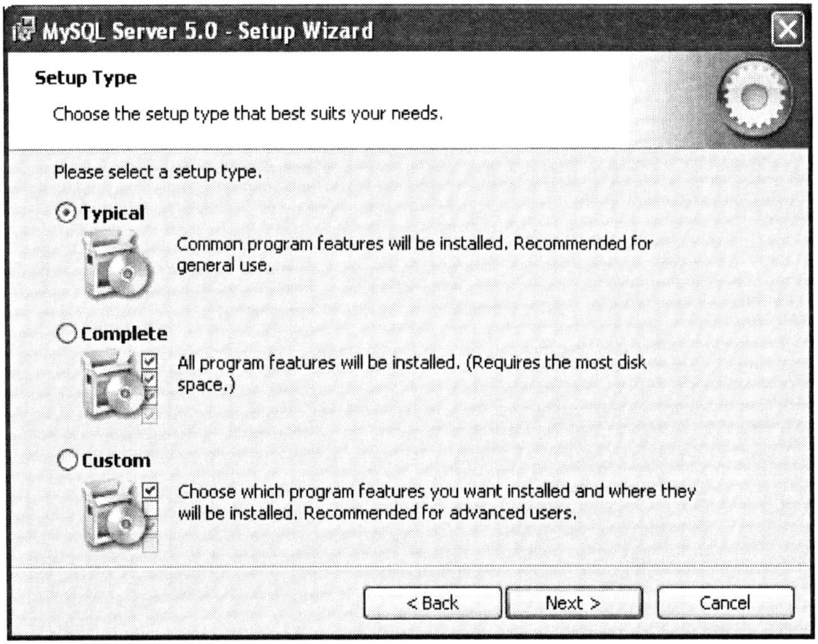

➔ Cliquer sur **Install**. L'installation peut durer plusieurs minutes.

➔ Une fois l'installation terminée, il est possible de s'enregistrer en ligne, cette étape peut être réalisée plus tard, dans ce cas choisir **Skip Sign-Up**.

➔ Une boîte de dialogue propose ensuite de réaliser la configuration de MySQL.

- Dans le premier écran de l'assistant de configuration, choisir **Detailled Configuration**, cliquer sur **Next**.

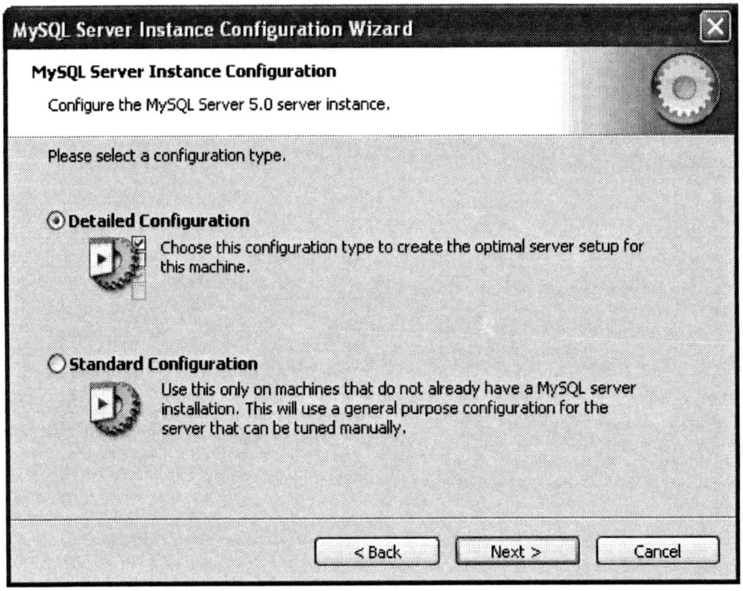

- Choisir ensuite **Server Machine** dans le type d'installation, cliquer sur **Next**.

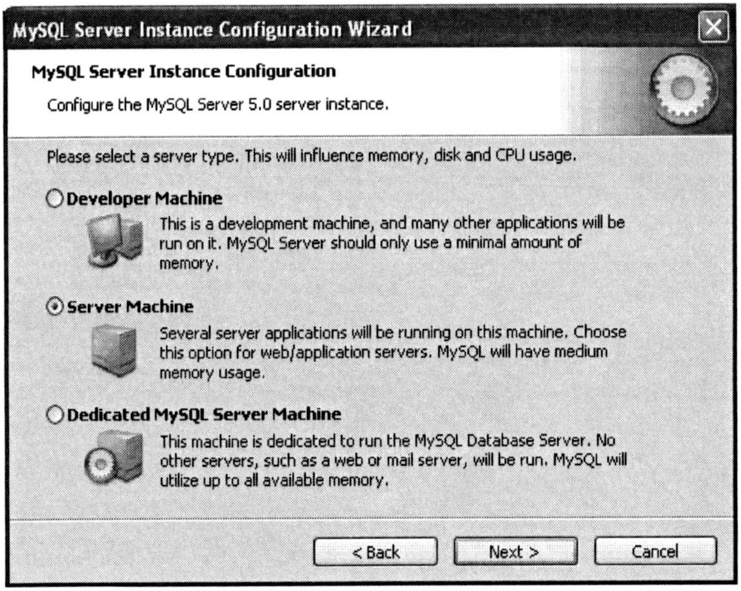

→ Choisir **Transactionnal Database Only**, cliquer sur **Next**.

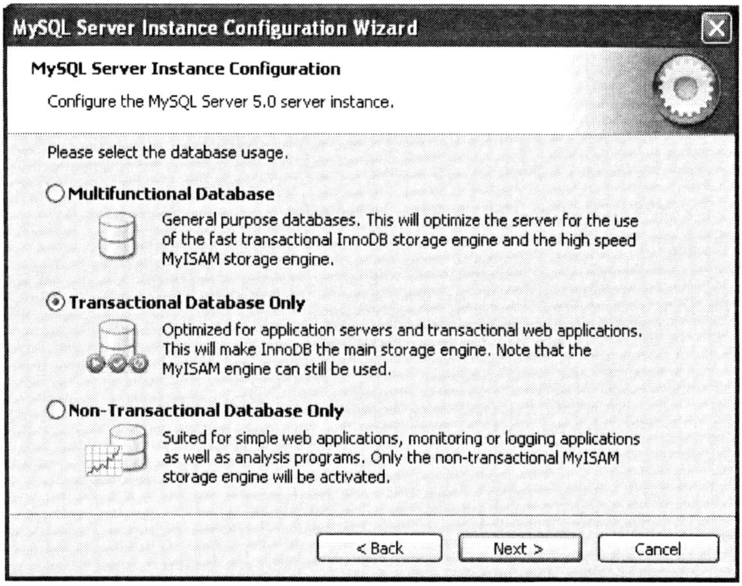

→ Sélectionner le répertoire d'installation, puis cliquer sur **Next**, jusqu'à la fenêtre suivante :

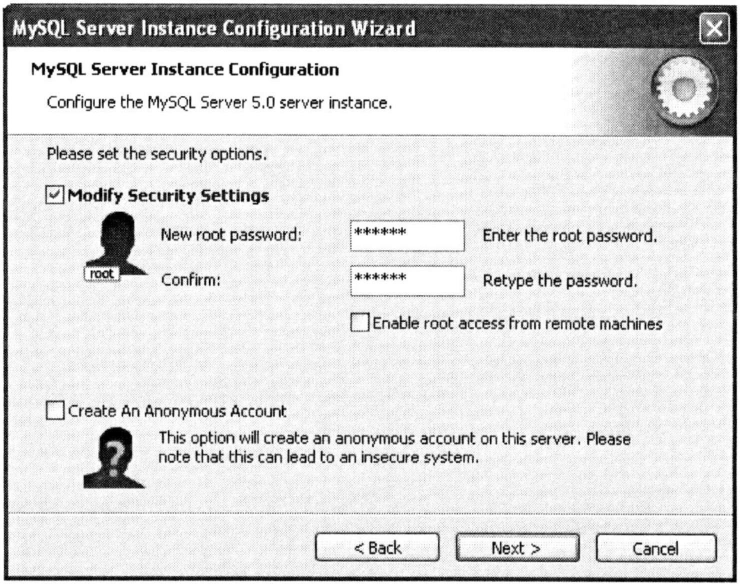

- Saisir un mot de passe pour le compte administrateur, puis cliquer sur **Next**.
- Enfin, cliquer sur **Execute** pour appliquer la configuration, un service Windows nommé MySQL est créé et la base de données est démarrée.

Une fois le serveur de base de données installé, il faut installer MySQL GUI Tools, voici la procédure :

- Double cliquer sur le fichier téléchargé, accepter la licence et cliquer sur **Next**.
- Choisir le répertoire d'installation, ou conserver la valeur par défaut, puis cliquer sur **Next**.
- Choisir l'installation complète, cliquer sur **Next**.
- Lancer l'installation en cliquant sur **Install**.

Une fois les outils installés, il faut créer une connexion à destination du serveur MySQL 5, cette connexion configurée sur l'un des deux outils sera également utilisable par l'autre.

- Lancer l'un des deux outils pour créer la connexion.
  La fenêtre suivante apparaît :

- Cliquer sur le bouton  puis sur le bouton **Add new Connection** dans la fenêtre qui apparaît.

➔ Donner un nom à la connexion, il faut également donner le nom de machine sur lequel le serveur MySQL 5 se trouve, ainsi que l'identifiant du compte administrateur et le mot de passe associé, voici un exemple :

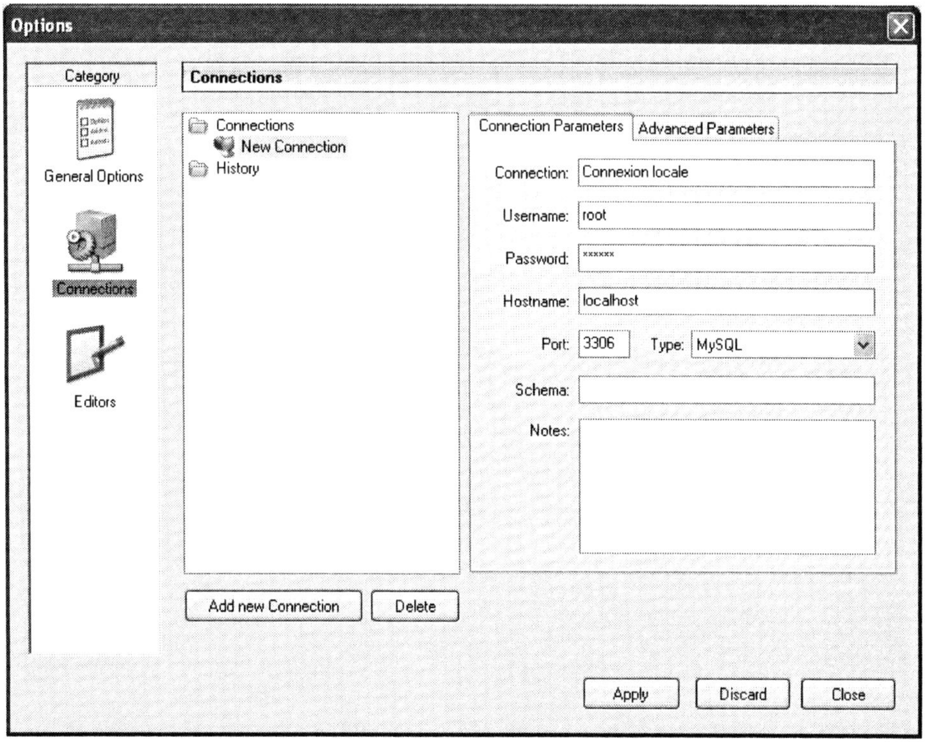

➔ Cliquer sur **Apply**, puis sur **Close**.

➔ La connexion apparaît dans l'écran de connexion de l'outil, donner le mot de passe du compte administrateur puis cliquer sur **OK** pour se connecter au serveur de base de données.

D. Installation sous Linux

L'installation de MySQL 5 sous Linux se fait très simplement en téléchargeant les archives au format RPM sur le site **http://www.mysql.com**, ces archives sont fournies pour une majorité de distributions Linux, cependant il existe un format générique utilisable sur toute distribution sous l'intitulé **generic RPM**.

À noter que pour les distributions ne supportant pas le format RPM, une archive au format TAR contenant les binaires, est également disponible.

Voici les archives à télécharger :

- **MySQL-server-5.0.45.i386.rpm**
- **MySQL-client-5.0.45.i386.rpm**
- **mysql-gui-tools-5.0r12-rhel4-i386.tar.gz**

Les versions peuvent avoir varié depuis la rédaction de cet ouvrage.

Il faut commencer par installer le package client avec la commande suivante :

```
rpm -ivh MySQL-client-5.0.45.glibc23.i386.rpm
```

Sur une invite de commande saisir la commande suivante en tant que root, pour installer le serveur :

```
rpm -ivh MySQL-server-5.0.45.glibc23.i386.rpm
```

Un script de démarrage automatique est ajouté, et la base de données est démarrée. Les instructions pour ajouter un mot de passe administrateur apparaissent à l'écran, une fois l'installation terminée.

L'installation de MySQL GUI Tools suit le même schéma.

Pour lancer ces outils il faut utiliser les commandes `mysql-administrator` et `mysql-query-browser` sur une invite de commandes. Pour configurer une connexion au serveur de base de données installé, il faut lancer l'un des deux outils, la connexion configurée sur l'un est utilisable sur l'autre.

- Dans la fenêtre qui apparaît au démarrage de l'outil, sélectionner **Open Connection Editor** dans la liste déroulante **Stored Connection**, l'éditeur de connexion s'ouvre.

- Cliquer sur le bouton **Add new Connection**.
- Donner un nom à la connexion, il faut également donner le nom de machine sur lequel le serveur MySQL 5 se trouve, ainsi que l'identifiant du compte administrateur et le mot de passe associé.

→ Voici un exemple :

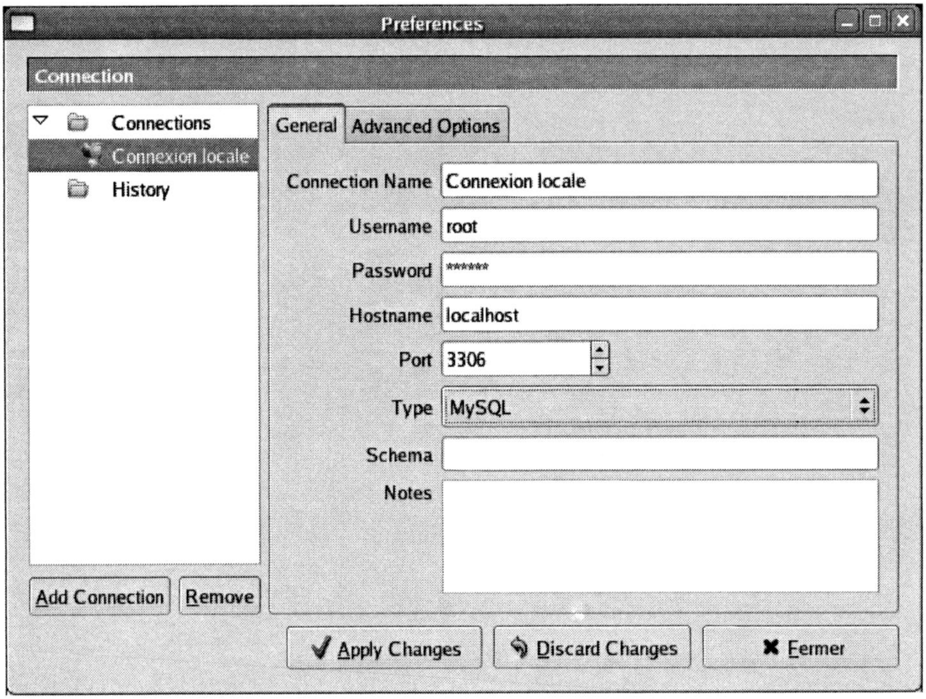

→ Cliquer sur **Apply Changes**, puis **Close**.

→ La connexion apparaît dans l'écran de connexion de l'outil, donner le mot de passe du compte administrateur puis cliquer sur **Connect** pour se connecter au serveur de base de données.

Annexe B : Installation et configuration d'OpenLDAP

A. Installation sous Windows

OpenLDAP est un serveur d'annuaire LDAP Open Source très populaire, initialement disponible pour Linux : un portage de son code a été réalisé pour pouvoir l'installer également sous Windows.

La dernière version d'OpenLDAP pour Windows peut être téléchargée à l'adresse **http://lucas.bergmans.us/hacks/openldap/**. Il s'agit du site personnel de Lucas Bergmans auteur du portage d'OpenLDAP pour Windows.

Le téléchargement de la dernière version d'OpenLDAP propose un paquet autoinstallable Windows, il suffit de double cliquer sur le fichier pour démarrer l'installation.

- Accepter la licence et cliquer sur **Next**.
- Choisir le chemin d'installation d'OpenLDAP, cliquer sur **Next**.
- Sélectionner le type d'installation, choisir ici **Full Installation**, car elle permet de créer un service Windows pour le processus principal d'OpenLDAP **slapd**. Continuer en cliquant sur **Next**.

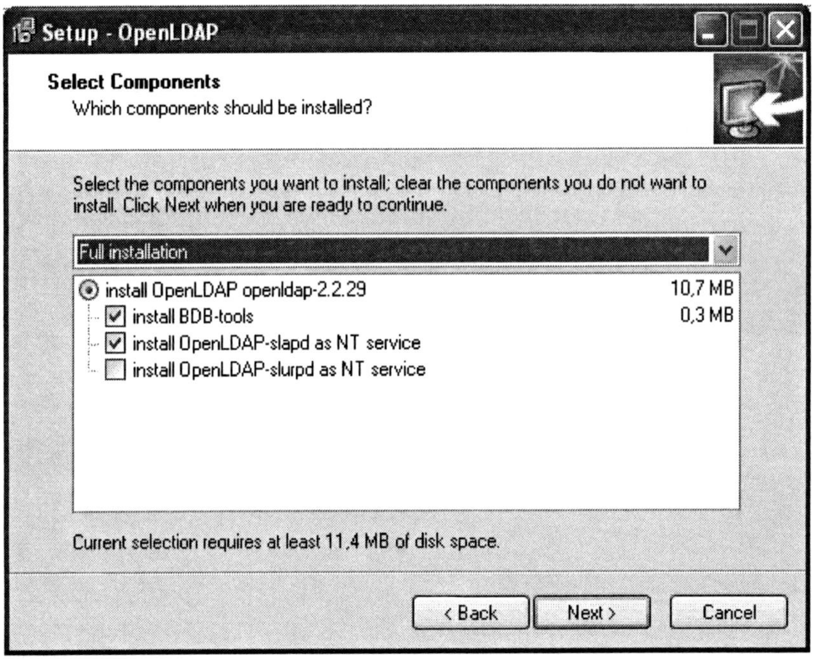

→ Choisir de créer un menu dans le menu **Démarrer** de Windows, puis de créer une icône sur le bureau et de démarrer le serveur à la fin de l'installation, cliquer sur **Next**, puis sur **Install**.

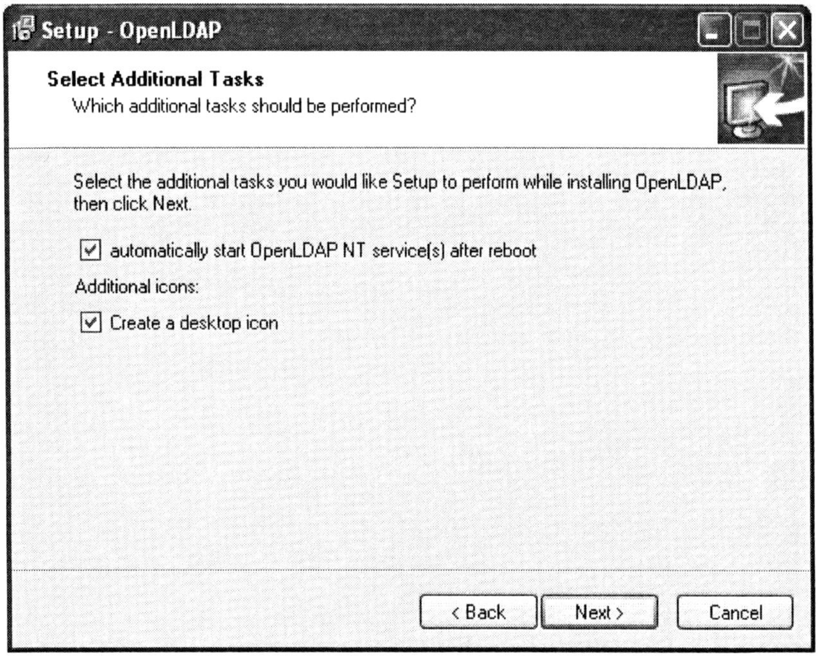

→ Terminer l'assistant d'installation en cliquant sur **Finish**.

B. Installation sous Linux

La plupart des distributions Linux proposent une version d'OpenLDAP sur leurs CD-ROM d'installation, l'installation peut alors se faire en utilisant les outils de gestion des logiciels propres à la distribution Linux, ou encore avec la commande RPM si cette distribution supporte ce format d'archive.

Dans le cas où OpenLDAP n'est pas fourni en standard par la distribution, ou bien pour bénéficier de la toute dernière version, il faut télécharger une archive de code source à l'adresse **http://www.openldap.org**.

Exemple d'installation à partir de paquet RPM sur une distribution Fedora Core 4.

Voici les deux commandes à passer sur une invite de commande et depuis le répertoire du CD-ROM qui contient les paquets RPM :

```
rpm -ivh openldap-2.2.23-5.i386.rpm
rpm -ivh openldap-servers-2.2.23-5.i386.rpm
```

Le démarrage peut ensuite se faire grâce à la commande `service ldap start` (il faut que l'annuaire soit configuré comme décrit plus loin).

Dans le cas d'une installation à partir du code source, procéder de la manière suivante :

- Copier l'archive téléchargée sous **/usr/src**, puis se positionner dans ce répertoire.
- Dans une invite de commande, saisir `tar xvzf openldap-2.2.23.tgz` pour décompresser l'archive (le numéro de version peut varier), la commande crée le répertoire **openldap-2.2.23**.
- Se positionner dans le répertoire créé par la décompression de l'archive, et saisir `./configure --prefix=/usr/openldap` pour installer OpenLDAP sous **/usr/openldap**.
- Saisir ensuite la commande `make depend`.
- Saisir la commande `make`.
- Terminer l'installation en saisissant `make install`.

Une fois que l'annuaire est correctement configuré, le démarrage de celui-ci peut se faire en exécutant le fichier **/usr/openldap/libexec/slapd**.

C. Configuration

Une fois l'installation d'OpenLDAP terminée, il faut réaliser la configuration de l'annuaire en précisant le point de départ de l'arborescence, appelé nom distinctif de base, ainsi que les informations du compte administrateurs de cet annuaire.

Pour spécifier ces informations, OpenLDAP utilise le fichier **slapd.conf** : ce fichier se trouve dans le répertoire **etc/** de l'arborescence de l'annuaire dans une installation sous Linux à partir des sources. Si OpenLDAP est installé à partir de paquets RPM, ce fichier se trouve dans le répertoire **/etc/openldap**. Dans le cas d'une installation sous Windows, le fichier se trouve à la racine du répertoire d'installation.

À la fin de ce fichier, figurent les instructions suivantes :

```
#######################################
# BDB database definitions
#######################################
database   bdb
suffix          "dc=my-domain,dc=com"
rootdn          "cn=Manager,dc=my-domain,dc=com"
# Cleartext passwords, especially for the rootdn, should
# be avoid. See slappasswd(8) and slapd.conf(5) for details.
# Use of strong authentication encouraged.
rootpw          secret
```

Il faut adapter les valeurs des directives `suffix`, `rootdn` et `rootpw` en fonction de la structure d'annuaire à mettre en place.

À titre d'exemple, le chapitre La sécurité du serveur et des applications met en œuvre un annuaire OpenLDAP pour gérer l'authentification des utilisateurs sur les applications, l'annuaire mis en œuvre a la structure suivante :

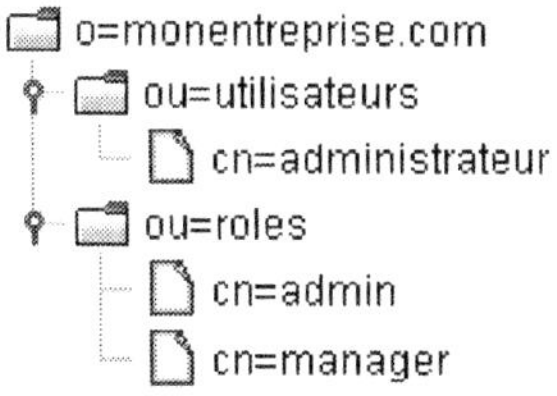

Le nom distinctif de base est donc **o=monentreprise.com**, voici le fichier **slapd.conf** personnalisé pour cet exemple.

Les lignes qui ont été modifiées apparaissent en gras. Le compte administrateur de l'annuaire est le compte Manager.

```
#######################################
# BDB database definitions
#######################################
database   bdb
suffix          "o=monentreprise.com"
rootdn          "cn=Manager,o=monentreprise.com"
# Cleartext passwords, especially for the rootdn, should
# be avoid. See slappasswd(8) and slapd.conf(5) for details.
# Use of strong authentication encouraged.
rootpw          secret
```

Le serveur OpenLDAP est maintenant correctement configuré et peut maintenant être démarré.

D. Installation de LDAP Browser

OpenLDAP ne dispose pas de programme d'administration et de gestion graphique, tout doit se faire en lignes de commande. Il existe un grand nombre de logiciels capables de se connecter à un serveur d'annuaire LDAP, parmi eux, LDAP Browser est un programme très léger et très simple d'utilisation, disponible à la fois pour Windows et pour Linux puisqu'il est écrit en Java.

La dernière version de LDAP Browser peut être téléchargée à l'adresse **http://www-unix.mcs.anl.gov/~gawor/ldap**.

Pour que LDAP Browser fonctionne, la présence d'un JDK ou d'un JRE est nécessaire avec la variable d'environnement JAVA_HOME correctement positionnée.

L'installation de LDAP Browser se fait simplement en décompressant l'archive téléchargée dans le répertoire souhaité, une fois installé, son lancement se fait en double cliquant sur le script **lbe.bat** sous Windows, ou en saisissant la commande **./lbe.sh** depuis son répertoire d'installation, sous Linux.

Interface de LDAP Browser sous Windows :

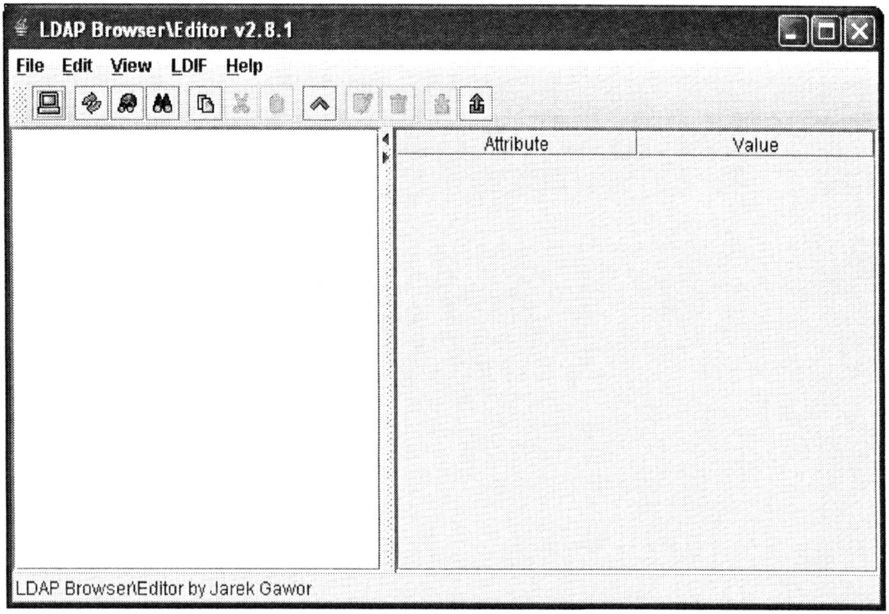

Pour pouvoir connecter LDAP Browser au serveur OpenLDAP, il faut d'abord configurer une connexion. La fenêtre de configuration des connexions apparaît à chaque lancement de LDAP Browser.

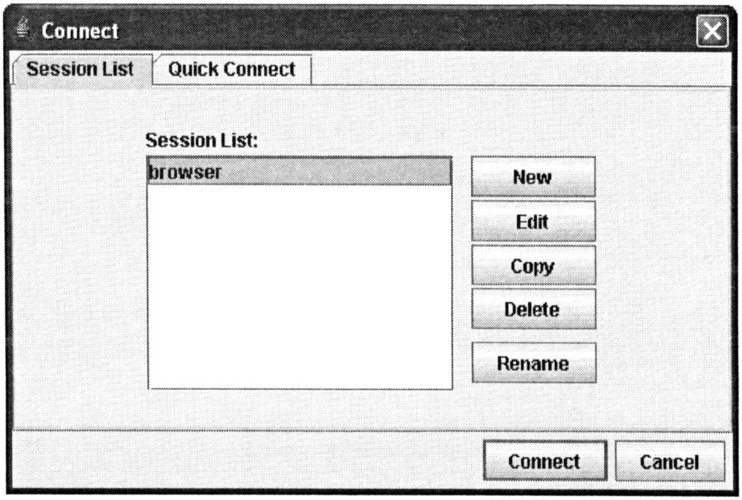

Pour créer une nouvelle connexion :

- Cliquer sur le bouton **New**, la fenêtre de configuration d'une connexion apparaît.
- Remplacer les valeurs existantes par celles de cet exemple, la configuration terminée doit être conforme à la fenêtre suivante :

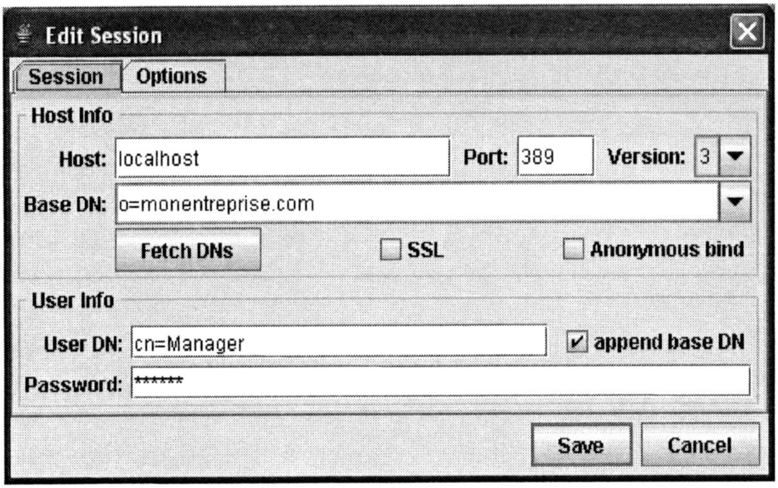

- Cliquer sur **Save** pour enregistrer les modifications. La nouvelle connexion apparaît sous le nom **new** dans la liste des connexions configurées. Il est possible de lui donner un nom plus explicite en la sélectionnant puis en cliquant sur **Rename**.

Pour se connecter à l'annuaire, sélectionner la nouvelle connexion et cliquer sur le bouton **Connect**.

E. Importation d'un fichier LDIF

Pour créer une structure d'annuaire, le chapitre La sécurité du serveur et des applications propose un fichier au format LDIF. Le format LDIF est le format d'échange des données LDAP, il est possible d'importer un fichier LDIF grâce à LDAP Browser.

Voici le fichier LDIF proposé au chapitre La sécurité du serveur et des applications :

```
dn: o=monentreprise.com
objectClass: organization
objectClass: top
o: monentreprise.com

dn: ou=utilisateurs,o=monentreprise.com
objectClass: organizationalUnit
objectClass: top
ou: utilisateurs

dn: cn=administrateur,ou=utilisateurs,o=monentreprise.com
objectClass: person
objectClass: top
cn: administrateur
sn: administrateur
userPassword:: cGFzc3dvcmQ=

dn: ou=roles,o=monentreprise.com
objectClass: organizationalUnit
objectClass: top
ou: roles

dn:cn=admin,ou=roles,o=monentreprise.com
objectClass: groupOfUniqueNames
objectClass: top
cn: admin
uniqueMember: cn=administrateur,ou=utilisateurs,o=monentreprise.com

dn: cn=manager,ou=roles,o=monentreprise.com
objectClass: groupOfUniqueNames
objectClass: top
cn: manager
uniqueMember: cn=administrateur,ou=utilisateurs,o=monentreprise.com
```

Pour l'importer dans l'annuaire OpenLDAP via LDAP Browser :

- Sélectionner le nom distinctif de base dans l'arborescence de gauche (**o=monentreprise.com**).
- Choisir **Import** dans le menu **LDIF** de l'outil, puis naviguer jusqu'au fichier.
- Sélectionner l'option **Update/Add** et valider en cliquant sur **Import**.

Une fois le fichier importé, l'arborescence de l'annuaire est la suivante :

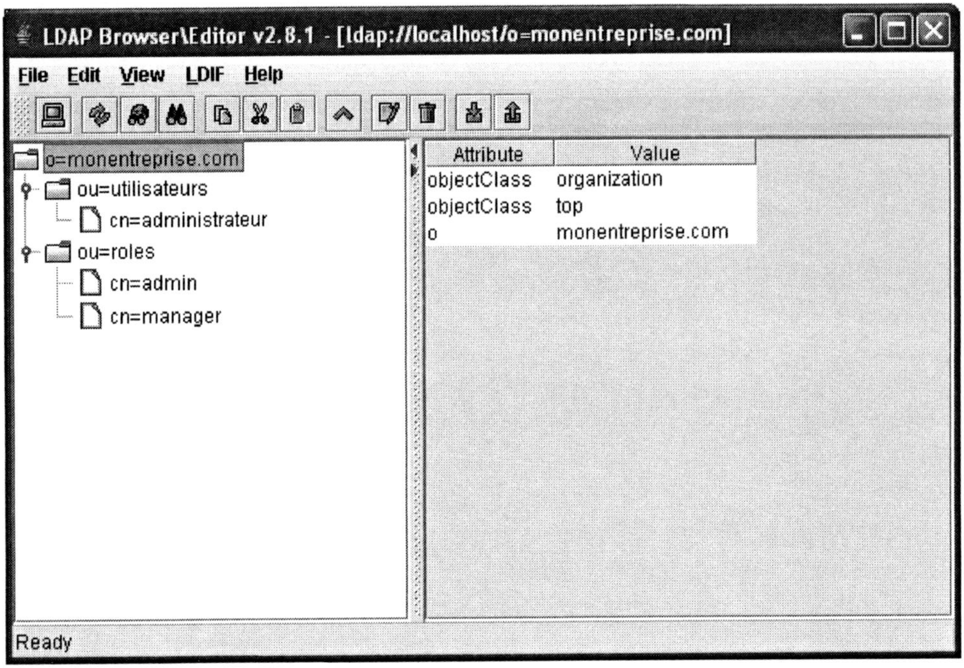
LDAP Browser\Editor v2.8.1 - [ldap://localhost/o=monentreprise.com]
File Edit View LDIF Help
o=monentreprise.com
ou=utilisateurs
cn=administrateur
ou=roles
cn=admin
cn=manager
Attribute
Value
objectClass
organization
objectClass
top
o
monentreprise.com
Ready

A

B

C

F

G

H

I

J

K

L

M

P

R

S

T

U

V

W

X